U0531120

本书是国家社科基金青年项目"环境私主体治理的法律问题研究"(14CFX078)的最终研究成果,也是重庆英才计划包干制项目"深化现代环境治理体系建设及实施的法治保障研究"(2021YC025)和中央高校基本科研业务费项目"国家治理体系与法治发展协调互动机制研究"(2020CDJSK08ZH06)的阶段性研究成果

私主体治理与环境法治的新发展

杜 辉 ◎ 著

中国社会科学出版社

图书在版编目(CIP)数据

私主体治理与环境法治的新发展 / 杜辉著 . —北京:中国社会科学出版社,2023.8

ISBN 978-7-5227-2181-1

Ⅰ.①私… Ⅱ.①杜… Ⅲ.①环境保护法—研究—中国 Ⅳ.①D922.680.4

中国国家版本馆 CIP 数据核字(2023)第 124458 号

出 版 人	赵剑英
责任编辑	梁剑琴
责任校对	夏慧萍
责任印制	郝美娜

出　　版	中国社会科学出版社
社　　址	北京鼓楼西大街甲 158 号
邮　　编	100720
网　　址	http://www.csspw.cn
发 行 部	010-84083685
门 市 部	010-84029450
经　　销	新华书店及其他书店
印　　刷	北京君升印刷有限公司
装　　订	廊坊市广阳区广增装订厂
版　　次	2023 年 8 月第 1 版
印　　次	2023 年 8 月第 1 次印刷
开　　本	710×1000　1/16
印　　张	12.5
插　　页	2
字　　数	212 千字
定　　价	78.00 元

凡购买中国社会科学出版社图书,如有质量问题请与本社营销中心联系调换

电话:010-84083683

版权所有　侵权必究

自　　序

这部书开始动议，源于十年前所做环境治理的比较法研究。而框架初成、内容初定则是基于获得国家社科基金项目资助后数年的断续研究。

现在，无论是从环境治理体系现代化的顶层设计来看，或就生态文明新阶段生态环境法治理论本身的发展来看，以治理形态入手探索生态环境法治发展的逻辑，都可说是恰当其实。当前，我们正处于生态环境法治理论蓬勃更新的重大历史机遇之中，国家法治道路锚定以及一系列发展理念、改革方案和建设布局的叠加，使生态环境法治进化变迁的逻辑更加清晰，新生的疑难重点问题也随之不断显现。四顾或前瞻，都可以发现亟待垦辟的新领域。理论视野之开阔、比较材料之丰富、研究方法之科学，已促使环境法步入规范体系化和理论重整的新阶段。

私主体介入环境治理本是新行政法发展过程中的一个显著案例，是治理结构转型在生态环境危机应对中的呈现。在此意义上，法治发展的线索与潮流，或隐或显，均是在不断填充传统管制模式效能的线索上不断展开、持续涌进的。它也必然与特定的国情背景、历史阶段、社会情势甚至公众意识水平，须臾攸关。因此，在发生学上，这种现象以及相关制度形态、理论脉络与先发国家有更近的渊源。这一点，我们可以从先发国家环境法发展的阶段性或者说代际性特征上，发现一二。所以说，本主题的研究起步更多是根源于一种粗浅的比较法研究的原始兴趣。

但是，随着对中国问题认知的深入，我们必须将此种现象和趋势"嫁接"到中国场景下予以观察。这不仅是因为生态环境危机产生发展规律并没有根本的国别差异，也是由于中国之治走到今天正在积极发掘社会力量、市场主体的活力。可以说，生态环境法治甚或中国特色社会主义法治的定向也都在市场面、社会面寻求新的着力点和突破口。

从比较研究转到中国问题研究，正是本书的理论目标。举凡新生事物的理论概括，都离不开描述、界分与类型化的工作，而其关键在于寻求可以发挥统合作用的概念或范畴来组织复杂的事实。基于这个问题意识，本书的逻辑是：从探寻环境私主体治理的中国背景出发，将它置于中国之治转型升级的进程之中，澄清治理的共治转向所塑造的新法治形态；随后，统贯环境私主体治理的法理、逻辑、原则以及悖论；进而借鉴域外的理论形式和实践经验，得出有关环境私主体治理体系与构成的一般性理论；最后，提出环境私主体治理的中国化的法治进路并简单提示相关制度体系的片段。这样，就基本回答了环境私主体治理能否体系化以及生态环境法治理论能否同步发展这一根本问题。

到此，本书的缘起、初衷及方法、提要均已简单直陈，内容是否适当，方法是否贴切，方案是否有效，敬请方家指正。

本书部分文字分别于《法学研究》《现代法学》《华东政法大学学报》等刊物发表；整理书稿过程中，博士生全耕雨做了全书文字校对工作，硕士生刘玉兵等同学协助搜集、翻译了部分外文资料，在此一并致谢。

二〇二三年七月
重庆

目　录

导论　通过私主体治理开拓环境法治新疆域 ……………………（1）
　　一　环境私主体治理的概念界定 ……………………………（3）
　　二　私主体的新角色及其引发的新命题 ……………………（8）
　　三　环境私主体治理的中国意义 ……………………………（9）
　　四　揭开环境法治的新面向 …………………………………（11）
第一章　背景论：治理的共治转向及其新法治形态 ……………（13）
　　第一节　治理转型与新的法治挑战 …………………………（15）
　　第二节　面向共治的新法治形态之本质 ……………………（19）
　　　一　复合化治权结构与新法治形态的重心 ………………（20）
　　　二　三元价值体系与新法治形态的包容性特征 …………（21）
　　　三　新法治形态的双重规范表达 …………………………（23）
　　第三节　新法治形态的要素构造及其展开 …………………（26）
　　　一　自我更新的规范结构 …………………………………（27）
　　　二　充分合作或竞争的治理组织 …………………………（27）
　　　三　交涉平衡的共治程序 …………………………………（28）
　　　四　面向对象和过程的工具 ………………………………（29）
　　第四节　通往新法治形态的道路 ……………………………（30）
第二章　范畴论：环境私主体治理之多重法理 …………………（37）
　　第一节　前提：环境私主体治理兴起的问题意识 …………（37）
　　　一　"高悬的苹果"：传统环境规制的式微 ………………（37）
　　　二　新的挫折：环境风险规制的挑战 ……………………（40）
　　第二节　比较：相关理论基础之辩证 ………………………（55）
　　　一　"去国家化"与"再规范化" …………………………（55）

二　民营化与公共行政主体的法律形态 …………………………（58）
　　三　公私协力与环境治理之转型 ……………………………………（61）
第三节　原则：辅助、合作与效率 …………………………………………（64）
　　一　辅助原则 …………………………………………………………（64）
　　二　合作原则 …………………………………………………………（66）
　　三　效率原则 …………………………………………………………（69）
第四节　逻辑：私主体如何出场 ……………………………………………（72）
　　一　分解："四位一体"的要素集合 …………………………………（73）
　　二　重组：私主体治理的运行逻辑 …………………………………（76）
第五节　悖论：私主体治理之疑虑 …………………………………………（81）

第三章　类型论：环境私主体治理之理论形式与实践经验 …………………（85）
第一节　理论形式 ……………………………………………………………（85）
　　一　纯粹的私主体治理 ………………………………………………（87）
　　二　受约束的私主体治理 ……………………………………………（90）
第二节　实践经验 ……………………………………………………………（92）
　　一　多边策略：特定群体的自主治理模式及其他 …………………（92）
　　二　双边策略：通过契约的协力模式 ………………………………（97）
　　三　单边策略：排污者的自我规制模式 ……………………………（114）
　　四　环境私主体治理域外经验之评析 ………………………………（123）

第四章　结构论：环境私主体治理之体系与构成 ……………………………（127）
第一节　公私互动治理体系的制度化 ………………………………………（127）
　　一　私主体治理的制度化 ……………………………………………（127）
　　二　公私互动的类型及其法律秩序 …………………………………（131）
　　三　元治理与公私混合的整体治理结构：关于治理权的最佳
　　　　分配方案 …………………………………………………………（135）
第二节　公私交错的规则秩序 ………………………………………………（137）
第三节　公私衔接的程序机制 ………………………………………………（140）
第四节　国家环境保护义务之私化与担保责任 ……………………………（141）
第五节　多类型工具的叠加与选择 …………………………………………（145）
　　一　实体性工具 ………………………………………………………（145）
　　二　程序性工具 ………………………………………………………（146）
　　三　治理工具的选择 …………………………………………………（146）

第五章　建制论：环境私主体治理的中国化及其法治进路 (148)
第一节　环境私主体治理本土化的条件塑造 (148)
一　通过法治政府建设确立私主体治理的制度环境 (148)
二　强化责任机制，保障环境私主体治理的实现 (151)
三　完善生态文明公共政策体系，吸纳私主体的治理创新 (154)
四　增强市场机制的嵌入性 (155)
五　突破治理转型的深层挑战，塑造社会力量的新作为 (157)
第二节　通过悖论之规制开拓本土化的环境私主体治理 (160)
第三节　环境私主体治理法治化的三重进路 (163)
一　以法律规则与公共政策为中心的形式合法性建构 (163)
二　以问题导向机制为指引的实体制度建构 (167)
三　以程序机制为重点的过程建构 (168)
第四节　环境私主体治理制度体系的片段 (173)
一　自我规制的制度体系 (173)
二　自主治理的制度体系 (174)
三　公私协作的制度体系 (175)

参考文献 (177)

导论

通过私主体治理开拓环境法治新疆域

近年来，为了推进环境治理现代化转型，更妥善地处理人与自然、保护与发展的辩证关系，深化生态文明体制改革，从而优化环境治理结构，完善生态文明制度体系，越来越多的学者主张，要通过在有为政府的基础上，进一步发挥有效市场、有机社会在环境治理体系和治理能力现代化中的角色功能。这种观点在我国当前顶层政策实践中已得到相当程度的体现，部分类型也已经被建章立制，成为与环境行政相配合的有效手段。比如，在政府维度，为优化经济发展、营商环境与环境保护的关系，生态环境执法越发重视对守法企业的正面清单激励，以柔性执法方式给予企业适度的容错纠错空间，并通过强化"执法+服务"的理念助力企业发展，其目标即是以法治化方式统筹推进经济社会高质量发展和严守生态环境底线两种要求。[1] 再如，在市场维度，围绕环评、排放、固体废物及危险物质管理、生态环境修复与治理等方面，环保日常管理及环保合规体系也备受重视。此外，在推进绿色转型发展的新业态新模式过程中，如何发挥市场在优化资源配置中的决定性作用至关重要。这既是解决生态产品供给效率问题的关键，更是通过生态产品经营开发和权益交易等方式实现生态产品价值的基本方式。可以说，在生态产品价值实现体系中，政府、企业、农民专业合作社、个人、金融资本和社会组织等各类主体都将发挥相应的功能作用。[2]

国家和地方的一系列政策性文件和生态文明建设的新机制，要求吸纳

---

[1] 具体可参见生态环境部《关于深入优化生态环境保护执法方式助力稳住经济大盘有关情况的通报》（环办执法函〔2022〕292号）。

[2] 具体可参见中共中央办公厅、国务院办公厅印发的《关于建立健全生态产品价值实现机制的意见》以及各地发布的相关指导性意见。

更多主体参与到环境治理体系及其过程之中,以提升环境治理的市场化、专业化与社会化。① 在实践层面,除了中央和部分地方将创新生态环保投资运营机制、创新企业第三方治理机制等作为当前环境治理转型的重要选项之外,一些地方项目尝试将"社区咨询委员会"引入项目决策全过程,通过加强与公众、政府之间的信息互动来提升决策透明度。

在规范层面,《固体废物污染环境防治法》《水污染防治法》《水土保持法》等部分国家立法和部分地方立法先后确立了"代处置""行政代治理""代为整治恢复"制度,正在逐步推进社会主体参与治理的制度化进程。《环境保护法》也重申了"一切单位和个人都有保护环境的义务",要求企事业单位和其他生产经营者切实履行"防止、减少环境污染和生态破坏"的责任,设立"信息公开与公众参与"专章赋予公众知悉环境信息、举报监督的权利,要求政府、重点排污企业承担信息公开的义务。这些都为推进环境私主体治理体系建设提供了规范依据。显而易见,生态环境法律体系已经将"公众参与"确立为生态环境保护、修复和治理的基本原则。因此,生态环境法律体系的原则、制度、机制的新发展都在不断夯实环境私主体治理法律化的基础。

这些实践努力和制度建设都提示了一个重要的法律(学)议题,即私主体如何规范化地介入现代环境治理体系。环境治理原本作为公权力积极作为的重要场域,何以需要私主体介入,哪些私主体以何种方式介入,以及如何使之合法化。对于这些疑问,知识界与实务界并没有给出完整的理论解答。这在一定程度上限制了环境私主体治理理论和制度的发展,也可能在实践中造成诸多法律难题。

从整体上来判断,这个议题既与当前的社会转型、环境治理模式转型、国家治理体系与治理能力现代化密切相关,也与当前的生态环境法治理论的更新、发展保持同步。事实上,随着公共行政理论的兴起及其对传统行政法治的挑战与推动,行业组织、公益组织、公司企业、非营利组织、咨询委员会、专家小组、自我管制组织,甚至公民个人等私主体都在分担传统上由政府、排污者承担的环境治理功能,由此形成了环境公共治

---

① 比如,国务院先后发布《关于创新重点领域投融资机制鼓励社会投资的指导意见》(国发〔2014〕60号)和《关于推行环境污染第三方治理的意见》(国办发〔2014〕69号)要求将创新生态环保投资运营机制、创新企业第三方治理机制作为当前环境治理转型的重要选项。此外,一些地方(如上海)也正在尝试通过加快推进本地区环境污染第三方治理工作。

理的新分支、新模式。对此，我们不妨称之为"环境私主体治理"。

一 环境私主体治理的概念界定

(一) 治理与公众参与之辩证

环境治理体系和机制的发展具有延续性，公众参与也从未在环境治理的发展中完全缺位，因此，环境私主体治理相对于传统机制的革新意义主要不在于将公众参与引入具体对象领域，而是更强调公众参与的深度、广度和形式的宽度。在组织学意义上，环境治理的过程是由决策、执行和监督三个子系统构成。① 决策和执行是指环境治理规则的供给和执行，监督则是对两者的控制。三个子系统的主体参与形式和深度决定了环境治理的模式和性质。从全过程人民民主的实践探索观察，改革开放40多年来，中国环境治理领域的公众参与在决策、执行与监督等环节都在逐渐深化和扩大，一方面是在立法、重大行政决策、预算指定、政策议程设定等方面不断进行机制创新，积累大量有益经验；另一方面是在执行阶段推动公众参与创新和具体化，先后形成了《环境保护公众参与办法》《环境影响评价公众参与暂行办法》《关于推进环境保护公众参与的指导意见》《关于培育引导环保社会组织有序发展的指导意见》等新的制度规定，反过来进一步推动了公众参与制度化的进程。

环境私主体治理与传统公众参与机制的区别在于：前者意味着公众可以参与环境治理的决策与执行过程，与公权力机关分享环境治理决策与执行过程中的裁量权。两者的联系则在于前者依然兼承了传统机制中公众参与的内容。所谓环境治理决策与执行中的裁量权，并非是指在环境规制过程中行政机关基于具体行政行为的裁量权，而是指政府在形成环境治理的目标、方案、策略、规则时所掌握的决定权。因此，分享裁量权是政府与私主体就环境治理在上述各个方面达成共识的过程。在这里，政府允许私主体参与决策和执行是以目标为导向的理性判断，其最终目的是进一步增强公权力运行的合法性以及环境治理的效能。与此形成对照的是，在传统的公众参与机制中，私主体并不掌握环境治理决策和执行中的裁量权，更不掌握恰当地行使裁量权所需的资源。固然，公众在决策和执行系统中有

---

① 郑曙村：《建立决策、执行、监督"权力三分"体制的构想》，《齐鲁学刊》2010年第6期。

所参与，比如作为利益相关方出席听证、作为相关领域专家提供咨询、作为合同当事人对环境治理服务合同标的与对价进行谈判、作为环境治理行政相对人进行申请、复议或申诉等，但是，这些并非关于决策与执行的裁量行为，而仅仅是环境治理决策与执行的素材、基础，或者说是前决策阶段的参与行为。此类参与对决策裁量过程的影响是间接的、模糊的。比如，很多决策听证场景中，听证意见总是被期待可以影响环境治理的最终决策和执行过程，但是，如何认定听证参与人的利益相关性，听证意见对决策影响的范围和程度，听证意见未被妥当考虑后的救济路径，这些问题并不十分明确。又如，在环境治理服务合同谈判中，虽然合同当事人的意见在寻求意思表示一致的过程中会影响环境治理的决策和执行，但政府往往会通过"招拍挂"等方法筛选与自己意思表示一致的合同当事人，实际是在遴选符合特定决策需求和执行目标的具体承办人。可见，很难说传统参与机制下的公众是环境治理体系的主体之一，至少其作为主体的角色是相当模糊的，更多的是作为政府行政权运行的程序性构件之一而存在。

当然，环境私主体治理与传统公众参与机制也存在密切关联。在环境私主体治理逻辑中，私主体依然会积极介入环境治理的监督子系统，也会继承决策、执行子系统的原有机制。一方面，从公私二分的视角看，环境私主体治理并非私主体自治，公权力依然会履行环境治理的职能，既对私主体的行为施以相应的规制措施，也会更充分地吸纳私主体的监督；另一方面，环境私主体治理的生成是一种法秩序下的民主协商博弈过程，此过程所揭示的公众参与内容当然包含传统公众参与机制的内容。

（二）私主体治理之内涵

一直以来，我们都致力于在法理上探索一个理解生态环境法律体系的主导性、连续性的理论框架。但鉴于生态环境问题产生的复杂原因以及不同类型主体的利益交织繁复，我们很难仅仅从法律概念出发来完成这一工作，而必须借助于非法律的工具进行分析。比如，经济学理论认为环境作为一种公共资源存在被过度使用的危险，在没有集体行动的情形下过度开发必然会造成严峻的破坏性后果。然而，鉴于组织的交易成本和搭便车的潜在激励，[①] 环境保护的集体行动常常难以达成，甚至在生态环境法律制

[①] 参见［美］史蒂夫·布雷耶《规制及其改革》，李洪雷等译，北京大学出版社2008年版，第19—54页。

度建设、执行和遵守等环节也存在大量的搭便车现象。这些诱因的相互作用，共同形成了生态环境保护领域集体行动的两重困境：对于第一重困境而言，其主要任务是借助政府的强制性权力塑造体系化的制度并使其顺畅高效地运行；对于第二重困境而言，其核心目标则是寻找克服制度运行的高成本和搭便车等问题的关键之钥，尤其是解决通过何种组织形式才能收到最大治理效益这一组织法难题。这两重困境分别在哈丁和奥尔森的理论假设与分析中得到了部分回应，随后埃莉诺·奥斯特罗姆通过论证在小范围内无须通过外部强制性权威来管理资源的可能性进一步拓展了集体行动的新制度形态。但是，生态环境问题往往具有跨区域性、超大规模性等特征，至少在很多情形下无法通过小群体行动予以有效回应。由此就形成了集体行动的第三重困境。

那么，法律系统应该如何回应这三重困境呢？在环境法发展脉络中，从产权理论出发探寻生态环境问题的发生逻辑，并吸收成本、交易、税费、信息等市场性工具来集成生态环境治理的相关制度机制，这一路径一直备受重视且成效显著。与之相关，在司法上发展出一套以私权救济为中心的实体和程序规则体系。这种进路具有明显的私法属性，与强调私权保护的法治进化逻辑保持高度一致。在公法领域，立法者坚信环境污染、生态破坏将会对公共福利和社会公正带来致命损害，国家应当通过立法为政府规制环境利用、生态破坏行为提供基准，甚至应当在某些情形下剥夺、限制相关主体的行为资格或能力。尤其是，要在宪法层次明确与环境相关的权利或利益的价值次序，将其与人性尊严高度关联，进而要在行政法的层次明确行为的行为限制、责任类型及其承担方式等。由此可见，不管是在私法层面还是在公法层面，传统理论都认为政府才是解决集体行动困境所需权威的主要来源，只有政府才能在解决超大规模问题时提供恰当的干预形式，也是规划、责任、税收、补贴、污染权利、强制信息披露、行为标准等法律手段或政策工具。在这一逻辑下，如果要尝试解决全球性生态环境问题，似乎建立全球政府不失为一种必要的组织选择。

但是，政府是否是环境治理的唯一行动者？答案显而易见。晚近环境治理实践表明，政府往往需要借助于公私混合体的方式来行使权力，这在很大程度上促成了公私法交融的环境法律秩序。在这种法秩序下，程序法规范获得了长足发展，因为仅仅依靠实体法无法为公私融合的治理机制提供充分的依据。进一步而言，私主体可以通过标准制定与实施[1]、监督、执行甚至裁决[2]等方式，来补强行政机制的不足，降低政府规制成本并提高其效率。这一路径在生态环境保护、食品安全、新型风险应对等领域备受推崇。总之，私主体治理可以复杂多样的方式与政府规制相互作用：在某些情况下提供独立的标准和执行行为，在某些情况下推动私主体执行管制制度，或者在某些情况下通过突破政府管制制度的不足之处来提升环境保护的实效。不管政府是否支持这些私人行动，这些私人行动都在一定程度上克服了集体行动的困境或者回避了必须借助集体行动才能进行环境保护的传统路径之缺陷。这种情形要求在规范和行动层面上必须形成一整套程序机制来将私主体治理模式整合进实定法的效力范围之内。

由此，不难发现，环境私主体治理并不是既定且完整的概念，而是一个总括性的概念，其内容丰富驳杂且处于不同发展之中，包括去国家化、去官僚化、企业自我规制、社群自主治理、协商程序、补充性、合作等。在内涵上，"环境私主体治理"与"私主体参与环境治理"是两个完全不同的概念。前者更强调私主体在法律规则范围内与政府分享环境治理权，独立开展或与政府合作开展环境治理。当然，这并不是说私主体可以完全脱离政府运行，它是属于政府主导的国家治理体系的重要构件，因此它必须接受政府的监管以确保其策略符合国家法律体系的底线要求和公共政策的总体目标。后者则强调私主体以"辅助人""监督者"等程序构件的身份参与到政府环境管制过程之中，是隶属于政府管制的依附性治理。

根据私主体与环境治理是否具有利益关联及其程度，大致可以将其分为志愿型治理和权益型治理两类。志愿型治理是指私主体与某些环境事务并没有私益的关联或者只有较低的关联度，他们实施治理行为是出于对环境公益的关切。而对权益型治理而言，私主体与环境问题有密切的利益关联。如果不实施治理行为，他们的私益将会遭受损害，反之，采取治理行

---

[1] 在现有的文献中，私人标准主要包括两类：一是集体性标准，如 ISO 标准；二是双边性标准，如供应链合同中约定的环境绩效或自然资源可持续利用标准。这些标准的制定与实施不需要以利他主义动机做支撑，只要它能够引导相关私主体实现创造、维护环境资源领域的公共利益等政府目标，或者提升监督、执行等传统政府行政权能即可。

[2] See Kenneth Abbott, Duncan Snidal, "The Governance Triangle: Regulatory Standards Institutions and the Shadow of the State", In W. Mattli & N. Woods (eds.), *The Politics of Global Regulation*. Princeton: Princeton University Press. 2009, pp. 44 - 88; also see Steven Bernstein, Benjamin Cashore, "Can Non-State Global Governance Be Legitimate?: An Analytical Framework", *Regulation & Governance*, Vol. 1, 2007.

为能在一定程度上增进利益。

环境私主体治理也不等于环境第三方治理。第三方治理是通过培育专业化力量来缓解政府的监管压力、提升排污企业的治理效率，以塑造环保产业的方式来建构环境治理的市场化机制。它是《环境保护法》中"损害担责"原则的实现机制之一。因此，它的制度目标是履行企业因排污行为产生的以及政府基于监管职能而产生的法定义务，而不是基于志愿的或公益的动机。它必须以法律的强制性标准为依据。在这个意义上，第三方治理与私主体治理之间应当是种属关系，前者是后者的一个具体类型。

环境私主体治理当然与传统上以公权力为主体的治理模式不同。需要澄清的是，尽管环境私主体治理通过诸多比较清晰的实践范式得以被具象地体认，但这并不意味着它仅仅是一组面向"私主体新工具"或现有工具的"私法领域新组合"的某种政策改进。作为规范共同体，环境私主体治理具备系统论意义上的目的性和独立性，而通过对环境私主体治理与其他相关环境治理概念之间的辨正，可以抽离出环境私主体治理的制度逻辑和基本要素。

环境私主体治理也不仅是慈善性环境公益行为。个人、企业和社会团体基于慈善之目的而自发参与环境治理的行为是环境私主体治理中的一种具体类型。两者也在特定情形下存在价值导向上的差异。在个人慈善、组织慈善事业以及其他形式的环保公益志愿服务中，环境治理表达的不是参与主体对应然责任的承担，而是实然责任基础上的额外奉献。这形成了一个相对封闭的、由私主体垄断的环境治理语境。在遵守法律的前提下，这种模式不要求其与公权力机关就环境治理议题展开对话或协商。具体来说，私主体完全可以基于自身意愿随时参与或退出环境治理，也可以完全自主地选择自己对环境治理公益奉献的内容，而公益慈善活动带来的道德性、宣传性、优质环境享受私益更是一个完全因人而异的个性化问题。这些是公益慈善活动自愿奉献的原则，也是现代行政法对私主体规制之"法无禁止即允许"法理的题中之义。而无论公益慈善活动是否存在，政府都是环境治理义务的当然承担者，其权责内容并不因公益慈善力量的加入或退出而改变。基于此，尽管环境公益慈善行为也具备公益性、自愿性和私益性的品格，私主体与政府对环境治理的目标和行为也可以是相同的，但是它们绝不是同一的。

环境私主体治理也不等同于行政机关直接通过政策对私人进行激励驱

动所开展的环境治理。政策激励当然可以通过奖励性规范或合同条款合理地调动私主体的私益性需求，促使其自愿性地调整行为，进行尽责合规决策，使受激励者的决策与环境治理的公益性目标契合，但环境私主体治理与其仍有区别：政策激励来源于政府设定的对价、优惠或者便利，而环境私主体治理的激励机制除此之外，可能还包括德道感、公益认同、自我获益等。实际上，政府通过激励政策引导私主体参与环境治理早已有之，而环境私主体治理的理论和实践流变则是晚近之事。

二 私主体的新角色及其引发的新命题

环境私主体治理的兴起源于许多任务已经无法单纯由行政机关来完成这一现实。面对日益加剧的生态环境危机和风险，传统环境行政的理论、模式遭遇了正当性危机，公众逐渐对发展出一套权威的、普适的、高效的控制排污者和政府环境行政行为的规则或程序的努力失去信心。相反，公众更希望政府向社会力量开放环境事务，建立激励措施推动环境治理的社会化、市场化。在某种意义上，环境私主体治理模式的广泛应用已成为不可避免的趋势。这意味着环境治理必须从以政府规制为主轴的管制模式向以多元主体交互为特征的共治模式转变，为利益相关者融入环境治理结构和进程提供通道，并使他们得以公开地表达利益诉求、寻求法律救济或者纠纷解决的最佳方式。

在这个背景之下，学者与改革者提出的新思路是：一方面采取一种更具民主意义路径，通过行政法提供的政治过程确保广受行政行为影响的利益得到公平地代表，强调利益相关者对行政过程的参与；另一方面是放松规制，强调私主体的自主行为或合作行为，构筑公私协力体系。在新思路的助力下，管制型环境治理正在向环境公共治理模式过渡，政府强职权主义逐渐弱化，让位于多元交互共治的结构性网络，国家、社会和市场主体的对抗思维也被合作共赢的善治思维所取代。毋庸置疑，这种新思路的战略要点就是要激活私主体的能动性，借助利益、目标和动力的多元性提升环境治理的包容性和动态稳定性。

在传统的环境行政体系下，私主体的地位总是不变的：行政机关总是规制方而私主体则是被规制方。这种新思路诱发了私主体在环境法以及环境行政过程中的角色转变，二元化的主体结构开始瓦解，私主体越来越多地参与到公域治理之中，并且不再限于听证、监督等程序性形式，还涉及规则制定、颁发许可、标准设定、利益相关者自主治理、第三方治理等实体层面。这意味着，在环境治理的权力结构中私人角色和公共目标之间的关系与适用方式发生了根本性的转变。与之同步的是，私主体所承担的任务更加丰富化。他们不仅专注于自身环境利益的主张、增进与救济，更被要求在主张权利的同时承担起更多的协商、沟通、决策以及行动的责任。

环境治理不能单纯依赖政府机构的制度输出和强制制裁，还需要不同利益的持续性输入和衡量，完善相关利益在不同主体间的配置规则，需要社会主体资源、政策工具和程序创新的持续追加。究其根本，私主体的介入是环境治理由国家向社会、市场的下沉，进一步扩展公众参与原则的内涵及其实现的新方式，也是政府向市场让权、向社会赋权，积极探索如何发挥市场机制、社会机制的效率性和激励性功能的新方式。为了回应现实的需要和环境法治理论的发展，我们必须对私主体治理中诸多新的法学命题展开精细化的研究。

我们认为，这些新命题包括但不限于以下几个方面：

其一，当下中国环境治理运行的基本逻辑、制度约束和现实困局是私主体治理运行的具体场域，对这些方面的明辨与反思是明确中国未来的环境治理之道的根本前提。

其二，如何借助私主体重构环境治理的主体框架，并与政府达成知识、价值共识与治理合意，是推动环境治理走向公共化的关键。

其三，如何完成环境私主体治理的形式合法性与实质合法性的双重建构，是推动环境治理迈向法治化的核心。

其四，确立适当的后评估机制来保证私主体治理符合环境法治的基本逻辑和公共利益，以使私主体治理能在现有法治图谱中良好运行，是降低试错成本的辅助机制。

三 环境私主体治理的中国意义

环境私主体治理的兴起具有重要的现实意义。一方面，政府向私主体的授权或私主体的自主行为，减轻了政府的治理负担，降低了权力干预主义的现代危机。更为重要的是，私主体治理作为"通过私法方式实现行政目的"的过程，[①] 呈现出利益相关者的权利诉求和公共利益的平衡，对

---

① 章剑生：《现代行政法基本理论》，法律出版社2008年版，第12页。

自我利益增进行为主导性的强调,能激发污染者在规则服从上的革新能力。另一方面,环境私主体治理的制度逻辑的一个重要面向,就是重组政府和排污者之间的关系,使其从"规制者—被规制者"的权力强制向度转向"合作—协力"的协商指导向度。这种网络化权力结构的运行逻辑是,每一个治理主体都有一个关于环境治理的行动策略,各个行动者的策略通过信任、互动、互惠、协商构成了一张策略之网,其中的每一个节点代表一个主体和一种策略。这种网络化策略区别于以价格和竞争为核心的市场机制,也区别于以行政命令为核心的科层制。当以"科层制+市场机制"为核心的传统策略遭遇政府和市场的双重失灵时,网络化治理的自我调整功能就显示出优越性:通过网络各节点之间资源的交换、相互的依赖和共识规则的建立,培育共同目标、价值,进而促成跨越主体界限和政府权威的凝聚力,推动不同主体在环境治理的互动过程中有效运转。

毋庸置疑,随着社会共治理念向环境保护领域渗透,在我国推动环境私主体治理体系建设具有深刻的现实意义。

首先,它是推动我国环境治理转型、重构环境治理权力格局的必选项。在社会共治观念中,环境治理不能单纯依赖政府的制度输出和强制制裁,还要重视不同主体持续性的利益输入和平衡,完善相关利益在不同主体间的配置,强化社会主体资源、政策工具和程序创新对环境治理的持续追加。离开了具有能动性、创造性、多元化的私主体,这会是"不可能的任务"。此外,私主体治理模式的推进也能缓和政府、排污者和公众之间的对抗思维,通过协商、妥协基础上的决策推动善治,提升环境治理进程的民主程度,使包括政府行为在内的各种行动方案获得更高的合法性、合理性。更有意义的是,它还有助于矫正环境治理的官僚化和地方保护主义倾向,降低治理成本,提供激励机制。

其次,它是推进国家治理体系和治理能力现代化的重要组成部分。私主体治理是国家治理体系的重要组成部分,是社会共治环境事务的题中之义。从主体上来说,私主体能在多大程度上参与环境治理反映了国家治理体系聚集分散的社会主体的吸纳能力,是增强政府信任的重要砝码。从公共政策设计角度来说,私主体的环境治理方案能在多大程度上获得认可反映了国家治理体系融合各种政策偏好的整合能力。从权力授予方面来看,私主体能在实体和程序两个层次上发展、利用何种环境治理手段反映了国家治理体系安排治理权力和制度资源的配置能力。从规范约束的角度来看，在信息不对称、权力不对称的情境下私主体的环境治理行为能在多大程度上符合国家制定的法律规则反映了国家治理体系调控社会力量及其行动方案的规制能力。

最后，它是环境治理由国家向社会的下沉，实现环境公共利益的重要机制。私主体的介入重新界定了环境公共利益的理论逻辑，即将制度建设的焦点从"什么是环境公共利益"等实体问题转化为"由谁代表环境公共利益"和"如何确定环境公共利益"等程序性问题。

四 揭开环境法治的新面向

以背景研究为起点发现环境法及其制度中的新命题。在这个层面，环境法应注重从环境行政的历史演进以及私主体在其中的角色变迁切入，分析传统环境行政中公众参与的逻辑；进而在分析传统行政法、环境法的模式转变和理论变革的基础上，指出那些新的理论动向和实践格局给环境治理提出的新要求。

以范畴研究为基础开发环境私主体治理的基本法理。在这个意义上，环境法应注重对环境私主体治理的概念及其与相关概念之区分进行精细化辨正，剖析相关知识系统，抽离出环境私主体治理的基本要素和制度逻辑。在此基础上比较分析两组关系：一是环境私主体治理与传统上公众参与机制的共性和差异；二是环境私主体治理与政府环境管制之关联和差异。在这个分析脉络中，尤其侧重于以我国当前政府主导型环境治理模式的制度逻辑和现实困局为问题域，以国家、科层政府和私主体的互动样态为主线。最终，在理论上对环境私主体治理进行合法性证成，并将其嵌入环境公共治理的制度框架。

以经验研究为媒介发掘域外环境法理论和实践变革的新动向。环境法研究可以通过对"协商行政立法"、第三方治理、合作规制、自我设定的环境标准，以及"环境审查人"制度、自我监督、跨企业环境保护组织、自负义务协定与替代规则之契约等域外经验的分析与评价，剥离出这种新的实践超越传统环境法和行政法逻辑的路径。以风险治理为例，私主体和政府（以专家为代表）对环境风险的认知和规制选择常常意见分殊，这种差异对相关规制议程和制度的拟定与实施有决定性的影响。环境法应当对造成这种差异的原因以及矫正机制形成系统的理论体系，为私主体参与环境风险治理提供智识支持。而遗憾的是，这一点在我国的环境法理论中尚付阙如。

以责任研究为基石探寻环境法中公私责任配置的新机制。传统行政法治体系面向司法审查而建，行政机关的行为须接受司法的合法性审查，并有一套严格的行政责任规范作为保障手段，而环境治理的私人化既给环保机关逃避公法责任提供了通道，同时也由于私主体不受行政法律责任的约束，对私主体环境治理责任的追究即成为空谈。在责任审查真空的背景下建构公私责任在环境治理中的配置机制，既是构筑环境公共治理模式的核心任务，也是完善环境法律责任制度的必选项。

以方法研究为主线寻求环境私主体治理的中国意识和法治路径。在这个面向上，环境法的使命与机遇是将私主体治理深嵌到环境法治的顶层设计之中，使它能够在规范层面获得合法性授权。具体而言，首先，要致力于创设严格型法律规范和推行指导型公共政策的混合模式，以此确立环境私人治理的形式合法性。其次，环境法必须充分彰显其实践导向和问题导向，通过确立私法规范、引入聚合责任、改造传统公法范式来推动环境私主体治理实体制度的建构。最后，由于在私主体治理模式中存在"私人权力对公共利益的损害并不弱于政府的公共权力"的隐性逻辑，所以环境法的研究还应在传统手段（如听证、信息公开）的基础上不断推进最低限度的程序公正，拓展利益相关者的范围，丰富利益衡量的方法，强化主体间基于利益的程序性沟通方式，并且在法治框架下设计公私主体协商、协力的元方法论和议事规则。

第一章

背景论：治理的共治转向及其新法治形态

推进政府、市场与社群在国家治理体系中达成共治形态，是执政党从晚近几十年的历史、实践和制度多个维度提出的重要转型命题。其要义则是在解决"执掌政权"问题之后精准定位国家发展所面临的最紧要问题：在经验积累和价值增长的基础上探索如何有效良好的"运行治权"[①]。政治实践表明，经由现代化建设与宪法秩序建构的交互性实践，构建现代政治制度这个根本性任务已经初步完成并日臻成熟，[②]并为国家治理设定了清晰的"基于中国发展的政治逻辑"。[③]而"共治"决断的提出，意味着国家治理格局呈现出由点到面、自上而下的延展式下沉，即从侧重于国家政治结构及其运行逻辑的塑造与巩固转向增强权利保护和民主保障，注重在"强国家"之下构建"活力社会"和"支配型市场"。

从制度样态来看，所谓延展就是在作为国家制度体系基石的政治制度体系已塑造完成的形势下，遵循国家发展实践呈现出的阶段性、规律性特征，重点推进作为国家制度体系主体的法治系统之展开，并由此演化出以政治决断为横轴、以法治系统为纵轴的二维制度体系。这是推进法治中国战略梯次展开的关键步骤。所谓下沉就是要反思晚近改革实践及其国家制度体系的挑战，推动治理任务从制度建设转向结构调整，吸纳更多的主体进入治理议程，

[①] 有学者将这两个阶段抽象为"主权结构的法治化"和"治权结构的法治化"，并以此定位法治在不同历史时期的实践目标。参见王旭《"法治中国"命题的理论逻辑及其展开》，《中国法学》2016年第1期。

[②] 韩大元：《宪法实施与中国社会治理模式转型》，《中国法学》2012年第4期。

[③] 赵宇峰、林尚立：《国家制度与国家治理：中国的逻辑》，《中国行政管理》2015年第5期。

塑造能够保证民主政治有效运行的法治体系,① 增强政府、市场和社群三种力量在国家治理结构中的连接互动,进一步开拓合作共治的有效性。这两个维度构成了推进国家治理体系和治理能力现代化的核心任务。

通过考察法治中国战略与国家治理体系和治理能力现代化战略两者的内容不难发现,依靠法治系统推进"共治"格局即是塑造政府与市场、社群"共同参与、共同建设、共同享有的秩序建构机制"②,进而打造不同类型主体在不同类型的治理中承担主导作用的动态局面。在本质论上就是要"以人民为中心",做到"发展为了人民、发展依靠人民、发展成果由人民共享"③,发挥法治的统合能力将政府的权威机制、市场的平等交换机制和社会的自治机制予以融合,使国家法与社会成员在互动中建立的规则形成一套规则体系。④ 这是对"坚持党的领导,依法治国与人民当家作主的有机统一"这一论断的拓展。而从功能论上来讲,社会主义法治系统应当能在这个进程中为政府、市场和社群的各个层次嵌入"中国发展的政治逻辑"之中供给有效的规范化机制,更要为治理转型提供善治的创新机制。⑤ 由此,从本质论和功能论的双重视角出发,所谓共治是指由具有一致价值观、国家观、社会问题意识和利益主张的主体,经过法治规范秩序的实质性甄别筛选与程序性导引,确立国家与社会发展路径或政策的治理过程。由此可见,当前国家发展阶段中,共治包含三个层面的规定性:一是价值层面的规定性;二是权利和权力制度的规定性;三是国家或社会的目标规定性。

但事实上,随着国家治理从"政府管制"向"合作共治"的转型,现行法治系统并没有为这个过程提供系统的构造条件或者预留足够的制度通道,甚至没有在规范意义上描绘出共治的框架图谱。相对于以国家主义为基调的规则秩序而言,当"法治国家"转型升级为"法治中国"之时,法治系统需要拓宽其覆盖范围,关注隐藏在国家、政府背后的行业、企

---

① 参见徐湘林《社会转型与国家治理——中国政治体制改革取向及其政策选择》,《政治学研究》2015年第1期。
② 马长山:《"互联网+时代"法治秩序的解组与重建》,《探索与争鸣》2016年第10期。
③ 中共中央宣传部组织编著:《习近平总书记系列重要讲话读本》(2016年版),学习出版社、人民出版社2016年版,第127页。
④ 参见江必新、王红霞《社会治理的法治依赖及法治的回应》,《法制与社会发展》2014年第4期。
⑤ 参见张文显《法治与国家治理现代化》,《中国法学》2014年第4期。

业、社会组织、网络空间等基本面,探索政府治理之外的自治和新型的他治机制。这是"法治中国"命题中治权结构包含的应然内容。

由此,无论是从国家治理现代化的角度观察,还是从法治中国建设的角度切入,探索"共治"的法治化进路,都是不容回避的重要命题。尤其是在理论界通常将其作为一种描述性概念使用的话语情境下,这个命题的破解更具紧迫性。本章尝试将共治置于法治进程之中做整体性反思,在法理上探索两者的互动关联,塑造符合国家治理现代化目标的共治规范体系,以期明晰环境私主体治理在中国生发的秩序背景以及由此提出的隐含宏观脉络。

第一节 治理转型与新的法治挑战

40多年的改革开放成果已经显示出,国家治理的结构框架已经随着目标统一性和内容多元化的增强而被拓宽,政府、社会力量和市场主体作为基本构成要素在治理中的角色任务日益明确,政府主导、市场参与、社会协同的治理格局基本成型。社会权力和市场权力的兴起使"政府权力—私人权利"二元对立格局演化为"政府权力—社会权力/市场权力—私人权利"三元平衡新格局。在法治的意义上,法治秩序的建构目标对应性地经历了从无到有,从"建设社会主义法治国家"过渡到"法治中国"的两次飞跃。法治发展的动力机制也从拘束政府权力,保护私人财产性利益转向平衡政府、市场和社会的治理权,在更微观的层次上规范多元主体的权、责、利。可以说,在法治动力梯次展开的链条上,那些在国家主导的工具主义法治发展道路上被长期遮蔽的社会主体、市场主体逐渐走向前台,展示出更丰富的法治发展动力,激活了它们跨越多重空间共享价值观念、知识系统和行为方式的可能性。由此不难看出,当前从国家治理体系和治理能力现代化的高度推进法治中国的建设,就是要通过新的法治形态来促成国家管理向共治转轨的战略目标。两者的联结点是如何在"共同参与、包容发展的价值取向"[1] 之下实现共治理念的创新升华与制度建构。[2]

---

[1] 马长山:《法治中国建设的"共建共享"路径与策略》,《法学研究》2016年第6期。
[2] 由此不难看出,"国家治理体系和治理能力现代化""发挥市场在资源配置中的决定性作用""全面依法治国""推进多层次多领域依法治理""法治国家、法治政府和法治社会建设相互促进""打造共建共治共享的社会治理格局"等近年来相继推出的纲领理念在逻辑上具有一脉相承的关系,也是基于治理历史经验的深刻反思。

首先，多层次、全领域共治的新结构势必引发法理、法律关系和法律行为的系统性变革以及法权关系的结构性调整。

在过去几十年，政府、市场和社会的相互建构与衔接互动在发展转型期尚处于政策实验与走向制度化的持续拉锯之中，试错成本高且常常伴生转型风险。新型治理力量带来的新的权利诉求、利益关系、责任配置方式以及更加多元的救济通道，以及由于发展的阶段性和区域差异化造成群体或个人的不均衡态势，滋生了诸多风险矛盾等新的破坏力。比如网络空间发展过程中网络主体的自我赋权，企业、协会、第三方组织、社会组织等分享治理权的趋势，这些都大大超出了以控制政府行政权为主旨的传统法治观的辐射范围，亟须与共治机制相匹配的法治理论和制度创新予以纾解。从政府管理向共治的转型如果没有相应的法治理论和制度体系来统筹国家权威、民众的福利关切，促进包容性和共享性发展，那么政府、市场和社群合作的链条就不可能牢固，甚至会被经常打破，治理转型就会随之中断，治理转型的风险和挑战也会随之陡增，偏离社会发展动力的新结构，诱发制度层面的系统性危机。

过去，我们坚持的国家主义法治发展道路尽管成就斐然，但由于它是以确保政府权力自上而下的单向、合法渗透为导向的，不可避免地会陷入工具主义的困局，使社会机制和市场机制沦为政府机制的附庸。所以，面向共治的法治系统必须据此回答一系列新的建制命题：如何回应治理转型中问题与工具、主体与目标（诉求）、权力和法律之间的不匹配现象，通过法律来提升共治的制度约束性和稳定性。

正是基于这种避险意识，国家从中央层面陆续推动"放管服改革"[①]、加强权力制约、更好地发挥中央和地方两个积极性等政府治理改革，明确资格准入、克服市场失灵、推进公共服务的市场供给等市场治理改革，以及畅通社会自治的渠道、加强社会组织能力建设、增强政社互动以灵活发挥社会组织在创新社会治理中的作用等社群治理改革。多层次、多领域的制度化改革旨在通过法治系统的吸纳、引导和框定功能来建设法治政府、强化依法行政，提升市场的决定性作用、维护财产权利，打造法治社会、吸纳公众诉求和能力，形成"有效监督的政府""得到有效监管的市场"

---

① 参见新华社《李克强：简政放权 放管结合 优化服务 深化行政体制改革 切实转变政府职能——在全国推进简政放权放管结合职能转变工作电视电话会议上的讲话》，http://www.gov.cn/guowuyuan/2015-05/15/content_ 2862198.htm，2017年12月17日。

与"逐渐成熟的社会"之间的有机合作,① 推动治理体系向共治格局平稳位移。

其次,共治的复杂性不断挑战法律的刚性和程式主义法治观的动态适应性。

一方面,主体多元、风险丛生和利益冲突是现代法治体系生成和运行的背景与前提,也是包容性国家秩序的治理对象。这种复杂性特征和秩序诉求要求修正固守的以理想模式为特征的程式主义法治观,从强调"以权利制约权力""以权力制约权力"转为强调各种权利和权力关系的平衡,立足于具体的社会情境,有效解决现实问题,推动实用主义法治观与程式主义法治观的融合。在治理的意义上,就是要从讲求规则的完整性向侧重主体合作性转变,并举"如何治理"和"谁在治理"两面大旗。

另一方面,从规范能力角度出发,法治系统虽然能有效维护既定的社会结构和秩序,但在回应社会变革和应对转型风险面向上收效甚微。因为以安定性为特征的法律系统无法覆盖社会变革和转型之中的全部问题结构,也无力对应多元主体的利益和价值结构,应对转型风险的弹性条款、"兜底条款"也付之阙如。由此,法治系统的优化需要随着治理转型的难题而动态调整。共治作为一种开放的变革方案,允许公众、利益相关者评议、参与公共决策甚至是法律创制,或者为市场治理、社群治理开放制度通道,让市场主体或者社会组织能够自主形成有效规则并为其提供认同条件,以此来增强法律与治理主体在治理过程中的紧密度,使多元主体都能够携带不同类型利益进入商谈和处理程序之中。如此,国家治理的民主化就会在一定程度上摆脱政府官僚制的过度过滤或限制,从以限制行政权为宗旨的参与式民主理念进化为以增进合作为目标的实质民主理念,治理规则的合法性及其能力也会随之提升。

再次,共治规则的多元化将加剧治理的实用主义倾向与法治的形式理性之间的紧张关系。

伴随多元主体在国家治理之中功能角色的扩张,共治秩序允许不同的主体依据差异化的规则体系处理公共事务。因此,坚持规则形成和适用的实用主义进路无疑是无法回避的重要选择。这就形成了涵摄国家与社会、政府与市场、公益与私益、整体与局部的新型治理生态,对只追求恰当形

---

① 王岩、魏崇辉:《协商治理的中国逻辑》,《中国社会科学》2016 年第 7 期。

式和渊源的法治形式理性思维提出了挑战,在一定程度上重构了治理秩序必须"符合法治的形式规范"这一传统准则,① 实现了对规则秩序的深层变革。

面向共治的规则秩序既有正式规则也有非正式规则,规则变迁既可能是基于渐进性力量也可能是突变性力量,规则适用的方式既有强制性的也有诱导性的。② 这与中国国家治理的动力、逻辑以及诱发的危机保持一致。中国的国家治理一直被限定在国家体制转型与市场化叠加的轨道之上,这种轨迹既是经济社会发展奇迹的原动力,同时也是一系列社会危机之根源。其中的部分危机可以通过市场规则予以化解,而大部分则必须依靠国家权力及其法律体系才能疏解,尤其是新兴的市场或社会权利,必须借助国家的保护才能得到普遍化保护。在治理转型过程中,规则秩序变迁的主体角色在政府、企业和社会组织之间相互切换或者相互借力,而产权制度、政府权力行为与社会组织空间随着改革在宪法秩序下不断调整。由此,随着这个过程建构起来的制度体系也是大规模政府管制权、服务权与层出不穷的市场创新规则、社会组织规则等交互叠加的结果。也就是说,共治之法是涵摄"法律体系和体系外规范"的二元规则秩序,而它的理想形态就是多元规则及其承载的利益主体互利互惠的正和博弈。所以,如何发挥法律体系的主导性作用,凸显体系外规则的补强性,使其运用严格遵循国家法定原则,适用范围不被任意扩大,③ 而又不至于"机械地实施普适的原则",背离共治的制度逻辑,"达到最大限度的统一和最大限度的多样性",④ 则是塑造面向共治的规则秩序的关键。

共治的过程就是推动多元规则形态逐步走向平衡和正式化的过程。因此,基于日趋复杂的治理目标和不断扩大的治理任务对新的规则秩序的需求,法律系统需要适度褪去理想主义的外衣,降低法律教义的形式要求及其几何式的思维方法,增强其吸纳和赋权能力,弥合实用主义和法治的形

---

① 参见[英]保罗·克雷格《形式法治与实质法治的分析框架》,王东楠译,载姜明安主编《行政法论丛》第13卷,法律出版社2011年版,第643页。
② 参见黄宗智《实践与理论:中国社会、经济与法律的历史与现实研究》,法律出版社2015年版,第522—533页;林毅夫《诱致性制度变迁与强制性制度变迁》,载盛洪主编《现代制度经济学》,北京大学出版社2003年版,第260页。
③ 江必新:《严格依法办事:经由形式正义的实质法治观》,《法学研究》2013年第6期。
④ [法]皮埃尔·卡蓝默:《破碎的民主:试论治理的革命》,高凌瀚译,生活·读书·新知三联书店2005年版,第117页。

式理性之间的裂缝，提升共治规则秩序的融通性。

最后，法治秩序与治理秩序之间存在天然的对冲关系。

从历史经验判断，改革过程中形成的以政府治理为中轴的过渡性治理体制是以权力类型和范围的灵活伸缩为机制的，这种治理体制之下的法治秩序以"限权"为基本准则。相反，共治秩序的总体目标是促成政府与市场、社会围绕公共事务形成合作的新型治理关系，这种治理体制背后的法治秩序应当以"赋权"为基本准则。也就是说，如果法律无法吸纳市场或社会的实质参与，人民的公平诉求没有得到法治系统的回应，国家治理体系依然会在前一种形式法治的轨道上持续滑行，过渡性治理机制[①]就会凝固为长期性治理体制，改革的社会公平问题和社会风险无法消减。比如，在政府和市场的关系上，法治秩序如果无法协调政府对市场干预过多与监管不到位的矛盾，就不可能系统性保障市场主体的财产权利，更无法激活市场调节的辅助性功能，导致政府管制和市场权利的错置；而在政府与社会的关系上，法律法规也必须正确配置政府提供各类社会服务的服务性权力与以秩序保障为目标的管理性权力，在法治秩序下将权力下放或者转移给社会，明确两者的权责界限，否则就会加剧治理与法治的结构性矛盾。

不难发现，这些对冲关系已或隐或现地呈现在我们面前，成为治理秩序和法治发展的巨大障碍。如何使市场和社会复杂、多元的权利成为国家的政策、执政党的意志，经由立法程序转化为法律法规，并被高效、公正地实施，使"政府+市场+社群"的共治秩序在超大规模国家运行中不断达致善治，无疑将成为塑造法治新形态之外观和内容的决定性因素。

第二节　面向共治的新法治形态之本质

法治是治理的基本方式，[②] 需要与治理的主体、情景、对象、目标、结构等诸方面相契合。与共治格局相匹配的法治体系"必须强调治理体

[①] 过渡性治理表明了中国国家治理的改革常常需要借道中间环节或者实验试错的渐进式特征，而这些中间环节或者实验试错中的很大一部分溢出了法律的控制范围，具有很大的不确定性。

[②] 参见江必新《推进国家治理体系和治理能力的现代化》，《光明日报》2013年11月15日。

系内部不同主体和不同环节的协同性、互相作用和均衡发展"①。但从目前来看,自上而下主导的国家主义法治体系对此缺少自足性回应,相关的制度创新或实践突破仅仅局限在特定领域,或者停留在治理秩序的表面。为了缓解治理秩序与法治体系的矛盾,需要对法治系统进行创新性的发展,重构中国法治秩序的体系结构和思维方式,发掘新的法治形态以便维持两者适当的平衡。

一 复合化治权结构与新法治形态的重心

近几十年的政治经济改革以及当前的社会改革表明"分散行政权、中央对地方权力下放、授权代理"②、发展社会组织等分权形式都在扩展国家治理的边界和主体范围。从20世纪80年代逐步展开的央地分权、国家向社会的赋权以及政府向市场的让权是一个不断制度化、法律化的过程,极大地推动了经济增长以及民生的稳步改善,激活了中国社会系统的复杂性,孕育出大量新的治理力量,但同时也因为国家与社会、市场在不同情境下的分离或对立触发了社会系统或经济系统的局部失灵,③ 甚至滑入零和博弈的结局。这意味着,政府与市场、社会在国家治理体系中并不总是一种静态的凝固格局,毋宁是随着治理领域、对象、过程和目标不断动态调整的流动性格局。复合化的治权结构有降低法治整合能力的风险。由于这种流动性及其各种治理样态夹杂着不同主体的多元化规则和意志,不同治理主体遵循差异化的制度逻辑,如果不能通过法律统一这些规则、协调这些制度逻辑,借助法治系统的统一性权威平衡这个复杂的治理系统,法律治理的能力就将大大下降,法治秩序的权威也会在混乱的治理行为中被逐渐消解。

需要明确的是,从权威来源来看,共治秩序的塑造既需要借助政府通过发号施令树立的政治权威或法律权威,也要依靠社群或市场通过合作伙伴关系、协商、契约和共同的目标等方式形成的社会权威或合意权威。作为一个上下互动、横向交互的过程,它的制度中轴只能是建立在市场原则、科层制原则、公共利益和社会认同基础之上的合作。在这个意义上,

---

① 王旭:《"法治中国"命题的理论逻辑及其展开》,《中国法学》2016年第1期。
② [美]G. 沙布尔·吉玛、丹尼斯·荣迪内利:《分权化治理:新概念与新实践》,唐贤兴、张进军等译,格致出版社2013年版,第3页。
③ 参见郑永年《中国模式:经验与挑战》,中信出版集团2016年版,第150—166页。

面向共治的法治观不仅是通过法律的技术治理，更是透过法律规范图景指向整体社会权利和意志塑造的新政治理念。①

为了使共治保持连续性、有效性、有序化，理想的状态是政府与市场或社会通过结构化互动使常被忽略或轻视的市场主体或社会主体之关切能够通过不同方式制度化，②最终经由市场、社群治理能力的建设加码达成关于"谁是治理者""何为有效的规则和知识""谁是法定权威"的一般框架。基于治理的实践经验和行政国家任务扩大化的趋势，如果市场或社会主体在形式法治原则之下的治理行为符合公共利益或不侵犯私人利益，国家就可以把原本独自承担的责任部分地转移出去，通过将政府与这些主体之间的界限和责任模糊化，使后者成为治理的一极。

但在当前"强国家—弱社会—不充分市场"的治理结构中，要实现这一目标必须首先解决那些隐含张力的多元主体如何在新治理框架之下相互共生和支撑的问题，也就是要寻求可以涵摄政府机制、市场机制和社群机制的整合机制以及更具弹性的新制度框架。所以，确立一套判断治理权分配和设置的法理与标准是塑造共治格局的首要任务。这也表明，主体性的进一步强化及其关系的再优化将是当下新法治形态关注的核心。

二 三元价值体系与新法治形态的包容性特征

从表面来看，塑造共治格局就是不断承认、固定新兴权利，向社会和市场释放红利的制度化进程，而究其规范性实质则是在经验教训基础之上将改革开放以来所坚持的法治建构路径从国家主义法治导向更均衡的包容性法治，让人民的参与度和获得感得到更规范的保障，尤其是要将改革产生的矛盾危机纳入新治理轨道，使改革更具正当性，使法律更有能力回应不断增长的公平正义问题。基于包容性法治之要求，推进共治进程的首要任务就是要通过价值、信息、意愿、利益、行为的互动来调动、激发不同治理主体的能动性，实现多元治理策略的合作与功能整

---

① 参见［英］拉兹《公共领域的伦理学》，葛四友译，江苏人民出版社2013年版，第440页。

② 比如，在环境保护、网络空间治理、社会治安、食品安全、文化产品供给、医疗教育等治理领域，越来越多的市场或社会主体通过法律、法规和规章授权、行政机关的委托或者根据组织内部章程承担起政府治理的部分功能，且收效显著。参见姜明安《法治思维与新行政法》，北京大学出版社2013年版，第135—137页。

合，打造精细化治理，提升治理的为民性、公平性、正义性、持续性、透明性、效率性。

由此，意志的共同性、信息的交互性、利益的一致性、民主的商谈性与治理的合理性、效率性要求融合在一起，成为新法治形态最基本的价值观。这种新法治形态必须在不同治理机制之间达成适度平衡，至少能吸纳、回应、整合"政府—市场—社会"三个维度的多元价值体系，呈现更大的包容性。

首先，共治秩序需要强化基于市场和私有产权的法治元素，以便于市场主体在经济活动中充分发挥意思自治能力，在公平竞争的制度环境中激活市场主体的权利意识，"让市场在资源配置中起决定性作用"。其次，共治秩序需要开放社会力量的成长空间，增强基于社会共同体的公共性和民主权利的法治元素，开辟更大的社会自治场域以发挥社会力量在国家治理中的辅助性功能，同时更注重把社会各阶层的公平正义纳入新法治形态的蓝图之中，"更好统筹社会力量、平衡社会利益、调节社会关系、规范社会行为，使我国社会在深刻变革中既生机勃勃又井然有序"，充分彰显"坚持人民主体地位"的基本原则。最后，共治秩序需要进一步约束政府行使公权力的方式和具体行为，增强基于合法性、效率性、责任性和最佳性的法治元素，优化针对市场的监管权，提升提供公共产品和服务的服务权。

整体观之，包容性法治的基本样态是由权利法理（市场）、公共法理（社会）、责任法理（政府）构成的三元结构。新法治形态发展的主线就是适度增加前两者在法治结构中的权重和效能，并动态调整三者之间的关系（详见表1-1）。如果缺少规范保持三元价值体系的适度平衡，就会破坏市场、社会和政府不同主体的治理合意和互信，使三者之间利益关系的调整变得复杂失控。尽管在走向共治格局的进程中，改革创新涉及的利益调整不可能按照既定目标稳步推进，尤其是在那些拒绝其他价值体系渗透的既得利益格局中，价值冲突和利益互损将无法避免甚至成为常态，包容性法治应当设计出价值角力、利益竞赛的竞技场，为这种冲突、互损提供制度化、程序化的解决机制。只有清晰的界定和认识隐藏在共治格局之下的新法治形态的复杂性、包容性，才能找到打开法治形态和治理形态创新的关键之钥。

表 1-1　　　　　　共治的三元价值体系与包容性法治形态

	治理基础	价值取向	法的形式功能	法的实质功能
政府机制	管制权和服务权	合法、效率、责任、最佳	约束市场主体的权利诉求和宏观调控社会秩序	适用共治的元治理规则；对共治进行持续反思和反馈；呈现公共决策过程；运行连接三方的公正程序
市场机制	私有产权	自由、自律	调整资源的流动，塑造市场秩序	自我规制；拓展私人领域的功能空间
社群机制	民主权利	平等、公正	推动民主参与，拓宽福利供给的渠道	社会自治；增进治理公共性；供给公正要素

三　新法治形态的双重规范表达

基于治理秩序与法治体系在实践层面的持续互动所引发的变革要求，尚需要对共治的规范指向做出澄清，才能确立新的法治形态的整体样貌。对此，我们认为，对应共治的结构和过程，这种新法治形态应是"依法治理"和"有效治理"逻辑统一，既能在静态意义上处理共治秩序所涵摄的多重法律关系，也要在动态意义上维持共治治理过程的连续性。

（一）作为形式表达的依法治理

依法治理是所有国家在发展法治意识形态过程中所共同坚守的基石性目标，是对法律的治理功能的最基本期待。在共治结构下，要实现依法治理的目标，首先要解决治理权限的法定化问题，即所有治理主体的行为均需要在法律上有明确的规定或概括授权。在今日之中国，常态化治理指向的复杂的社会、经济和政治系统不可能脱离法律以及相关组织结构的支配和调整，依靠宪法和法律体系的法理型治理比依靠政策的试验型治理更有助于在大规模治理中凝聚共识、汇集力量，也只有超强的可预期性才能维护国家可持续的发展与稳定。以社会组织赋权改革为例，党的十八大提出"加快形成政社分开、权责明确、依法自治的现代社会组织体制"之后，传统国家治理结构中政府和社会组织的关系需要从前者对后者的控制转向赋权以构建新型的合作伙伴关系。为此，中央层面陆续推出允许特定类型组织直接申请登记、购买社会组织公共服务、社会组织与行政机关脱钩、完善社会组织管理制度和内部治理机构等顶层制度改革，并提出要修订社会团体、基金会和民办非企业单位登记管理条例以及制定志愿服务和行业协会商会等方面的单项法律法规，适时启动社会组织法的研究起草工作，在有条件的地方出台相关地方性法规、地方政府规章，① 其目的是通过组织赋权强化对社会组织参与和公私伙伴关系的法律承认，建立合作、管理的法律框架。② 由此，为更好地发挥社会组织在创新社会治理中的作用，国家与社会组织的互动（无论是"行政吸纳"③ 还是"分类控制"④，抑或"借道"⑤）需要转轨到法治道路之上，降低通过地方政策调控社会自我管理权的任意性或随机性。

其次，共治之下的所有行为必须服从法律的要求，在法律框架之下运行，不得任意以自治规则或实验政策抵消或取代法律规则，即"治理规则的法律优先性"。这个要求隐含两个不容忽视的核心问题：一是市场主体在法律上的行为资格、边界和约束条件如何根据公共治理的要求进一步明确和优化；二是在行政治理的脉络上，先行先试的政策实验型治理如何与法律的价值、原则和精神实现高度匹配。第一个问题在市场化改革与法治建设中已经逐渐明晰化、体系化，政府过度干预、监管和服务不足、市场体系不健全、要素流动障碍较多等问题随着市场法律体系的完善逐渐得以解决，当下需要解决的是市场主体在自我规制、公共产品或服务供给等领域中的合法性以及责任聚合问题。相较而言，第二个问题因为涉及国家治理架构中央地关系的优化配置，意义更为重大。虽然《立法法》第 13 条已经明确规定全国人大及其常委可以根据改革需要围绕行政管理事项授权部分地方在一定期限内暂时调整或者暂时停止适用法律的部分规定，试图将改革纳入法治轨道，⑥ 但地方实验治理的成功经验只有在转化成国家的法令制度之后，央地关系的法治化配置才能终结。

最后，依法治理还要求那些关涉共治的组织形式、权力转移、责任转嫁、做出对公民权利义务有重大影响的行为等重要事项必须有明确的法律

---

① 《中共中央办公厅、国务院办公厅印发〈关于改革社会组织管理制度促进社会组织健康有序发展的意见〉的通知》（中办发〔2016〕46 号），http：//www.gov.cn/xinwen/2016-08/21/content_5101125.htm，2018 年 3 月 2 日。

② Derick Brinkerhoff, "Exploring State-Civil Society Collaboration: Policy Partnerships in Developing Countries", *Nonprofit and Voluntary Sector Quarterly*, Vol. 28, No. 4, 1999.

③ 参见康晓光、韩恒：《分类控制：当前中国大陆国家与社会关系研究》，《社会学研究》2005 年第 6 期。

④ 参见康晓光、韩恒：《行政吸纳社会——当前中国大陆国家与社会关系再研究》，*Social Sciences in China*，2007 年第 2 期。

⑤ 黄晓春、周黎安：《政府治理机制转型与社会组织发展》，《中国社会科学》2017 年第 11 期。

⑥ 王建学：《授权地方改革试点决定应遵循比例原则》，《法学》2017 年第 5 期。

授权，即"治理框架的法律保留"。实践表明，尽管改革开放以来中国的经济社会发展和权利保护取得了巨大成功，改革进程大体上还是在法律秩序之内展开，但无论是中央和地方在治理格局中关系的变化，还是市场主体和社会力量更积极地融入治理结构，其结果都会导致传统国家治理机制及其规则系统遭遇严峻挑战。一方面是新的治理主体和机制对传统治理机制形成替代或者补充；另一方面则是国家治理机制运行的难度越来越大，成本越来越高，在效率和公平、合法与有效之间的平衡取舍也越来越严苛。这意味着，在超出现行法边界的情形下，结果取向的治理失范或越轨现象不可避免。在此情形下，法治系统必须对治理中的组织样态、权力责任的清单与分享、对公民权利的限制与补偿等关键问题设定基本的准则或取舍标准。

(二) 作为实质要求的有效治理

所谓有效治理就是要"把各方面制度优势转化为管理国家的效能"[①]，在依法治理的前提下提升治理能力和效果，以最小成本实现治理绩效最大化，或者在治理目标特定的情况下降低治理成本。这里面隐含着一个关键悖论：国家越是发展，治理范围和负荷就越大，治理效能就会随之衰减，也就越需要政府之外的治理机制的介入，随之而来的则是社会离心力的扩张。这个悖论提出了一个法治秩序向治理秩序转化的关键命题，即在共治结构下，法治系统必须通过合理分配制度资源并使其转化为更具体精确的国家治理方案，推进通过法律的治理体系走向精密型、融通性和定型化的成熟状态，以承载越来越大的治理负荷。详言之，当前中国的国家治理除了要完成秩序塑造、排除危险、权利保护等传统意义上的防御性功能外，对"社会、经济、文化等领域的供应、给付和补贴"[②] 等积极性功能更为强调。这要求共治法律体系的设置和运行必须以确保效率为基本准则，做到快捷、便利、优质、高效。

基于治理秩序和法治秩序之间天然的对冲关系，作为治理秩序基本价值的有效治理与作为法治秩序基本价值的依法治理应当在新法治形态下塑造"约束—补强"式的适度紧张关系，即前者可以突破后者的某些限定

---

① 习近平：《切实把思想统一到党的十八届三中全会精神上来》，《人民日报》2014年1月1日。

② [德]哈特穆特·毛雷尔：《行政法学总论》，高家伟译，法律出版社2000年版，第17页。

性要求，而后者则在均衡前提下对前者有所妥协。

首先，在资源有限的情况下，为了保证共治的效率性要求，"功能正当的违法性"① 可以得到适度的容忍。以环境保护为例，对那些采取严于国内法标准的企业，只要其实现了更优的环境管理绩效，执法部门可以基于裁量权给予其适当的执法优惠，哪怕这种行为是突破了实定法要求的行为。这种突破"治理规则的法律优先性"的现象是基于避免行政执法僵化和高成本的考量而做出的适当修正。

其次，随着风险治理成为国家治理的重要内容，新法治形态需要提供一套能够整合所有与风险相关的知识、技术、价值、力量和资源的治理机制来处理一系列交织冲突的利益、权责关系。但风险治理的复杂性和多元治理主体价值、知识的不确定性又决定了法律必须赋予多元主体一定的剩余判断权、自由裁量权和自主预决权，允许依靠先行先试的制度生长模式在某些特定情形下突破"治理框架的法律保留"的准则，以确保风险治理的有效性。这种对剩余判断权、自由裁量权和自主预决权的尊重是依法治理向有效治理的适当妥协。

最后，强调市场机制、社群机制对政府治理的补强也要求法律为各类非政府治理模式的内部治理方案、标准、原则、价值导向开放足够的适用空间，在没有法律明确授权的前提下，只要符合公共利益以及法律的最低标准并且能够接受法律或行政权的检验，那么这种治理类型亦应得到肯定和普及。因此，在坚持法律效力刚性化的前提下，允许相应的法律结构具有适度弹性，在弹性空间内为治理权限法定化设定例外情形，赋予共治足够的灵活性。

第三节　新法治形态的要素构造及其展开

以上分析表明，产权制度的完善和社会建设的强化开始使国家和社会治理遵循资本与民主的逻辑来运行，在政府权力运行的全过程及无法覆盖的领域嵌入了市场意识形态和社会意识形态，并在实践中勾勒出一个多元融合、互借互用、民主高效的共治结构雏形。但不可否认，理论界对共治的法律本相尚未形成清晰认识，由此需要将共治秩序的组成要素更真实准

---

① ［德］汉斯·沃尔夫、奥托·巴霍夫、罗尔夫·施托贝尔：《行政法》，高家伟译，商务印书馆2002年版，第337页。

确地投射到法治秩序的背景之上,确立新法治形态的关键支撑。

一 自我更新的规范结构

在规范结构意义上,所谓共治就是要超越公法与私法、正式的与非正式的、公主体和私主体等传统二分法,来探寻一种可持续的、开放的规范结构。面对国家或社会治理,一方面法律系统要对治理情势的变化做出反应;另一方面,由于共治的兴起在很大程度上是源于政府传统治理模式之下法律系统的功能不足,尤其是行政权及其公共责任的衰落,需要输入更多的参与性、公开性、民主性、过程性的要素来补强法律过程。所以,共治的基本制度安排是要推动参与和权力下放,从自上而下、命令控制的法律框架转向以合作、协商制定规则,共担责任、扩权和放权交叉等为特征的更具有反思性的法律系统。这个法律系统最为重要的特征就是面向治理过程,在制度和理念上具有自我更新的能力,不断凝练、吸纳、回应治理进程中的新问题。也就是说,面向共治的法律规范更新必须要有一个能够涵摄变革和发展的协作结构来增强法律系统持久的改进。在这个意义上,为了回应共治与法治之间持久紧密的互动,必须塑造更精确、更符合真实世界的法律形式、立法逻辑和制度样态,而其基本内核则是要建立一套关于制定、吸纳或者评价多元治理规则的规范形态,尤其是要确立关于治理规则形成及其选择的方式。

二 充分合作或竞争的治理组织

实践表明,中国社会公共事务的多元化发展已经远远超越了政府组织机构试图统而管之的能力,[①] 政府与市场、社群之间有序的治理合作和治理竞争对于超大规模的国家治理来说尤为关键。因而面向共治的新法治形态也面临着巨大挑战:一方面,它不能只拘泥于形式主义,关注政府、市场和社群相互之间的边界问题或者做非此即彼的选择;另一方面,流动的共治格局要求其具有随机应变的决断机制,注重多样化组织机制的发育,只有这样才能使互动框架得以维持。

从现代国家治理的经验来看,对治理结构中组织机制的塑造不可或缺。在中国国家治理的展开进程中,治理组织机制的不完备诱发了两个维

---

① 参见周雪光《社会建设之我见:趋势、挑战与契机》,《社会》2013年第3期。

度的治理难题：一是国家独占的整体治理意志在逐级传导中被刻意地分散化或者再解释（可能是加强也可能是衰减），次级或者再次级政府机构并没有在法治框架下形成足够成熟的体系化治理范式，而更多的是在经验主义的路径依赖之上持续滑行，进而呈现出治理效能的递减或者不正常的强化；二是私人领域的伸张以及权利意识的兴起并没有发展到能为公众参与提供足够的自主意识或行动能力的阶段，市场治理机制缺乏系统的法律约束，而社群治理机制更是缺少足够的适用空间。

当然，以契约关系为特征的市场组织机制和以公共利益合意为特征的社会组织机制是否具有足够的自我整合能力还需要经过长期实践的检验，也还需要以行政关系为特征的政府机制在法律规范之下择机出现。但毋庸置疑的是，在共治背景下，市场组织、社会组织与政府在国家治理中所面对并负责的对象已经是同一群人，它们肩负着同样的公共责任。[1] 基于此，新的法治形态必须旗帜鲜明地提倡在"私法和社会法领域实行有控制的自我管理"[2]，并将社会中的组织化利益嵌入国家的决策结构中，使政府、市场和社群作为不同但重叠的利益代表系统在共治决策实施中实现最大程度的结构耦合，凭借法律在市场或社群治理机制中的担保功能塑造契合于共治格局的、有助于发展变革的规范性模式。

三　交涉平衡的共治程序

诚如周知，将市场和社群的治理机制强行塞进政府主导的国家治理体系并不能发展出符合实践的共治结构，因为每一种机制的背后，都存在一种价值观、一种理论体系，甚至迥异的意识形态和制度建构方法论。可以说国家治理现代化的进程就是这些价值观、知识系统、法律意识形态和制度建构方法论不断冲突，又不断调和的过程。在这种情况下，要给出一套可操作的、长期稳定的协调方案，就要借助于交涉平衡的共治程序机制来整合治理意志（最低共识）、排除治理决策权的独占（均衡制约或监督）、弥合利益分歧（最大程度平衡），把治理的民主化所内含的柔性特征与治理程序的刚性结合起来，通过协商民主多层次广泛的制度化发展来推动治理与法律秩序互相建构能力的增强。

相较于政府治理机制中行政权的刚性而言，共治意味着动态、公开和

---

[1] 参见张静《法团主义》，中国社会科学出版社 2005 年版，第 18 页。
[2] 季卫东：《法治秩序的建构》，商务印书馆 2014 年版，第 385 页。

多变。因此，理解共治的关键在于尺度，而尺度意味着对利益、价值、知识多元化的把握和对决策权独占的拒斥。要实现对那些相互竞争的多元国家观、政策观、法律观和利益观的有效甄别，调适关于共治的法治观之差异，保证治理选择的理性品质，必须借助于"程序正义来消弭实质性价值判断的相异所引起的对抗，为决定提供各方承认的正当性基础"[①]，"利用程序规范来调整过程、组织关系、分配权利"[②]。此外，既然共治是不同主体、意见、价值、工具、利益等实体性内容的耦合，那么就必须借助程序性机制来框定这个过程，以便于保障共治决策的开放性、客观化。这是回应共治的依法治理目标之必要。

从有效治理的视角来看，程序是提高治理效率的必要条件。一方面，共治程序机制在不扩展政府行政权体系的情况下扩大了公共行动的范围，使更多更广的社会资源被用于解决公共议题，为市场和社群的介入提供新的合法化机能。另一方面，共治结构中不可避免会遭遇不同力量的失衡及其如何回归再平衡稳定的难题，而程序机制既是激活共治合作进而确保不同价值、利益充分显现的力量，同时通过代表制度、时效制度、裁量制度之设定也可以最大限度降低协商决策成本，确保治理的有效性、效率性和最佳性。尤其是当传统意义上"控制提取式"国家治理模式逐渐被公共服务型治理模式取代之时，治理主体、对象和任务无论在形式上还是实质上都发生了根本性的巨变，亟须使程序固化为稳定可控的治理规则。

四 面向对象和过程的工具

作为在新的目标、结构、程序和关系基础之上形成的新治理样态，共治需要配置一系列更连贯、更具有协作能力的政策工具来处理那些依赖公共行政权以及基于控权的合法性机制所无法覆盖的对象。推动共治现实化的一个核心问题在于将法律制度建构的中心从政府行政权转向治理事项及其任务，打造面向对象的工具箱。在传统治理范式之下，治理决策、决策执行、后果监督和评价以及相应的标准或准则都是在对公共和私人领域截然二分（对立）基础之上，围绕公共行政权（组织、权力来源、运行合

[①] 季卫东：《论中国的法治方式——社会多元化与权威体系的重构》，《交大法学》2013年第4期。

[②] 季卫东：《法治秩序的建构》，商务印书馆2014年版，第21页。

法性或合理性）展开的，而共治范式下的治理工具是与治理主体相对应的。也就是说，参与主体的种类和数量决定了治理工具的类型和数量。国家治理的具体任务不会因为立法工作的完成而终结，相反，立法仅仅是治理的开端，它完成的是治理权的赋予和责任的配置之任务，随后过程的展开才是治理的重要阶段，而工具的选择在这个阶段才开始发挥对治理过程和样态的塑造功能。因为，工具的选择是参与主体如何行使权利的直接体现，代表着治理中哪些利益将得到优先考虑，哪些居于次席，哪些是可以忽略不计的。

更为重要的是，除了由法律系统直接传递的政府直接管制工具、社会性规制手段和法律责任制度外，面向共治的法律系统还要能为治理工具之拓展提供准备条件，使新型的治理工具或手段有足够的制度化的空间。这样，通过工具建构既能够加强市场机制和社群机制回应治理问题的能力，也能够补强传统治理范式之下以政府行为建构为核心的单一体系的孱弱。

第四节　通往新法治形态的道路

从治理转型给法治发展带来的巨大挑战来看，共治已非一个执政倡议或者价值观的宣贯问题，而是事关法治范式创新的制度正义问题，涉及一系列结构性的权力安排、最低共识之达成、利益平衡化、过程正当性、结果正义、规则体系之融贯等新时代法治发展的核心使命。由此，当下通往新法治形态之道路的整体议程则是把多层多样的法律规范和社会规范、市场规范、多种多元的主体及其相互关系甚至随机涌现的治理危机之要素都纳入新法治形态的规范框架，确立多元并存、相互借力的动态治理范式以及相应的法理体系。

第一，发展法律体系的融贯性功能，平衡技术主义治理与实践主义治理的分歧。

不难发现，国家主义主导的治理秩序之主旨是将国家运行及其治理最大限度地理性化、科学化、简约化，借助形式规则的技术性来掌控权力运行的方向和形式，凭借专家对问题的识别和处理推进治理过程。由此，它的治理逻辑是通过技术专家（立法者、执法者或司法者等）来管理社会，经由技术方法（化简社会复杂性①、行政技术②、罚则、信息工具、声誉机制、法律解释等）来规范权力。因而，与之相对应的法治秩序则不可避免地具有极强的刚性，法治建构模式侧重于赋予法律体系更直接的目标性、完整性、清晰度和规划性。但是，这种技术主义治理在化简过程中存在社会失真的巨大风险，进而会诱发法律体系（方法系统）与真实实践（问题系统）的错位，使法律体系面向真实的社会情景时停留在对概念、原则、规则、程序机制的机械套用和逻辑分析的表象之上，③ 而在真实关系上忽略了治理实践与法律体系相互投射的关系，使法律体系缺乏经验世界足够的实证支撑，④ 治理实践亦无法真实投射到法律体系的效力范围之内。

相反，多元合作的共治秩序之逻辑则是要穿透错综复杂，还原真实复杂的社会网络化情景，不断定义社会主体之间的各种关系而推动社会秩序的再建构。⑤ 因此，从这种实践主义治理模式出发，新法治形态不仅意味着治理规则体系的形式化，更意味着政府、市场与社群三种机制之间在价值上的相互支撑，在重叠共识的基础上形成"某种具有正当性的强制执行机制"⑥。由此，法律体系的融贯性对于消解前述治理与法治的天然对冲关系意义重大。由于这种融贯性面对的不仅是不同主体逐渐扩张的复杂情景，还有彼此之间相互融入、借用并在规范冲突过程中塑造实践理性最大化之法治理念的历史使命，为此，新法治形态既要吸纳当代中国多元价值和意义体系，并在理念层面上建立起相互支持、彼此证成的法律意识形态，也要在规则层面上挖掘这些价值系统的合理联系，在法治的内部规则系统和外部价值系统之间有意识地应用程序机制和解释方法，使不同规则

---

① 指的是为国家通过治理技术对社会进行复杂性化简。比如卢曼就曾直白地指出，权力是持有者将社会行为化简为合法或不合法的强制化简方式。参见［德］尼克拉斯·卢曼《权力》，瞿铁鹏译，上海人民出版社 2005 年版，第 4—20 页；Michel Foucault, "The Political Technology of Individuals", in Luther H. Martin, Huck Gutman, and Patrick H. Hutton (eds.), *Technology of the Self*, The University of Massachusetts Press, 1988, pp. 145-162。

② 参见黄晓春、嵇欣《技术治理的极限及其超越》，《社会科学》2016 年第 11 期。

③ 这在某种程度上是将与事实相关的经验现象替换成了与法律相关的知识现象。

④ 承认事实和价值的相互投射是平衡规范和实践的前提。诚如有学者指出，"每一事实都含有价值，而我们的每一价值有都含有某些事实"。参见［美］希拉里·普特南《理性、真理与历史》，童世骏、李光程译，上海译文出版社 1997 年版，第 212 页。

⑤ 参见金耀基《中国社会与文化》，牛津大学出版社 1992 年版，第 64—85 页。

⑥ 季卫东：《通往法治的道路：社会的多元化与权威体系》，法律出版社 2014 年版，第 88 页。

体系之间既能形成合力，也可以达致相互竞争的状态。

第二，以"限权—赋权"为中轴重塑法治秩序与治理秩序之间的新型协调关系，增强共治的幅度和韧度。

在关系维度上，共治的制度发展主线是将政府、市场与社群的治理权力关系进一步法治化。由此，通过排除法律不合理的限制性障碍，创设符合治理秩序的法律条件，塑造权力配置基础之上的融合性秩序，就成为不可回避的路径选择。这种秩序不同于传统法治观所强调的静态权力之配置形成的对抗式秩序，它并非只着眼于政府权力行使的合法性和边界性这种消极性功能，同时更强调政府、市场与社群的治理效率和权能的互动关系，具有明显的积极性功能。因此是以"限权—赋权"平衡为中轴的新型协调关系。

我们认为，要解决治理权的创设、配置和平衡这个前提性问题，就需要借助于政治范畴上的价值标准和法律范畴上的规范标准，将复杂的治理权配置问题重新清晰化，使政府、市场和社群的治理权得以恰当安排。即，政治范畴上民主、平衡、效率等价值元素为治理秩序提出了赋权性的制度要求，代表更大程度的开放性；相反，法律范畴上的安定、秩序、正义、自由等规范标准则要求法治必须坚守限权的底线，意味着最低限度的保守性。这两个面向共同构成了当下中国法治发展的现实主义立场。①

以"限权—赋权"为中轴重塑法治秩序与治理秩序之间的新型协调关系，关键在于通过新法治形态的包容性特征剔除以压服为特质的传统治理模式的不合理因素，尤其是要调和政府、市场和社群各自坚守的唯己立场，形成关于治理对象、领域、时段和目标的法治共识，进而将新法治形态之特质和要素通过规范性、程序化的法律机制渗透到共治结构与进程之中。

这样设计的初衷既能够最大限度将市场主体和社群主体的治理参与从政治领域引流到社会管理和公共服务领域，增强共治的广度和幅度，也能最大限度地降低市场机制和社群机制带来的不确定性及其对法治的冲击，增强治理的韧度和深度。这样，随着治理进程的深化，可以最大限度压缩

---

① 张文显教授在判断中国法治的未来发展道路时，鲜明表达出其"现实主义立场"，认为此种立场对于法治发展的战略目标尤为关键。参见张文显、郑成良、徐显明《中国法理学：从何处来？到何处去？》，《清华法学》2017年第3期。马长山教授也曾指出，中国法治进程不能靠理想主义、激进主义的权利自由诉求来推进，必须诉诸互动平衡精神和务实策略，采取渐进主义的道路。参见马长山《法治的平衡取向与渐进主义法治道路》，《法学研究》2008年第4期。

"先行先试"等突破法律的治理方法的生长空间,用法治方式凝聚治理共识,真正将法治贯穿到治理全过程,避免法治的保守性对治理多变性、灵活性和效率性构成过多阻却,也不至于使治理过程持续不断地挑战法治秩序。

第三,发掘塑造"政府—社会—市场"三强结构的制度联结点,推进自上而下治理诉求与自下而上治理诉求的统一。

推动国家治理体系现代化就是要确立社会公共利益的优先性,将发展的动力从政府的权力本位导向公众的权利本位,提升治理过程中社会资本和社会力量的参与度,直面几十年来中国利益格局的深层次变化。这种要求反映了当下国家治理实践在结构和规则体系维度的封闭性,也更直接地呈现了法治运行的逻辑或惯性,以及执政者关于法治发展方向的未来视野。立足于这种转变,需要确立政府、社群和市场各就其位、相互借力的三强结构,理顺"政府与社会""政府与市场""市场与社会"等多元交织的复杂关系,避免落入"大政府—小社会"或"小政府—大社会"的传统思维,而是将大小强弱的焦点从职责的多少、清单的长短转向治理责任和行为的规范化程度与效率性之上。

事实上,近年来的法律和公共政策发展一直围绕这个任务持续展开,既强调要"理顺政府与市场的关系,更好地发挥市场配置资源的基础性作用",也要求"理顺政府与公民和社会组织的关系,建设服务、责任、法治、廉洁政府",[1]"加快实施政社分开,推进社会组织明确权责、依法自治、发挥作用",[2] 更关切如何理顺收入分配关系以及完善社会保障体系。可以说,从法治的立场出发理顺治理中的诸种关系已成为发展法治和观察治理的重要视角。但不容否定的是,制度供给和社会、市场的需求之间还存在很大的差距,法治系统并没有对政府与社会、市场之间越发复杂的变化确立系统明细、高效精准的制度性联结,因而市场机制和社群机制也没随之成为国家治理结构中的基础性力量。[3]

当然,"政府—社会—市场"三强结构并非随意拆解组合的体系,而

---

[1] 参见《2012年政府工作报告》。
[2] 参见《中共中央关于全面深化改革若干重大问题的决定》。
[3] 在实践中,治理结构调整具有很强的保留性特征:政府对市场持续让权,但在很多领域仍保留政府定价权;中央对地方大规模放权,但保留宏观决策权或核心工作权;国家对社会有序赋权,但却保留关键的组织准入权。参见何艳玲、汪广龙《中国转型秩序及其制度逻辑》,《中国社会科学》2016年第10期。

是受到一系列制度联结点约束的用以承载共治秩序中不同主体法律诉求的理想状态。它虽然在本体论上强调"以人民为中心"（人民主权）的权力观，但其形式要件或实践形式则包括自上而下和自下而上两种矛盾的治理诉求。自上而下的治理诉求源于我国总体性控制的惯性，强调政府对社会生活方方面面的全面渗透能力，其典型特征是市场的行政化和社会的国家化。但随着治理转型和改革深入，这种治理诉求在时下的核心功能已悄然转向确保政府在组织、推进国家建设的同时能有效防范社会、市场中的不确定风险或德道危机。因此，其对法律的期待则是能够"控制压制并维护自己的完整性"[①]。而自下而上的治理诉求则强调传统意义上的政府控制领域要适度向社会和个人开放甚至退出，比如可以通过行政审批事项改革来释放行政权力，激发市场主体通过自主竞争化解市场经济中的难题，或者发挥社会调节作为法律纠纷处理的替代机制，通过资源或利益的合法交换来补充政府行政治理或法律调处的效果。如果能理解这种治理诉求是在社会发展过程中自下而上生发出来的，也就能理解它是面向改革和发展打开的，不仅是塑造新型民主政治的重要推手，更是推动法律制度发展的关键动力。由此，其对法律功能的期待则是"回应各种社会需要和愿望的一种便利工具"[②]。

欲推进自上而下治理诉求与自下而上治理诉求的统一，理顺其矛盾关系，就必须从法治的具体实践出发发挥法律的制度联结功能，探寻两者的联结点。其一是要进一步突出政府在政策制定、供给方面发挥的主导作用；其二是要更加明确地推进市场在资源配置效率方面的决定性能力；其三是要持续增强社会组织等力量在承接政府职能转移、供给公共服务和产品以及监督权力运行方面的重要作用。为此，一方面应当确立关涉多元治理机制的授权性、禁止性、约束性的权力清单，发挥法律的区分功能，形塑"政府的归政府、市场的归市场、社会的归社会"的制度样态，尤其要注重产权制度、行业自律、契约合意、政府职能优化提效等方面的制度建设；另一方面应发挥法律的整合功能，对多元主体的合作共治供给程序和条件，塑造政府、市场和社群相互支撑的制度样态，尤其是关于共治的

---

① ［美］诺内特、塞尔兹尼克：《转变社会中的法律与社会》，张志铭译，中国政法大学出版社1994年版，第16页。

② ［美］诺内特、塞尔兹尼克：《转变社会中的法律与社会》，张志铭译，中国政法大学出版社1994年版，第16页。

组织化建设、政府的有效控制、市场普遍激励和社会自主灵活性等方面的制度建设。

毋庸置疑,在这个过程中,如何进一步彰显现代政府的角色和治理功能仍然是共治格局下法治发展的核心命题。在主体及其价值、利益如此分化的当下中国,共治秩序的塑造无法绕开优化政府在经济调解、市场监管、社会管理、公共服务等领域的调控和供给能力。而这些领域又是市场机制、社会机制生发的关键场景,所以所谓共治,从规范意义上来看无非是由"政府—科层"纵向调控和"科层—市场—社群"横向合作两个维度构成的样态。如果忽视政府治理机制对社会生活的渗透和组织能力,容忍政府、社会和市场在某种程度上的模糊化,就不能保证治理的有效性,尤其是对诸如生态文明、市场改革等整体性目标的攻坚能力。由此,法治之进化开新需要区分整体与局部、改革与守恒、终极价值与工具价值,用法治方式凝聚改革共识,谋划未来发展,塑造一元化法律来面向社会秩序的各个层面,[1] 防止共治进程中可能发生的离心风险。

第四,通过降低治理的复杂性和不确定性彰显更符合中国改革发展国情的实践逻辑。

从组织形式上观察,完整的共治机制应当包括权威统一的立法决策机制、高效灵活的执行机制、信息通畅的辅助机构和独立公正的监督机构,这些机制的设置、变更、运作和协调必须遵循法定或拟定的程序。唯其如此,在协商、决策、审议、执行、监督各单元推动的持续不断的多层次聚合过程中才能保证没有任何一方享有独断的权限,也没有设定任何类型的体现治权分层的等级制度,而是紧紧围绕治理事项,基于国家治理的复杂性与知识、权力的碎片化、分散化之间的张力关系的考量,以公共利益为目标,将行政官僚、技术专家、利益代表以及其他私人主体整合到共治的进程之中。这才能使政府、社会和市场分流而治的原则得到最大限度地贯彻。[2] 但无论是此种共治实践还是其理论上的组织形式,都具有很大的复杂性和不确定性,需要法律系统对此予以系统化的建构或重构。

低复杂性和高确定性一直都是法律系统的建制基准之一。传统意义上的国家治理,无论是以价格、竞争为中介的市场机制还是以命令控制为中轴的政府机制,都以化繁为简为准则,将复杂驳杂的问题抽象化、简单

---

[1] 参见季卫东《法治中国路线图》,《财经》2013 年第 32 期。
[2] 参见任剑涛《国家治理的简约主义》,《开放时代》2010 年第 7 期。

化。但随着共治带来的高复杂性和高不确定性不断彰显，法律系统必须能够为其提供一套以复杂性和不确定性为背景或条件的制度机制。尤其是在政府机制失灵之时，市场和社群的自我调节功能就可以通过资源交换、互信互利、共识合意等方式予以弥补，培养多元主体共同的目标、价值，跨越组织界限凝聚治理权威和规则意识。

需要注意的是，这种网络化的治理策略需要多元主体对治理对象、问题及其进程形成共识，对于此，法治系统即便不能为共识预设明确的标准，也要通过提供相应机制来保证最低限度共识的达成。基于这个目标，面向共治的法律系统应能最大限度地拉伸协商对话的时空维度，秉持一种开放性思路来吸纳历史与现实中的利益、价值，同时也要为不同区域、群体的利益和价值的共同提供常规通道。① 由此，构筑政府、市场和社群的合作治理网络，推动私领域的利益诉求问题与公共领域的公平正义问题的融合性解决，塑造长效稳定的治理体系和公共精神，是新法治形态兴起的初衷之一。

实践经验表明，治理秩序的开放性要求法治发展必须保持更大的开放性，才能使经验和制度更有效地融合。这是中国国家治理或社会治理最根本的实践逻辑。对于治理秩序而言，开放性意味着分工、合作、有机整合，政府、市场主体和社会力量在国家治理领域构造出跨越公私界分的联结机制，在交互性关系中达成权力的平衡、权利的互惠以及权利与权力的合作。而对于法治秩序而言，开放性则意味着法律统一之下的规则多元，从操作层次的规则到影响操作的集体选择规则再到最终的宪法选择的规则构成了共治秩序生成的多层次制度体系。② 而这套规则体系的主线除了规范政府权力的运转和组织形态之外，还要以保护权利为抓手确立社群甚至个人在治理结构中的行动资格与能力。这两种秩序在价值上相互支撑，在体系上相互建构，在逻辑上互为表里，因此，因循着共治秩序的实践逻辑来演化新法治形态的制度逻辑，对于中国当下的法治建设来说至关重要，对塑造"善治"而言也利害攸关。

---

① 比如，过去几十年发展累计的社会公平问题与当前新兴权利需求之间的冲突（比如经济发展权和环境权），以及因为地区差异、产业转移、区域合作产生矛盾，都是多层次、多领域主体共同关注的紧要问题。

② 参见［美］埃莉诺·奥斯特罗姆《公共事务的治理之道》，余逊达、陈旭东译，上海三联书店 2000 年版，第 81—82 页。

第二章

范畴论：环境私主体治理之多重法理

在共治理念之下，环境私主体治理已经成为现代环境治理体系建构和发展的重要选项。这种新模式对维护环境公共利益，重构环境治理格局，推动环境治理体系的法治化转型，具有重要意义。由此，爬梳私主体治理兴起的问题意识、环境私主体治理的实践类型及其出场的逻辑，对其基本法理予以澄清则是构建中国本土化环境私主体治理机制的基本前提。

第一节 前提：环境私主体治理兴起的问题意识

一 "高悬的苹果"：传统环境规制的式微

我国的环境规制是以执法为基础的，核心机制是通过强化环保机关的能力建设以最大限度地实现法律赋予的责任。[1] 在这种单中心、单向度的规制模式下，环境治理围绕国家环境法令、政府权力结构这个主线展开，它的制度逻辑是"以国家的警察权规制那些破坏环境与福利的私人行为"[2]。行政权与行政法构成了完整且封闭的"命令—控制"环境规制系统。从世界范围内的经验来观察，这种治理模式是自由主义市场范式"部分失败"后，行政权凭借其高效率、普适性和强制拘束力等积极优势

---

[1] 在我国的环境法体系中，法律创制的核心是环保权力的配置和运行。2014年修订的《环境保护法》进一步强化了这种规制思路，即使通过"公众参与和信息公开"一章扩大了公众参与的程度、方式和有效性，但"参与"是为了行政权更有效、合理地运行。

[2] See Richard Lazarus, *The Making of Environmental Law*, University of Chicago Press, 2007, p. 50.

重塑环境治理工具的结果。① 而在中国语境下，它更多地表现出与传统社会治理模式和权力体系的同构性。在行政权介入之后，环境治理的效果明显且广泛，但随着环境问题的进一步扩大及其治理难度的凸显，这种直接规制式的环境治理模式的缺点也随之呈现：灵活性较差、被规制者为了遵从相关法令往往要付出极高的成本。同时，制度经济学的经验也表明完全掌握规制权的政府也是理性的"经济人"，有被俘获的危险，② 对部门利益的追求也会对政府政策和法律形式、内容产生显著的负面影响。③ 这些已被熟知的结构性命题产生的累积效应促成了这样一种共识，即以"标准设定"为中心的集中式、官僚制的直接规制已经达到了技术能力和成本效率的极限，④ 既无法全面控制污染和风险，也无法提供事先承诺的环境利益。形象地说，那些低悬的苹果已经被采摘完了，而那些"高悬的苹果"则超出了采摘者的能力范围。

为了解决这种困局，相关学者与环境规制者的策略又有了新的转向，即重回市场，寻求"经典规制的替代方式"，⑤ 通过排污交易、税收、排污费制度等市场机制与财产权逻辑发挥私法的利益衡量和交换功能，⑥ 补充政府直接规制的失灵，以期完成环境治理的完美拼图。但正如那些"放松规制"的支持者所忧虑的一样，市场提供最优环境效益的能力同样有限。至此，市场范式和政府范式双双失灵了。如此窘境促使立法者、规制者和理论界对环境规制系统进行整体性反思，并尝试对这个系统进行一场"进化式变革"，⑦ 开发更宽泛的政策机制来提升国家的环境治理系统

---

① 一般认为，政府规制产生的直接背景是市场失灵，See Richard Ponser, "Theories of Economic Regulation", *The Bell Journal of Economic and Management Science*, Vol. 5（2），1974.

② 关于规制俘获机制，See Laffont & Tirole, "The Politics of Government Decision-making: A Theory of Regulatory Capture", *The Quarterly Journal of Economics*, Vol. 106（4），1991.

③ 参见［英］安东尼·奥格斯《规制——法律形式与经济学理论》，骆梅英译，苏苗罕校，中国人民大学出版社 2008 年版，第 72 页。

④ See Daniel J., "Towards a New System of Environmental Regulation: the Case for an Industry Sector Approach", *Environmental Law*, Vol. 26（2），1996.

⑤ 参见［美］史蒂芬·布雷耶《规制及其改革》，李洪雷、宋华琳、苏苗罕、钟瑞华译，北京大学出版社 2008 年版，第 230—269 页。

⑥ 参见［美］罗伯特·史蒂文森《基于市场的环境政策》，载［美］保罗·波特尼、罗伯特·史蒂文森《环境保护的公共政策》，穆贤清、方志伟译，上海三联书店、上海人民出版社 2003 年版，第 47—54 页。

⑦ See Karl Hausker, "Reinventing Environmental Regulation: The Only Path to a Sustainable Future", *ELR*, Vol. 29, 1999.

和能力。在这样的背景下，自主标准设定、开放式协调机制（open method of coordination）、专家委员会、独立规制机构、三方决策、私人纠纷解决机制①、基于信息的政策、志愿主义等私主体治理范式开始出现并发挥重要作用。政府向私主体的授权或私主体的自主行为减轻了政府的负担，降低了权力干预主义的现代危机，更为重要的是，对自我利益增进行为的主导性的强调能激发污染者在规则服从上的革新能力。环境私主体治理的制度逻辑的一个重要面向就是重组政府和排污者之间的关系，使其从"规制者—被规制者"的权力强制向度转向"合作—协力"的协商指导向度。经验表明，在这种关系中有条件的自我规制和合作治理比传统的基于威慑和对抗的治理模式更有助于政策目标的实现，因此也广受政策决策者的重视。② 在这个意义上，私主体的地位已超出"传统意义上行政程序中的参与"范畴，转而更侧重于民主主义意义上的实质性"协动"关系，"作为主体进行一定的作用分担"③。

总之，从转型脉络来看，环境治理正从偏重政府管制和行政法的形式主义的权威模式向讲求目标适应、解决实际问题的实用主义的公共治理模式转变。④ 这是一个规制多元主义的演化进路。与之相关，环境法的属性与范围也在同步拓展，不断超越传统行政法的合法性边界，挑战着传统行政法的合法性、责任性理论。在政府"瘦身"、行政成本削减和规制缓和的行政转型背景下，"国家与社会界限模糊、交叉互渗"，权利和权力之间也呈现"良性互动、平衡合作"之势，⑤ 私主体与行政主体的对立状况日渐相对化。这个过程给行政治理提出了新要求：行政主体应当与私主体在相关专业知识的获取、信息咨询的交流和利益整合等方面达成协力，合作履行行政任务，以追求公共利益与私主体利益的双赢，提升行政效率。

毋庸讳言，上述机制转型或再进化沿着"政府还是市场"的效率比

---

① See Adrienne Héritier, Dirk Lehmkuhl, "New modes of Governance and Democratic Accountability", *Government and Opposition*, Vol. 46 (1), 2011.

② See Marius Aalders, Ton Wilthagen, "Moving Beyond Command-and-Control: Reflexivity in the Regulation of Occupational Safety and Health and the Environment", *Law & Policy*, Vol. 19 (4), 1997.

③ [日] 盐野宏：《行政法总论》，杨建顺译，北京大学出版社2008年版，第245页，注释3。

④ 参见杜辉《论制度逻辑框架下环境治理模式之转换》，《法商研究》2013年第1期。

⑤ 参见秦鹏《环境公民身份：形成逻辑、理论意蕴与法治价值》，《法学评论》2012年第3期。

较思路展开。治理模式的选择被转化为替代性方案的优劣选择问题:政府自己掌控治理还是部分放权给社会,主要是由成本效益衡量之下的治理效果决定的。结合中国的现实来看,这种转换暗含着一系列的问题意识。

第一,环境私主体治理的兴起和规制多元主义的发展,表明了决策者对环境问题、环境利益的基本立场,表达了他们对环境治理中权力结构及其合法性的认识和改变,同时也是对环境问题日益迫切之下我们该如何行动这个问题的明确回应。至少,环境治理要在法治框架内实施就必须借助于政府强制,但如果完全依赖它,利益相关者能否被充分考虑则存在疑问。在中国的实践中,传统的对行政过程的公众参与能否在时间和空间两个维度上完整地涵摄利益相关者的诉求并妥善安排之,已被"证否"。

第二,私主体的治理模式在理论和实践形态中都尚未通过合法性的审查。因此,就当下而言,我们如何在理论层面为私主体治理开放足够的合法性空间,[1] 并在实践层面发掘出私主体治理的可能条件、程序,就显得尤为必要。它既关涉环境法的开放性,也与中国未来环境治理的发展进路密切相关,最终指向的则是"通向开放社会的道路"。

二 新的挫折:环境风险规制的挑战

"风险社会"的兴起对传统行政规制的回应能力、专业性和知识疆域提出了更加严峻的挑战。过去几十年间,风险预防原则毫无争议地在环境法的学理讨论中确立了它的灵魂地位,并被视为环境法体系发展的基础和引领环境规制改革的风向标。更有论者认为,环境法因该原则而"有别于传统秩序法","成为独立之法领域"[2]。但这并不意味着已成共识的风险预防不存在知识论上的缺陷,也不代表我们在应用该原则时具备方法论的自觉。相反,在其生成伊始,相关的诘难与辩护在知识界从未止息。[3]

---

[1] 参见 Alfred Aman《由上而下的全球化:一个国内的观点》,林荣光译,载政治大学法学院公法中心编《全球化下之管制行政法》,元照出版公司 2011 年版,第 41—56 页。

[2] 王毓正:《论环境法于科技关联下之立法困境与管制手段变迁》,《成大法学》2006 年第 6 期。

[3] 主要的反对观点请参见:Giandomenico Majone, "What Price Safety? The Precautionary Principle and Its Policy Implications", *Journal of Common Market Studies*, Vol. 40 (1), 2002; Frank Cross, "Paradoxical Perils of the Precautionary Principle", *Washington and Lee Law Review*, Vol. 53 (3), 1996;[美]凯斯·桑斯坦:《恐惧的规则——超越预防原则》,王爱民译,北京大学出版社 2011 年版。

(一) 风险预防之下环境规制的改革诉求

从环境法的发展史来看，传统的环境规制是以禁止、命令、许可等传统行政干预措施为手段的"危险（损害）排除"范式[1]，它的合理性依据是污染者负责原则。这种规制范式在传统自由主义法治理念下无疑是"依法行政"的具体表现，具有充分的正当性。其后，当环境风险随着科技进化和"知识的不确定性"全面干扰社会生活之时，国家的角色随之从自由秩序之"夜警"和公共福利之"提供者"转变为加载了"风险规制"功能的复合体。[2]但遗憾的是，环境法律系统的改进并没有与国家规制任务的变迁保持同步。在传统法律秩序下，行政分支对环境风险规制缺乏明确的操作经验；立法系统更无法为风险之源和风险之后果的规制提供规范上的可靠预期；而通过个案判决分配责任来应对环境风险的司法进路也被证明收效甚微。[3]总之，传统法无法为环境风险预防提供丰富且精确的措施。在此背景下，风险规制无疑成了当下环境公共政策演变和法律结构转型的主导逻辑，也自然成了证成行政国家合法性的着力点。[4]事实上，知识界和政府一直都在为建构风险规制的知识和制度体系而持续努力。为了规制环境风险，他们将风险预防从一种"国家承诺"式的政治原则提升为法律系统的一般原则，并将它视为一种"教义上的工具"，借此把环境保护这个政治目标在不损害法制稳固性的同时引入了法律体系。[5]在此基础上，环境法——甚至整个法律系统——正在经历一场深刻的变革，即从对环境损害的救济转向了对环境风险的规制和预防。

从这种变革的路向出发不难判断，风险社会无疑要求委身于其下的法治变革将风险预防和风险规制视为公共生活的基本价值加以倡导，并以此

---

[1] 这里的"危险（损害）排除"范式是以目的为标准定位的，从手段来看，这种规制范式就是我们常说的"命令—控制"范式。它已被证明无法给我们提供有效且经济的环境保护。相关的原因分析请参看：Richard Stewart, "United States Environmental Regulation: A Failing Paradigm", *Journal of Law and Commerce*, Vol. 15, 1996。

[2] [德]汉斯·J.沃尔夫：《行政法》（第3卷），高家伟译，商务印书馆2007年版，"中文版前言"。

[3] See Peter Menell, "The Limitations of Legal Institutions for Addressing Environmental Risks", *Journal of Economic Perspectives*, Vol. 5 (3), 1991.

[4] See Henry Richardson, *Democratic Autonomy: Public Reasoning About the Ends of Policy*, Oxford University Press, 2002.

[5] [德]乌多·迪·法比欧：《环境法中风险预防原则的条件与范围》，陈思宇译，载刘刚编译《风险规制：德国的理论与实践》，法律出版社2012年版，第256页。

为标准裁剪制度,拟定政策。从某种意义上说,这是社会世界的外在变化直接对环境法的内在体系提出的历史性任务。与这种法治变革路向相对应的是,一方面,风险预防在近几十年来获得了广泛的国际支持,[1] 在国际环境法领域迅速占据了核心地位;[2] 另一方面,该原则也迅速成为诸多国家或地区环境规制政策的来源和变革驱动力,指导着政府"决策于未知之中"[3],甚至演变为政府环境规制系统之合法性的评价和理解框架。[4] 比如,欧盟委员会早在 2002 年就通过《关于预防原则的委员会声明》将风险预防原则正式纳入了公共决策的考量表;欧盟法院也在诸多司法判决中援用此原则,甚至将其视为主导判决的决定因素。[5] 无独有偶,在美国的司法判例中,风险预防原则同样被坚定地援用。在著名的 Ethyl Corp. v. EPA 案中,法院在审查《清洁空气法案》时第一次明确了支持"在环境影响尚未确定的情形下采取积极的预防措施"的司法立场。[6] 由此可见,在世界范围内,风险预防的制度建构和适用已经上升为不同权力分支的重要职能。"风险""风险预防""风险规制"等概念正在主宰着法律体系的变革路向和精神维度。

(二)环境规制中风险预防的适用类型

风险预防到底是如何影响甚至决定环境规制重心和范式转移的?环境规制实践的系统性和复杂性要求我们在回答这个问题时,应对其做一个严谨的、学术上的逻辑转换,即"风险预防在环境规制中是如何适用的"。因为,风险预防不同适用方式所主张的内容及其体现的制度能力将决定环

---

[1] ArieTrouwborst, *Evolution and Status of the Precautionary Principle in the International Law*, Kluwer Law International, 2002, pp. 23-36.

[2] Naomi Roht-Arriaza, "Precation, Praticipation, and the 'Greening' of International Trade Law", *Journal of Environmental Law & Litigation*, Vol. 7, 1992.

[3] 风险预防引领的国内风险规制发展与变革不仅体现在环境保护领域,还体现在食品药品安全、生物技术发展、职业安全和健康、有毒物质、核能利用等领域。在这些领域中,"风险"和"不确定性"是规制决策无法避开的关键词。有益的讨论可参看:David Freestone, Ellen Hey, "Origins and Development of the Precautionary Principle", in David Freestone, Ellen Hey, *The precautionary Principle and International Law: The Challenge of Implementation*. Kluwer Law International, 1996, pp. 3-18; Marjolein B. A. van Asselt, Ellen Vos, "The Precautionary Principle and the Uncertainty Paradox", *Journal of Risk Research*, Vol. 9 (4), 2006。

[4] [美]理查德·斯图尔特:《美国行政法的重构》,沈岿译,商务印书馆 2011 年版,第 3 页。

[5] See Gary E. Marchant, Kenneth L. Mossman, *Arbitrary and Capricious: The Precautionary Principle in the European Union Courts*, American Enterprise Institute, 2004, pp. 22-26, 44-63.

[6] Ethyl Corp. v. EPA, 541 F. 2d 1, 24-25 (D. C. Cir), cert. denied, 426 U. S. 941 (1976).

境规制在制度上的内在逻辑和外在结构，亦是评价风险预防对环境规制改革的影响效果的前提，更是分析风险预防之下环境规制的现实困局和未来走向的切入点。在这种背景下，厘清风险预防的适用方式无疑是理解环境规制发展与变革的先决问题。

1. 纲领规定模式：以"国家承诺"为形态的政治化适用

在政治哲学意义上，环境风险的不断增加和复杂化引发了国家的合法性危机，而保护基本权利、提供社会福利这两个传统意义上的国家任务已不能给其提供有效的合法性补充，国家的任务面临新的扩张。在这个背景下，很多国家将风险预防作为一种政治意义上的"国家对人民的承诺"提出来，并把它纳入各党派和政府的纲领性文件之中。比如，德国政府1970年制定的近期纲领和1986年发布的《环境风险预防》等纲领性文件都强调了风险预防作为政治原则的重要性。在澳大利亚，风险预防也被引入《生态可持续发展国家战略》和《政府间环境协议》两个纲领文件之中，作为行政决策者的工作原则。[①] 在这种适用方式下，风险预防的要旨是"尽可能地仔细评估，以避免对环境造成严重且不可逆的损害"，同时"对不同的备选方案的风险权衡后果进行评估"。[②]

政治化的适用方式通过对政治意识形态和社会心理的渗透为国家设定了新的价值取向。具体而言，就是要求国家在风险社会之下因势而为，将环境风险规制视为其合法性的当然补充，在对传统社会发展模式、制度规范、社会伦理和文化心理结构彻底反思的基础上[③]，重新谋划社会发展蓝图，保障环境安全和公民的环境权利，实现代内公正和代际公正。

但需要注意的是，政治意义上的风险预防常常被当作国内和国际政治谈判的新筹码，出现在繁杂的软法性文件之中。因此在法理上，政府或政党实施风险预防纲领的行为还不能与现行法律秩序相抵触。在成为法律原则或制度之前，任何以风险预防为理由限制自由权、财产权或者宣布所实施的限制措施合法的行为都是非法的。风险预防的泛道德化、

---

① Ronnie Harding, Liz. Fisher, "The Precautionary Principle in Australia", in Timothy Riordan, James Cameron, *Interpreting the Precautionary Principle*, Earthscan, 1994, pp. 252-261.

② Ronnie Harding, Liz. Fisher, "The Precautionary Principle in Australia", in Timothy Riordan, James Cameron, *Interpreting the Precautionary Principle*, Earthscan, 1994, p. 254.

③ 德国社会学家贝克引领这类批评与反思的思潮，他的理论为我们重新理解这个社会的核心机制（财富分配和风险分配）提供了智识资源，参见［德］贝克《风险社会》，何博闻译，译林出版社2004年版，第15—57页。

泛政治化及其类似的表达方式尚不能对环境规制产生直接的、决定性影响。

2. 规范裁量模式：以"国家义务"为形态的宪法化适用

一般认为，宪法产生于"前工业化"时代，因此它的落脚点是保障个人自由，对社会风险尚未做出系统的回应。随着风险社会的到来，宪法客观上要对"如何应对风险"这个现代性问题提供恰当的解决方案。理论界和立宪者都在探寻一个面向社会风险的宪法，构建应对社会风险的国家责任和基本权利。从现有立法例来看，我国《宪法》第26条"国家保护和改善生活环境和生态环境，防治污染和其他公害"之规定可以被视为宪法对于环境风险的粗略规范。但它的内容尚不明确，没有对环境风险预防的国家目标和进路做出完备的宪法安排。相较而言，《德国基本法》第20A条所言之"国家为将来之世世代代，负有责任以立法，及根据法律与法之规定经由行政与司法，于合宪秩序范围内保障自然之生活环境"，则更为精当地展现了风险预防的宪法适用。[①] 一方面，它虽然没有赋予人民那种"向国家主张"的主观权利，但塑造了基本权利条款的客观价值秩序的属性，并对基本权利的解释发挥着指引性功能。在德国的宪法理论中，基本权利具有"主观权利"与"客观法"的双重性质，在客观法的属性上，基本权利被认为是《德国基本法》所确立的客观价值秩序，对国家权力产生直接约束力。[②] 因此，在积极的层面看，本条的具体功能是通过立法委托（当然还有后续的行政拘束、司法引导）的方式推动国家尽一切可能去创造和维持有利于基本权利实现的条件。另一方面，从消极的维度来看，它导出了国家在环境风险领域的保护义务，暗示国家负有保护国民的生命、健康、自由以及财产等方面的基本权利以及宪法上所承诺的制度免受环境风险侵害的义务。[③]

综上，这种宪法化适用方式实质上是将风险预防视为相关环境立法的基础性裁量规范，目的是敦促立法者提供符合公众期待的良法。在这个功能之下，公民得以要求国家经由立法要求污染者提供防护措施、对

---

① 该条在理论界被解释为德国的"立国精神"，它的性质是在民主国、社会国、法治国、联邦国之后，确认德国"环保国"的属性。参见黄锦堂《环境宪法》，载苏永钦主编《部门宪法》，元照出版公司2006年版，第709—748页。

② 张翔：《基本权利的双重性质》，《法学研究》2005年第3期。

③ [德]克里斯蒂安·斯塔克：《基本权利之保护义务》，李建良译，《政大法学评论》1997年总第58期。

排污许可设定条件与程序规范、为环境规制的决策主体和程序设定合法性标准、为政府环境风险规制的宽严松紧设定风险评估体系等。在规范裁量模式的意义上，风险预防对拟定环境法律和政策、塑造环境规制的方案具有导向意义，是判定环境法律关系，创制环境风险规制措施的准据。

与政治化适用类似，风险预防的宪法适用亦非坦途。一方面，关于风险预防宪法制度的范畴和实现方式仍未明确，它的内在机制和合法性缺乏有效的表现形式，造成了相关宪法实践的非规范性；[1] 另一方面，它也会引起基本权利冲突和规则混乱。以我国宪法规范为例，从法教义学的视角出发，"人权条款"（国家尊重和保障人权）与"环境条款"（国家保护和改善生活环境和生态环境，防治污染和其他公害）的结合能够推衍出"公民环境权"。而当立法者为了保障公民环境权依据风险预防制定法律和规制措施时，不可避免地会侵犯公民其他的基本权利（尤其是企业的经营自主权），形成环境权对抗、限制经济自由权的困局。但是对于如何化解基本权利冲突，理论界和实务界尚不能提供有效的方法。此外，风险预防原则内涵的"模糊性"（Vagueness）决定了它无法作为相关规制决策的直接基础，[2] 因为规制者无法在拟议和实施规制过程中确定"何种程度的预防才是适当的"。加上环境风险的类型和规制机构具有多样性，它们对规制规则和措施的需求不尽相同。这两个因素给规制决策者任意解释风险预防提供了契机，规制者建构的规制体系无疑将被烙上"实用性、渐进性和可颠覆性"的印迹，[3] 缺少统一性。

3. 制度规范模式：以"责任义务""证明责任"和"技术强制"为形态的具体化适用

明确国家的政治责任和宪法义务仅仅是风险预防适用的初阶。当上述两种适用方法遭遇无法克服的难题时，政府试图通过建立健全具有强制性、约束性的制度规范的方式，使风险预防转换为一种法律上的责任义务

---

[1] 韩大元：《中国宪法学的学术使命与功能的演变——中国宪法学30年发展的反思》，《北方法学》2009年第2期。

[2] See Turner, Hartzell, "The lack of clarity in the precautionary principle", *Environmental Values*, Vol. 13 (4), 2004.

[3] Nicolas de Sadeleer, *Environmental principles: From Political Slogans to Legal Rules*, Oxford University Press, 2002, p. 371.

或许可授权条件。① 我们姑且将其称为"制度规范模式"。

(1) 围绕"责任义务"建构的管理性规制措施

这些规制措施主要包括环境规划、环境影响评价、环境标准等。环境规划是风险预防具体化适用的第一步，它代表国家的环境规制策略已从消极的"污染管制"转向了积极的"环境管理"。② 环境影响评价则要求政府机构和事业开发者在拟定政策或开发计划时应当事先评估其对环境的可能影响，以此来预防环境损害的发生。而环境标准（包括排放标准和品质标准）则是通过科学技术要求的法律化为排污者设定了一个"明显可预见危险的最低限度"③，给排污者设定了可预测的行为边界，并且通过行政处罚、刑事责任等方式来保证标准得以遵守。

这三者之于环境风险规制的意义在于：首先，它们是国家借助于相关科学技术专家利用科学方法分析或预测的数据、结果，来把握环境风险的程度、社会的承受边界和管制目标的有效制度。透过对可能污染的数量、性质、环境条件等方面要素的综合分析，使原本抽象的环境风险的概念经由数据具体化为可供义务人遵循与主管机关执行的具体行为义务。其次，它们在一定程度上有助于环境风险的范围在法律上的确定，是平衡环境利益与技术、经济等对抗性利益的有效方法。最后，它们各自界定出政府规制介入的时点。

(2) 围绕证据建构的方法性规制措施

这种规制措施的常规形式是转移证明责任、降低证明标准和证据推定。其一，在传统法律理论之中，规制者担负着某一行为和产品具有"危险性"进而需要采取适当规制措施的证明责任④，但在风险预防之下，一部分环境规制法律将证明责任转移给了生产者及其支持者，要求他们对"相关行为或产品对于环境而言是安全的"承担证明责任。比如在美国，

---

① 从世界范围内的立法例来看，这种具体化适用进路也得到了重视。比如，德国的《有害影响预防法》《联邦自然保护法》《循环经济和垃圾处理法》《环境影响评价法》等重要法律先后确立了相关制度。而在美国，尽管它常常在国际领域中质疑风险预防，但该原则却构成了 20 世纪 70 年代美国第一波环境立法的基础，《清洁空气法案》《水污染防治法》等规制性法律都在一定程度上将风险预防原则予以具体化适用。See Daniel Bodansky, "The Precautionary Principle in US Environmental Law", in Timothy O'Riordan, James Cameron (eds.), *Interpreting the Precautionary Principle*, Earthscan Publications Ltd., 1994, p. 204.

② 陈慈阳：《环境法总论》，元照出版公司 2011 年版，第 365 页。

③ 陈慈阳：《环境法总论》，元照出版公司 2011 年版，第 426 页。

④ APA, 5 U.S.C. § 556 (d).

《有毒物质控制法》（TSCA）规定环保署在筛选新化学品时，应要求物质或混合物的生产商或加工商对有危害风险、暴露风险的化学品进行测试，以确定是否对健康或环境有不利影响。① 又如，《联邦杀虫剂、杀菌剂和杀鼠剂法》（FIFRA）并没有将证明新型杀虫剂有害的责任配置给环保署，而是要求生产者证明新型杀虫剂不会"给环境带来不合理的不利影响"。② 这种"规制者→被规制者""危险性→安全性"的主体和标准的双重转换意味着，在风险预防影响之下环境法律的规制假设变得更为严苛，即"除非能证明不应该实施规制，否则就应该实施规制"。当然需要注意的是，证明责任转移并不是建立在对风险严重性的简单考量之上，它毋宁要求立法者和规制者综合考量"风险是新型的还是旧有的""风险是否常见""风险是人为的还是自然的""风险是否显而易见"等相关要素。若非如此，在立法论上，不对风险做出类型和程度区分，一刀切地将证明责任转嫁给被规制者将会混淆各种利益的位阶关系，引发权利或利益冲突。

其二，当然，大部分的环境规制法律没有采用转移环境风险证明责任的规制方式，而是通过降低环境风险的证明标准来扩大规制的适用范围。尽管在现有的立法例中，不同的环境规制法采用不同的语言来描述规制行为的证据标准，但它们的旨趣具有高度的一致性，都不要求实施规制的证据具有科学上的确定性。因此，这种规制方式的通用表述应当是"缺乏充分确凿的证据，不应成为排除规制的理由"③。再以美国立法为例，《危险物质控制法》允许环保署在有相对合理的理由确信化学品存在或可能存在危及人体健康和环境品质的风险时就采取相应的规制措施。④ 与之类似的是，《清洁空气法案》也允许环保署在"有可能危及公共健康或福利的情形下"对汽油添加剂予以规制。⑤

其三，政府还在规制实践中发展出了新的证据适用方式，即基于证据的风险推定。在实践中，规制者常常以物质的类似程度来推定未知物

---

① TSCA, 15 U.S.C. §§ 2604-2605.
② FIFRA, §3 (C) (5) (C), 7 U.S.C. §136a (c) (5) (c).
③ Richard Stewart, "Environmental Regulatory Decision Making Under Uncertainty", in Timothy Swanson (eds.), *An Introduction to the Law and Economics of Environmental Policy: Issues in Institutional Design*, Emerald Group Publishing Limited, 2002, p. 71.
④ TSCA, §6 (a), 15 U.S.C. §1605 (a).
⑤ CAA §211 (c) (1), 42 U.S.C. §7545 (c) (1).

质的危险程度，或者以某种物质对动物有害推定其对人类健康亦有风险。① 基于证据的风险推定也获得了法院的认可。在 EDF v. EPA 案中，哥伦比亚特区联邦巡回上诉法院就支持环保署在某种物质的危险性尚不明确时适用"类比"的方法进行推定，以决定是否将其纳入规制范围。② 美国联邦最高法院甚至声称，只要推定获得了大量著名科学思想的支持，规制机构就可以自由适用证据推定规则，因为过度保护总归优于保护不足。③

（3）围绕"最佳可得技术"建构的技术性规制措施

规制者还通常会对污染源提出"最佳可得技术"（Best available technology）的规制要求，以此更直接地应付各种不确定性。所谓"最佳可得技术"是指那些"发展到一定规模的，对环境规制最有效，符合经济、技术可行性，且能够被合理地获得并被允许适用到环境污染防治领域的先进技术"④。在这种规制措施之下，规制者和被规制者对于采取何种技术或者是否采用最佳可得技术都没有选择权，并且对于被规制者而言，如果他们无法证明"不存在可感知的危害风险"，那么就必须采取最佳可得技术将风险降至最低。

（三）环境风险规制的挫折：从规制立法到规制实施的多重困境

从世界范围内的规制实践来看，环境规制的格局正围绕着上述三种适用方法不断重整，取得了令人瞩目的成绩。但由于立法者、规制机构和公众对环境风险的本质、类型和规制序位存在巨大的认知差异，加上科学的确定性与风险的不确定性之间、规制规范的确定性与民意的不确定性之间的持续张力，环境风险规制在规制拟订和实施层面都显示出阶段性挫折的一面。

第一，立法者的风险意识滞后且易受外力影响，使环境风险规制议程具有很大随意性。对于立法者而言，风险预防的题中之义是提前拟订

---

① 以动物实验类推于人类的证据推定方法肇始于食品安全领域的食品添加剂风波及其规制实践。其中最为人熟知的是德莱尼条款，依据该条款，如果某种食品添加剂在动物中引发了癌症，那么这种添加剂就属于致癌物质，一种严重的健康风险。See 21U. S. C. § 348（C）（3）（A）.

② EDF v. EPA（The "PCB Case"）.

③ Industrial Union Department v. American Petroleum Institute（The Benzene Case），448 U. S. 607（1980）.

④ Best Available Techniques Guidance Notes，https：//www. epa. ie/licensing/info/bat/.

法律预防环境风险，但要求立法者对环境风险具有"先见之明"，难免过于苛刻。一般而言，立法者的风险意识与危机程度（风险转变为现实危害的概率及其影响）密切相关。概率越高（损害越高）越容易进入立法者的立法议程，反之，概率越低（损害越低）越容易被立法者弃置不顾。此外，立法者的风险意识还受媒体舆论、政治团体的运作能力、政治领导人的表态、民众的请愿等因素的影响，充满浓厚的利益衡量和选择性格。[①] 例如，环境风险的相关知识或者涉及环境风险的案件、事实被媒体报道，会给立法者提供风险规制的立法动因。一个政治团体（或群体）环境风险意识的高低及其政治运作能力，将在很大程度上决定某一部环境风险规制决策能否获得通过。民众的权利主张也是环境风险规制立法中不可忽视的社会风险因素。立法者的风险意识滞后和各种影响因素决定了环境风险进入立法议程具有很大随意性，一些危害极小的环境风险受到严格规制，而一些危害极大的环境风险却没有进入规制议程。

第二，立法者无法确定环境风险规制的目标与范围。环境风险规制立法受到公众和专家两种相互冲突的风险认知方式的影响。面对未知的环境风险，立法者不具备关于风险的完整知识，因此也就无法借助既有的规制经验来拟订风险规制规则，它需要求助于公众对风险规制的诉求和专家对风险的科学评价。然而，公众和专家对环境风险的本质、严重程度、评价方法的认知完全不同。公众对这些问题的认知往往是基于（恐慌、害怕相关的）经验或直觉，专家则更多地通过科学的分析方法进行判断。不同的认知路径决定了公众和专家在环境风险规制目标的厘清、范围的划定和方法的选择等方面会存在重大差异。在这种情势下，公众借助于价值判断（合法性标准）来影响立法者，以使环境风险规制立法符合公众的心理期待，专家则借助于科学的知识（科学性标准）来影响立法者，以使环境风险规制立法符合理性。在合法性考量和科学性考量之间，立法者很难充分平衡两者的关系，致使立法者无法给出环境风险规制的"合宜目标和范围"[②]。

第三，立法者无力对环境风险领域作整体式、体系化考虑，致使环境

---

① 参见叶俊荣《环境政策与法律》，中国政法大学出版社2003年版，第99—102、134页。
② [美] 凯斯·桑斯坦：《权利革命之后：重塑规制国》，钟瑞华译，中国人民大学出版社2008年版，第84页。

风险规制体系混乱。立法者拟订环境风险规制政策时往往采取"一事一案"的立法思路,缺少对环境风险领域的整体式、体系化考虑。其一,立法者将环境风险规制职能赋予不同的主体,造成环境风险规制决策的分散化,增加了不同规制决策之间冲突的可能性。比如,我国实行"统一监督管理与分级、分部门管理相结合"的环境规制体制,不同规制机构依据不同的标准行使职权,环境风险规制的实施很难统一。其二,有时立法者提供的环境风险规制决策缺乏可行性,有时又过于严苛。比如美国《清洁空气法案》要求环保署在规制有害物质排放时可以依照"安全边界"标准要求企业"零排放",而环保署则认为这种立法要求极为不合理,既违背了风险预防的初衷,也过分限制了产业的发展,因此在规制实践中拒绝适用。[①] 其三,囿于组织结构、程序条件和能力的限制,立法者无法持续地收集和分析信息以便给环境规制机构设定详尽的规制议程。其四,立法者无法把握风险预防的"内在不一致性"(inherently incoherent)[②] 而使环境风险规制决策陷入瘫痪。风险预防原则本身在逻辑上有"内在不一致性"的瑕疵,一种风险规制措施可能引发"替代风险"[③] 或者提高另一种风险的发生概率,进而使规制陷入"风险 v. 风险"的混乱之中。[④] 比如,对核风险的过度规制将加重大规模使用化石燃料带来的空气污染问题。

第四,环境风险规制中存在大量规制失灵现象,规制实施的结果与规制机关追求的目标、效益并不匹配。主要表现为:①过度规制与规制不足并存。这是环境风险规制的显著特点。一方面,规制机构对相关事业者的干预超出了应有的程度,限制了事业者的自主经营权;另一方面,严苛的规制规则一旦被实施就"不得不顺理成章地规制到一个不合理的地步"[⑤],

---

① Daniel Bodansky, "The precautionary principle in US environmental law", in Timothy O'Riordan, James Cameron (eds.), *Interpreting the Precautionary Principle*, Earthscan Publications Ltd., 1994, p. 204.

② Julian Morris, *Rethinking risk and the precautionary principle*, Butterworth-Heinemann, 2000, pp. 1–21.

③ [美] 凯斯·桑斯坦:《恐惧的规则——超越预防原则》,王爱民译,北京大学出版社2011年版,第28页。

④ 关于风险预防引发的副作用及相关解释,请参考 John Graham, Jonathan Wiener, *Risk VS. Risk: Tradeoffs in Protecting Health and the Environment*, Harvard University Press, 1995; Goklany, *The Precautionary Principle: a Critical Appraisal of Environment Risk Assessment*, Cato Institute, 2001。

⑤ [美] 凯斯·桑斯坦:《权利革命之后:重塑规制国》,钟瑞华译,中国人民大学出版社2008年版,第120页。

因此被规制机构束之高阁。规制规则的悬置造成了事实上的规制不足。比如,"最佳可得技术"措施忽视了不同企业之间和不同地区之间的差异,严格实施会使大量企业面临倒闭,因此环保署干脆对很多物质不加规制。②规制成本与效益失衡。布雷耶曾指出,规制者为了清除"最后10%"的环境风险,常常付出与之不相称的高昂成本。① 在政府的风险规制资源有限和配置能力不足的背景下,"零风险"的规制策略并不具有可行性。③规制措施不协调。一方面是不同环境风险规制机构对环境风险的认知不同,因此在评估方法和应对策略的选择上各有差异;另一方面则是同一机构在不同环境风险的规制策略之间也缺少协调性。④规制议程混乱。规制实施中同样存在议程随机性的问题,在很多时候环境风险规制议程并不是根据风险的严重程度与规制的可行性确定的,而是受到公众的恐惧、政治、历史或偶然因素驱使。② ⑤规制中的裁量权失控。行政自由裁量权渗透于风险规制进程的各个环节。在行政立法过程中,规制机关需要根据立法给定的风险预防目标来确定实现的路径和手段,它对风险预防的理解、对立法机关的指令以及风险规制的手段、技术和路径的选择,都涉及自由裁量。在规制实施过程中,规制机关要对立法尚不明确或者留待选择的问题做出事实、价值和法律上的判断、取舍与执行。但由于条件和能力的限制,规制机关常常无法获得可以对未来事态的发展做出相当确信预测的事实和可比照的类似经验。③ 尽管不确定性不能成为阻碍风险预防的理由,但规制机关自由裁量权的盲目扩张确也给规制权力的合法性带来了冲击。尤其是在证明行为和环境风险之间因果关系的证据尚未明确之前便采取强硬的风险规制不但成本高昂,④ 而且由于规制者对产生风险的"特殊因素""关系""模式"和"参数"缺乏科学的认知理解,⑤ 很多规制决策

---

① [美]史蒂芬·布雷耶:《打破恶性循环:政府如何有效规制风险》,宋华琳译,法律出版社2009年版,第11页。

② [美]史蒂芬·布雷耶:《打破恶性循环:政府如何有效规制风险》,宋华琳译,法律出版社2009年版,第25—29页。

③ 陈春生:《行政法之学理与体系》,三民书局1996年版,第183页。

④ 关于环境风险规制成本过于高昂的讨论,请参考[美]凯斯·桑斯坦《权利革命之后:重塑规制国》,钟瑞华译,中国人民大学出版社2008年版,第92—93页。

⑤ Robert Raucher, Michelle Fery and Peter Cook, "Benefit-cost analysis and decision-making under risk uncertainty: issues and illustrations", in Eric Richard, Fred Hauchman (eds.), *Interdisciplinary Perspectives on Drinking Water Risk Assessment and Management*, IAHS Publ., 2000, p.144.

难免滑入主观随意的"不确定性"深渊,① 进而遭遇到了合法性与合理性质疑,最终软化比例原则对规制活动的约束。

第五,错误的规制实施引发利益失衡。环境风险规制法律关系中的利益相关者包括规制机关、被规制者、风险波及者。被规制者和风险波及者的力量对比关系与它们的组织化程度密切相关,呈现不同的博弈样态。由于受到规制俘获机制的影响,规制机构在执行宽泛的规制指令时"不公正地偏向有组织的利益,尤其是那些受管制的或受保护的商业企业利益以及其他有组织集团的利益,而损害分散的、相对而言未经组织的利益"②。规制机构之所以如此选择,是因为规制机构、被规制者和风险波及者存在严重的利益分化。在这个三角关系中,规制机构代表"制度利益"③和公共利益,被规制者代表产业利益和企业利益,风险波及者则代表生存利益。被规制者的组织能力和政治影响力使其在利益博弈中处于强势地位,可以在公共利益和产业利益之间自由切换,将规制机构的利益目标从制度利益、公共利益置换为部门利益。

(四) 以行政规制权为主轴的技术规范进路之困局

由于作为风险预防最为核心的政府规制遭遇阶段性挫折,使得风险预防的相关要求及其制度推进,比如均衡性、非歧视性、一贯性、成本计算、新科学知识的再判断、举证责任等方面,④ 都遭到全面的质疑。只有厘清当前环境风险规制的建构路径,以及全面反思这一波规制的经验和教训,才能有效解释这种挫折的根源并找到补救的方案。

我们认为,政府将风险预防嵌入公共行政过程的方式是决定环境风险

---

① 一般来看,不确定性分为"多变性引起的不确定"(variability uncertainty)和"知识有限引起的不确定性"(epistemic uncertainty)。前者与多变甚至随机的系统行为相关,后者与人的认知能力和理性极限相关。See W. E. Walker, P. Harremoes, J. Rotmans, J. P. van der Sluijs, M. B. A. van Asselt, P. Jansen and M. P. Krayer von Kraus, "Defining Uncertainty: A Conceptual Basis for Uncertainty Management in Model-based Decision-support", *Integrated Assessment*, Vol. 4 (1), 2003. 这两者共存于风险规制之中,并且知识和不确定性之间并不是连通器式的相互关系,即知识的增进并不意味着不确定性的减少,相反,在风险规制中知识的增进可能会进一步加剧规制决策的不稳定。

② 参见[美]理查德·斯图尔特《美国行政法的重构》,沈岿译,商务印书馆2011年版,第24—25页。

③ 梁上上:《制度利益衡量的逻辑》,《中国法学》2012年第4期。

④ 这是欧盟《关于风险预防原则的公报》中确立的采取风险预防措施的一般要求,现在已被公认为风险预防适用时的行动准则。

规制成败的关键。因此，环境风险规制的挫折之源在于政府采取的以立法规范为准则，以科学技术为核心，以单一行政规制为手段的封闭式规制模式，我们姑且称其为"技术规范进路"。

第一，在风险认知与沟通上，技术规范进路坚持科学与价值的二分，即专家认知模式和公众认知模式的对立。

专家认知模式认为公众缺乏关于风险的必要知识，公众对风险的判断是一种价值判断和主观感受，价值具有多元性和相对性，主观感受与客观上科学存在之风险之间存在巨大差距。所以，公众对风险的认知在很多时候是错误或非理性的，① 规制决策也会随之陷入错误或非理性。而公众认知模式则质疑科学客观性的存在，认为纯粹以科学为依据的规制决策有合法性问题。② 在民主国家中，普通人的直觉更具规范性，公众的观念应当作为环境风险规制的主要标准。③ 这两种认知模式都否定了风险理性之下风险知识的平等化特质，专家和公众很难在风险成因和规制选择上达成最低限度的共识，导致政府的风险决策常常滑入权力恣意或民主无效率的两难之中。

第二，技术规范进路重视规制立法，忽视规制过程。

这种进路强调规制立法和政策系统的科学公正性与社会公正性，将规制机构定位成立法者的"传送带"④，它的任务就是在法律框架内对各种信息进行梳理、取舍和应用。因此，规制机构的裁量权受到严格的限制：根据无法验证的证据进行规制，应被控制在最低限度内；风险规制的实施必须建立在严格解释立法、确定客观知识和获取公众偏好的基础之上。但是，"风险是因可能性的增加、扩大而引起的，很难通过规范来解决与风险相关的问题"，"风险所带来的不确定性、不可计测性却很难通过法律和政府举措来缩减"⑤，风险的边界也无法通过法律规范来确定，这客观上要求环境风险规制必须对政治、经济、社会影响、当地特质等层面，以及国家发展

---

① See Dan Kahan, Pail Slovic, Donald Braman and John Gastil, "Fear of Democracy: A Cultural Evaluation of Sunstein on Risk", *Harvard Law Review*, Vol. 119, 2006.
② [英]伊丽莎白·费雪：《风险规制与行政宪政主义》，沈岿译，法律出版社2012年版，第21页。
③ 戚建刚：《风险交流对专家与公众认知的弥合》，载沈岿主编《风险规制与行政法新发展》，法律出社2013年版，第201页。
④ 参见[美]理查德·斯图尔特《美国行政法的重构》，沈岿译，商务印书馆2011年版，第12页。
⑤ 参见季卫东《依法风险管理理论》，《山东社会科学》2011年第1期。

状况、公众的选择等项目进行综合评估，在规制过程中达成规制共识。

第三，技术规范进路在组织层面倚重科层制，轻视公众参与。

在风险理性之下，风险知识的平等化是风险规制的基础，它对于公众参与环境风险规制尤为关键。由于在现实的规制实践中，科学知识优于公众知识、立法系统重于规制过程，以致现有的规制系统必须围绕科层政府来建构，这在很大程度上排除了公众参与的机会。稳定的科层制固然能够增强政府机构对国家规制立法的敏感性和重视程度，但潜伏着的异化危机时刻威胁着环境风险规制的实际成效。

第四，技术规范进路不关注风险规制中的利益衡量。

政府在环境风险规制之中必然要通过比较各种不同的利益，选择优先保护的利益类型。但是，政府环境风险规制立法或政策在不同的时期有不同的权利指向，规制实施也时紧时松，所以，权利的位阶在风险规制中处于变动不居的状态。此时，当环境风险规制所涉及的自由权利（财产自由和合同自由）与环境权利的平衡和取舍无法依据权利位阶方法解决时，就只能救助于利益衡量的方法。利益衡量方法要求规制者将风险规制决策与基本法律价值、社会成员的意愿、经济秩序等要素的关联度予以整体考量，当以"后位利益"限制"前位利益"时应赋予规制决策者较重的说理义务，反之，当以"前位利益"限制"后位利益"时则承担较轻的说理义务。但在技术规范主义进路之下，规制者往往采取一刀切的利益决断，认为环境利益、健康利益构成了对财产利益、自由权利的当然限制。同时，该进路也忽略了利益位阶的变动性，即"前位利益"和"后位利益"所对应的利益类型并不是固定不变的。也就是说，并不是在所有的环境风险类型之中环境利益、健康利益都绝对优先于财产利益和自由权利。

第五，技术规范进路缺少合作规制的空间。

环境风险规制的技术规范进路沿袭了自上而下的政府命令控制结构。在这个规制结构之中，规制机关在环境风险规制的议程设置、风险评估、风险沟通、风险管理等各个环节中都处于绝对支配者、领导者的地位；被规制者和风险波及者则处于服从规制机关命令和政策的地位；专家为规制决策提供合法性与合理性论证；一般公众则居于规制结构的边缘，被动接受规制者发布的决策、信息。[①] 这种规制结构与现代社会治理对网络式的

---

① 戚建刚：《我国食品安全风险规制模式之转型》，《法学研究》2011年第1期。

合作治理或合作规制的呼求并不匹配,自上而下的官僚化规制系统没有给公、私部门以及社区、非营利组织的参与治理预留空间,限制了不同主体间的互动互信、资讯流通和资源互补,以致不同主体之间的高度对抗性、规制规则僵化、实施前后矛盾等问题日益凸显,给规制机关带来了沉重的负担。[1]

不可否认,无论是在制度建构层面,还是在规制实践方面,我国的环境风险规制与域外先进国家相比,仍有较大的差距。但由于中外环境法律制度体系存在某种程度的相近性,环境风险规制中的诸多难题也具有共通性,因此,域外在环境规制改革中遭遇的困境也会在我国以相似的形式呈现出来。其中,最为关键的问题则是:环境风险规制如何摆脱政府行政权主导的路径依赖,进而跳出技术主义进路。私主体治理的兴起为破解这个问题提供了某些可供选择的路径以及制度建构的相应空间。

第二节　比较:相关理论基础之辩证

在现代国家治理的体系中,伴随着环境保护任务扩张和复杂化程度的增强,出现了诸如去国家化或解除管制、民营化、公私协力等溢出传统政府行政范畴和行政法理论的新机制,已然成为当前行政改革的重要内容之一。在德国、日本,BOT(Build–Operate–Transfer)、SPC(Special Purpose Company)等各类执行层面的公私协力方式越发受到重视。[2] 这些概念是否属于私主体治理的部分类型,还是属于行政权延长线之上的行为变体,则需要予以明晰。

一　"去国家化"与"再规范化"

20世纪70年代,部分西方国家为了走出资本主义的危机,在哈耶克保守政治思想[3]与弗里德曼保守经济思想的基础之上,尝试通过新自由主

---

[1] 参见[美]朱迪·弗里曼《合作治理与新行政法》,毕洪海、陈冲标译,商务印书馆2010年版,第16—29页。

[2] 参见[日]山本隆司《日本公私协力之动向与课题》,刘宗德译,《月旦法学杂志》2009年第9期;詹镇荣《民营化后国家影响与管制义务之理论与实践》,《东吴大学法律学报》2003年第1期。

[3] 参见[英]马丁·洛克林《公法与政治理论》,郑戈译,商务印书馆2002年版,第118—138页。

义来推进"去国家化"改革,力图最大限度增强国家的规则供给能力,而在具体实施层面退缩为"最小国家"。① 这种变动主要发生在市场领域之中,倾向于非国家因素作为市场规制的新基础,与之相关的新法律理论也在这一过程中发展起来。这些理论在新自由主义、秩序自由主义以及国家目标、国家任务等理论基础上力图通过分析政府与社会协作的现象,提出调整国家与市场关系的新规范体系。尤其是在解除国家管制的意义上,剔除法律体系中那些阻碍经济活力的管制理念和工具,废除那些限制市场准入和不符合市场机能的法律规范,② 给市场规律充分的运行空间,减少政府对特定事务不必要(成本过高或者管制效率不足)的干预。

此种理论兴起的背后隐含着对国家在公共事务(尤其是经济事务)中逐渐失灵或者低效率的忧虑。首先,制度分析学派中的公共选择理论认为政府独享管制权会导致政府失灵,进而触发国家失败的开关。信息不对称和竞争不充分不仅会造成垄断和成本外溢,更会使与经济活动相关的公共利益无法得到保障,③ 造成市场的失败,而公共利益的部门化或者利益集团化则会造成政府国家失败,并且国家干预的危害性要比市场失灵的危害性更值得警惕。由此,国家应当在处理其与市场主体的关系时退守在一定的边界之外,更多利用市场机制开展治理行为。这在当前环境治理中政府管制退潮而市场机制回潮的趋势相暗合。

其次,国家任务超载是"去国家化"浪潮的另一重要原因。④ 给付行政的兴起给国家的财政预算提出了更高的要求,政府需要投入更多的财政用于环境保护、教育、社会保障等社会事业。在这种情势下,在政府行为方式和工具的选择方面,政府需要反思单纯借助于公法手段履行给付功能的传统做法,要在法理和法规范体系上赋予公法和私法形式自由选择的可能,实现公私法的融合:"公权以私权为运行的原动力","公权为私权提供利益"。有学者将这种公私权限的模糊化和融合解释为给付行政的基本

---

① 参见[美]戴维·赫尔德《民主的模式》,燕继荣译,中央编译出版社1998年版,第320—321页。
② 参见许宗力《法与国家权力》(二),元照出版公司2007年版,第429页。
③ 参见[英]安东尼·奥格斯《规制:经济理论与法律形式》,梅骆英译,中国人民大学出版社2008年版,第19—25、29—55页。
④ See A. King, "Overload: Problems of Governing in the 1970s", *Political Studies*, Vol. 23, 1975.

逻辑关系。① 比如，通过私法契约建设公共设施或者通过私主体的私法行为开展环境保护活动。由此，"去国家化"在财政意义上就是要通过放松管制来履行给付行政的功能，也就是"通过放松管制让行政相对人和其他主体获得更多的利益"，推进行政从秩序性价值向利益性价值拓展。诚如有学者指出的，"给付行政体现在行政系统上是一种行为方式，而它体现在行政相对人和其他社会主体上则是一种利益，而这种利益在管制观念之下，行政相对人是无法获取的"②。

最后，法律和公共政策实施遭遇重重限制也是加速"去国家化"过程的重要动力。法律和政策的实施难题在国际和国内两个维度同时存在：在国内，政府决策的复杂性、宏观性和不确定性导致诸多法律政策难以实施；③ 在国际面向之上，全球环境治理之类的全球事务很难形成全球性共识，更欠缺全球一致行动的法律基础。所以，有的学者指出"国家正在逐渐失去控制力，取而代之的是那些依靠相互依赖、协商和信任为基础的多中心治理新观念"④。

这些忧虑及其内在的动力机制促使我们从理论和规范两个层面上反思公共任务的履行在哪些领域、何种程度上可以下放。进言之，在理论上，公共任务之履行并非以公权力为限，私主体亦得为适当主体，"去国家化"的核心问题不在于公共任务应当由国家还是私主体来承担，而是那些国家承担的公共任务在何种范围内转嫁给私主体；在规范层面上，公共任务从国家转移给私主体执行的实定法基准和依据如何确立。⑤ 这意味着，国家从给付等场域中退出并不代表丧失通过法规范手段来调控私主体履行公共任务的权力，"去国家化"也不等于去规范化。相反，在一定程度上，国家虽然从具体履行场域中退出，但同时也伴随着法规范调控密度和强度的提高。换言之，"去国家化"的过程必须接受再规范化的约束。"去国家化"解决的是如何激发私主体参与管制或者解除国家负担的前端

---

① 参见关保英《给付行政的精神解读》，《社会科学辑刊》2017年第4期。
② 参见关保英《给付行政的精神解读》，《社会科学辑刊》2017年第4期。
③ 参见杜辉《环境公共治理与环境法的更新》，中国社会科学出版社2018年版，第95—126页。
④ See E. Sorensen, J. Torfing, *Theroies of Democratic Network Governance*, Palgrave, 2008, p. 3.
⑤ 参见谢世宪《由全球化之观点论国家任务》，《21世纪公法学的新课题：城仲模教授古稀祝寿论文集》，新学林出版有限公司2008年版，第54页。

问题，而"再规范化"则是如何因应解除管制、私主体参与管制之后的后端问题。

二 民营化与公共行政主体的法律形态

近年来，随着公共行政理论和实践的拓展，民营化（Privatization）逐渐成为"政府借助市场机制替代命令与控制型规制治理国家和社会的重要方式"①，也是行政的现代化改革进程中最为引人注目的领域。日本学者米丸恒治将这种"行政行为形式的修正"划分为三种形态：一是实质上的私化（财产私化），公共机关将共同事务、设施完全委托给私有企业、将提供给付的任务转移给私主体，即所有权从公共部门向私营部门转移（如出售国有企业）；二是形式的私化（组织私化），将按照公共形式实行的事务在形式上委托给私法上的公司；三是功能的私化（外部委托），在不改变事务公共属性和归属主体的前提下，将公共事务的实施通过特许或签约转包的方式委托给纯粹的私法主体。② 德国行政法学者汉斯·沃尔夫、奥托·巴霍夫、罗尔夫·施托贝尔则从经验性准则出发将其划分为：形式的私有化、财团的私有化、实质的私有化、财产的私有化、活动方式的私有化、职能的私有化、财政的私有化、程序的私有化、社会的私有化和人员的私有化。③ 实质的私有化和形式的私有化常常被用于邮政、铁路、广播电视、电信、能源、药品等公用事业的规制改革之中，而由于通过契约的功能私有化符合以"命令—契约"模式替代"命令—控制"模式的新思路，④ 可以增强决策质量及可接受度，灵活回应新的发展形式，吸收新的方法，⑤ 因此成为拓展诸多社会性规制领域拓展工具的完美选项。

需要指出的是，功能民营化并非一个具有特定内涵和外延的法律

---

① 高秦伟：《私主体的行政法义务》，《中国法学》2011 年第 1 期。

② 参见［日］米丸恒治《私主体行政——法的统制的比较研究》，洪英等译，中国人民大学出版社 2010 年版，第 5 页。

③ 参见［德］汉斯·沃尔夫、奥托·巴霍夫、罗尔夫·施托贝尔《行政法》（第三卷），高家伟译，商务印书馆 2007 年版，第 370—372 页。

④ E. Elliott, "Toward Ecological Law and Policy", in Marian R. Chertow, Daniel C. Esty (eds.), *Thinking Ecologically*: *The Next Generation of Environmental Policy*, Yale University Press, 1997, p. 183.

⑤ See David. Lawrence, "Private Exercise of Governmental Power", *Indiana Law Journal*, Vol. 61 (4), 1986.

(学) 概念，而是私主体参与履行行政任务的现象或者说是政府利用民间资源履行行政任务的过程。其规范意义上的核心指向调整私主体根据法律或行政机关的授权行使公权力，或者通过与行政机关签订私法契约等形式参与公共任务的行为以及形成的法律关系。在功能民营化的规范意义之下，政府从公共任务的直接执行者或者公共产品的直接供给者转变为间接性的监督者、购买者和分配者，但仍需在法律上承担起监督保证责任。同时，功能民营化要求受委托的私主体必须在行为致损时承担公法上的赔偿责任，这区别于纯粹自我规制过程中私主体所应承担的民事赔偿义务。[1] 究其根本，私主体虽然根据其专业知识、创造性、技术和设施优势及其与政府的关联性自愿受委托共同完成公共任务，[2] 但其相对于实质民营化而言，政府亦没有从公共任务中全部退出，而是根据私主体参与的广度、密度与深度在国家与市场两极间游离摇摆。[3]

在功能民营化的谱系中，私人参与履行行政任务的方式主要有行政委托人和行政辅助人，而私人参与公共服务供给的主要形式则包括外包、特许经营。

我国理论界尽管对授权性行政主体的概念存在分歧和争议，[4] 但现行行政法中已经有较多关于授权性行政主体的规范（如表2-1所示）。

表2-1　　　　　　　　授权性行政主体规范示例

《行政处罚法》第17条	法律、法规授权的具有管理公共事务职能的组织可以在法定授权范围内实施行政处罚
《行政强制法》第70条	法律、行政法规授权的具有管理公共事务职能的组织在法定授权范围内，以自己的名义实施行政强制，适用本法有关行政机关的规定
《行政许可法》第23条	法律、法规授权的具有管理公共事务职能的组织，在法定授权范围内，以自己的名义实施行政许可。被授权的组织适用本法有关行政机关的规定
《行政诉讼法》第26条	行政机关委托的组织所作的行政行为，委托的行政机关是被告

在德国法上，授权性行政主体被称为"被授权人"或"行政受托

---

[1] 参见高秦伟《社会自我规制与行政法的任务》，《中国法学》2015年第5期。
[2] See Hartmut Maurer, Allgemeines Verwaltungsrecht, S. 611.
[3] Ch. Gramm, a. a. O. (Fn. 157), S. 107ff.
[4] 参见胡建淼《行政法教程》，法律出版社1996年版，第76页。

人",是指以己之名在法定受托权限范围之内完成行政任务。在这种公法关系中,授权需要有明确法律授权才能使私主体行使公权力具有正当性,获得授权后未经授权主体的同意,私主体应尽到善意的忠诚义务,不得擅自停止执行,接受合法性监督与合目的性监督。[1]

行政辅助人在德国法理论中也被称为"行政助手",是指私主体在行政机关指示下以帮手的角色协助行政机关完成行政任务。与行政受托人相比,行政辅助人从事准备性和执行性活动,并非是具有公法效力的行政决定,[2] 因此所产生的管理关系仅局限于行政机关和受托人之间,在受托人与行政相对人之间不具有直接的法律关系,受托人也不具备行政过程中的自由裁量权,其行为效果归属于行政机关且由行政机关承担可能的国家赔偿等责任。[3]

对于外包而言,则是行政机关与私主体通过签订私法契约的方式将社会服务或公共职能的具体执行权转嫁到私主体之上,政府承担监督和质量保证责任。而所谓特许经营则是指政府授权某一私主体向社会出售产品或服务。在法国法中,公共服务特许制度由来已久。根据公共服务特许合同的约定,私主体得以"在授予特许权的公权力机构确立的框架内运转服务"[4]。

通过分析可以发现,这些民营化的传统机制关注重心在于公共任务如何"私人化",对公共任务的来源和归属等更为根本的问题缺少关切。过度强调公共任务从国家到私主体的转化,不符合现代社会治理结构中公私部门双向互动的多重样态。由于功能民营化的本旨在于借助私主体完成行政任务,因此其相关法律制度的建制指向的是行政组织法层面的主体角色和功能的适配性问题,在实体法上依然是以国家为中心的理论脉络,忽视了纯粹私主体治理发挥功能的类型在制度上的联结点。

---

[1] 参见李洪雷《行政法释义学:行政法学理的更新》,中国人民大学出版社2014年版,第222—223页。

[2] 参见[德]沃尔夫、巴霍夫、施托贝尔《行政法》(第3卷),高家伟译,商务印书馆2007年版,第390页。

[3] 参见董保城《法治与权利救济》,元照出版公司2006年版,第100—103页;程明修《行政法之行为与法律关系理论》,新学林出版有限公司2005年版,第437—446页。

[4] [英]L. 勒维乐·布朗、约翰·贝尔:《法国行政法》(第五版),高秦伟、王锴译,中国人民大学出版社2006年版,第195页。

三 公私协力与环境治理之转型

公私协力是另一个与私主体治理密切关联的模式或概念。萨瓦斯从市场竞争的角度将其视为公权力和私主体通过分工或合作的方式完成特定目的任务的一种新的管理理念。其含义或指公共部门和私主体共同参与生产和提供物品与服务的安排，或指企业、社会组织和政府官员为了改善社会经济状态而进行的正式合作，或指私主体参与公共基础设施项目的建设和运营。① 但萨瓦斯本人并没有对如何通过法律制度安排推进公私合作伙伴关系给出让人满意的方案。

和民营化不同，公私协力的重点不在于公共任务的转移，而在于那些整合公权力和私主体的程序要素与实体条件。民营化的功能出发点是如何完成国家的公共任务；而对于公私协力而言，私主体对合作目标和任务享有共同的决策权，公权力和私主体两者趋于共同一致的目标，所以双方是有意识、有目的、有利益的主动合作，致力于那些带有公益属性的给付行为。在形式上，公私协力既可以是基于组织性的制度设计，也可能是基于契约的合作。在适用范围上，公私协力不仅及于给付行政领域，管制行政中亦多有呈现。公私协力在管制领域的应用说明私主体不能仅仅被视为国家管制的对象，而应当作为一类主体协力完成管制活动，推进公共事务治理朝向良善的进化。这个过程为合作国家的兴起奠定了基础。

合作国家的兴起对现代法律体系的发展提出了新的调整需求。尤其是对行政法治而言，环境保护、安全与健康、消费者保护等新兴社会问题及其因应对策不断扩张国家之行政议题和行政任务的范围，进而对行政主体、管制模式、具体行政行为方式的变迁产生了深刻影响。②

首先，"部门扩权"逐渐被"赋权于公众"取代成为行政法治的主导理念。传统行政法治侧重于对行政权力的合法性、合理性的司法审查，通过控权（力）达到保权（利）、确立秩序之目的，而晚近行政法治基于行政权扩张的影响愈加偏向强调利害关系人参与和启动行政正式程序的权利，从而将行政过程改造为一个"确保在行政程序中广大受影响的利益

---

① ［美］E. S. 萨瓦斯：《民营化与公私部门的伙伴关系》，周志忍等译，中国人民大学出版社2002年版，第105页。

② 参见张桐锐《合作国家》，载《当代公法新论（中）——翁岳生教授七秩诞辰祝寿论文集》，元照出版公司2002年版，第577—578页。

得到公平代表"的"政治过程"。①

其次,行政主体的多元化趋势进一步强化。随着公共治理理念的渗透,"规制方—被规制方"的二元行政主体结构正在瓦解,行业协会、社区组织、专家咨询小组、公司、NGO 等私主体越来越多地参与到公域治理之中,并且参与的形式不再限于听证、监督等程序性形式,还包括规则制定、颁发许可、标准设定等实体层面。

最后,就行政行为方式而言,利用"非正式行政活动"实现管制目标的方式日益受到重视。依据德国公法学者毛雷尔的判断,非正式行政活动是指行政决定做出时或做出前,行政机关和公众之间进行协商或者以其他形式接触的行为。② 这些新的行为方式主要有信息规制、行政契约、指导性规制、③ 私主体规制、公共特许配置、通过诉讼的规制等。④ 它们不仅丰富了传统行政行为的类型,还将正当程序、公正平等、行为理性等"公法价值渗透于传统被视为私主体的领域之中"⑤,促进了公私主体在政策制定、方案设计和执行中的合作。可以说,经过这些调整和深刻影响,私主体与政府协力行使社会治理权力逐渐成为社会治理的主导范式。学者通常将这种权力运行模式称为"公私协力"。

目前国内学界已开始从行政权变革或限缩这种"公法主体"的角度探讨社会治理的公共化。这一视角的研究对于清晰地界定行政权在社会治理中的限制、与公众的关系、合法性的基础,有着重要意义。但是,对社会治理"私主体化"的过程以及它是如何演化为一种"社会治理的基本战略"的,⑥ 尚需要从私主体的视角加以论证。

受公私协力范式的影响,环境治理正面临着深刻转型。一直以来,我国的环境规制都是以执法为基础,其核心机制是通过强化环保机关的能力

---

① [美] 理查德·斯图尔特:《美国行政法的重构》,沈岿译,商务印书馆 2011 年版,第 2 页。

② [德] 哈特穆特·毛雷尔:《行政法学总论》,高家伟译,法律出版社 2000 年版,第 398 页。

③ 比如德国环境法将政府的建议视为法定的规制工具,并将其与激励性规制和强制性规制工具结合使用。

④ 关于新的行政行为方式以及其对现代行政法学的影响,可参考朱新力、宋华琳《现代行政法学的建构与政府规制研究的兴起》,《法律科学》2005 年第 5 期。

⑤ Jody Freeman, "Extending Public Law Norms through Privatization", *Harvard Law Review*, Vol. 116 (5), 2003.

⑥ [美] E. S. 萨瓦斯:《民营化与公私部门的伙伴关系》,周志忍等译,中国人民大学出版社 2002 年版,第 350 页。

建设以最大限度地实现法律赋予的责任。① 在这种单中心、单向度的规制模式下，环境治理围绕国家环境法令、政府权力结构这个主线展开，它的制度逻辑是"以国家的警察权规制那些破坏环境与福利的私人行为"②。行政权与行政法构成了完整且封闭的"命令—控制"环境规制系统。从世界范围内的经验来观察，这种治理模式是自由主义市场范式"部分失败"后，行政权凭借其高效率、普适性和强制拘束力等积极优势重塑环境治理工具的结果。③ 而在中国语境下，它也表征出与传统社会治理模式和权力体系的同构性。但随着环境问题的进一步扩大及其治理难度的凸显，这种直接规制式的环境治理模式的缺点也随之呈现：灵活性较差、被规制者为了遵从相关法令往往要付出极高的成本，规制者同样有被利益集团俘获的风险。在这样的背景下，自主标准设定、开放式协调机制（open method of coordination）、专家委员会、独立规制机构、三方决策、私人纠纷解决机制、④ 基于信息的政策、志愿主义等私主体治理范式开始出现并发挥重要作用。关于环境治理的主体类型这个问题，有的学者从互动论的角度将其划分为管制者、被管制者、监督者和被监督者。⑤ 这种划分标准更多的是在政府规制的意义上区分不同主体之间的角色，没有意识到随着现代行政法理论与实践的发展，各主体之间的关系边界和角色功能已越来越模糊和交叉了。

环境私主体治理作为环境法治的一个重要分支，是兼具公益性、自愿性和私益性的规范共同体，在西方理论界备受青睐，被视为公私协力的典范。自 20 世纪 70 年代开始，"私主体治理"就已经成为欧美环境法律实施的重要机制，私主体通过诉讼、监督、自主治理、公私合作、合同外包等方式全面进入环境事务，越来越多地承担起政府环境治理的职能，推动

---

① 在我国的环境法体系中，法律创制的核心是环保权力的配置和运行。2014 年修订的《环境保护法》进一步强化了这种规制思路，即使通过"公众参与和信息公开"一章扩大了公众参与的程度、方式和有效性，但"参与"是为了行政权更有效、合理地运行。

② Richard Lazarus, *The Making of Environmental Law*, University of Chicago Press, 2007, p. 50.

③ 一般认为，政府规制产生的直接背景是市场失灵，See Richard Ponser, "Theories of Economic Regulation", *The Bell Journal of Economic and Management Science*, Vol. 5 (2), 1974。

④ See Adrienne Héritier, Dirk Lehmkuhl, "New modes of Governance and Democratic Accountability", *Government and Opposition*, Vol. 46 (1), 2011.

⑤ 参见王曦《环保主体互动法制保障论》，《上海交通大学学报》（人文社会科学版）2012 年第 1 期。

着环境治理从命令控制范式向合作治理范式的转变。在属性上，它不同于传统公共参与概念所定义的"对环境行政过程的参与确保受行政行为影响的利益得到公平代表"的程序性行为，而是通过自我规制、自主治理和契约等公私协作方式开展的与政府管制平行或合作的环境治理行为的集合。在这个意义上，私主体的地位已超出"传统意义上行政程序中的参与"范畴，转而更侧重于民主主义意义上的实质性"协动"关系，"作为主体进行一定的作用分担"①。

综上，不难发现，在国家治理任务的全谱系中，私主体参与公共任务的主要领域聚集在便于公私合作的给付行政面向，而在管制行政领域中，私主体更多的是以行政辅助人或受托人的角色介入，按照功能民营化的逻辑建构相应制度体系。在这两种模式之间存有大量的中间地带给国家和社会多元合作留足创新空间。这些是传统法理论和法规范继续突破并塑造新体系的主要领域。因此，考察私主体治理及其模式的类型有助于从理论上观察私主体参与的全貌及其在现行规范系体中遭遇的困境。

第三节　原则：辅助、合作与效率

一　辅助原则

辅助原则作为一种社会理论，是指在层级治理体系中某一事项的决策权和执行权首先应由受其影响最大的、直接关联的主体占有，只有在该主体没有实际决策或履行能力时才转由更高一级的主体行使。也就是说，一个共同体的公共事务首先应由组成该共同体的个体或者小规模组织负责，国家的主要责任在于供给保障个人或小规模组织充分履责的社会整体条件。治理与辅助性原则的结合，意味着层级组织以及相关主体的明确是治理展开的前提，而其中基层的组织及其功能尤其应受重视。因此，国家在维护个人权利、供给公共福利时并非居于独占地位，而应当在辅助原则指引下最大限度地开放私主体供给公共福利、进行自主治理的空间。《英汉辞海》将其解释为"附属机构或地方机构行之有效的职能，应该归该机构所有，而不应归中央机关所掌握"。它在当前被视为政治、法律领域的

---

① ［日］盐野宏：《行政法总论》，杨建顺译，北京大学出版社2008年版，第245页。

基本原则。比如，欧盟宪法就把辅助原则作为欧盟多层治理中划分权能的基本原则，① 在超国家层次、国家层次和次国家层次三个领域中治理主体共享治理权并在各自权能范围内享有独立决策权，但没有对立法过程的实际控制权，只能参与并影响这个过程。②

当辅助原则与国家治理的结构相关联时，它意味着各主体之间以事权、管辖权为中心的"各归其位"的责任伦理观，尤其是政府要避免限制或者挤占市场主体、社会主体凭借其能力、机制即可完成的事项。这些事项属于非政府主体的行动自由范畴，或者由它们处理更具效率。与传统国家治理模式中自上而下的垂直观念不同，它提倡自下而上的治理权序位，即在某些场景中社会基层的自主性、私主体的活力优先于中央政府。这里暗含着一个或隐或现的理论预设：治理权的分配不能仅仅以国家权威为唯一划分标准，还要在承认共同体其他主体合法角色的基础上兼顾其行动能力、意思自治与主体责任。要而言之，公共福利之增进不仅是国家的责任，国家更应当通过法律秩序在基本权利范围之内将创造、提供、保护与公共利益相符利益的优先顺位让渡给其他主体，尊重基本权利主体的自主意志、选择和行动，给他们的自主决策、选择、行动留足制度空间，国家只有在其他主体无法胜任这一安排时方得以通过恰当的方式予以干预。

在组织法机制上，辅助性要求发展出一套以分权、分级、分域为原理的组织法规范。所谓分权是指自下而上的权力配置，在地化、最近原则等治理要求必须得到满足；所谓分级是指自上而下的合法性干预、认可功能不可或缺；所谓分域是指权力横向合作的治理亦不可忽视。因此，要贯彻辅助性原则，则需围绕权力下放、权力上行、权力合作三个环节形成相应的组织法规范。传统以政府高权行为为中轴的治理模式过于刚性化，不利于治理权的"上交""下放"或"平移"，因此也无法形塑出中央与地方、国家与社会、政府与市场各个层级共同负责的治理秩序。由此，在辅助原则的理论框架下，国家治理需要积极吸纳私主体参与治理进程，通过

---

① 《欧洲联盟条约》第5条第3款规定：在其非专属权能领域，欧盟应依据辅助性原则的要求，只有在对于拟定中的行动目标，成员国无论是在中央层面还是在地方和区域层面都不能充分予以实现，而出于拟议中行动的规模和效果的原因，欧盟能更好地完成时，才由本联盟采取行动。

② Nick Bernards, *Multi-level Governance in the European Unions*, Kluwer Law International, 2002, p. 9.

权利认同和权力分配彰显私主体的自主性，限制政府力量的过度干预，为私主体治理行动设置合理边界、提供制度约束和保障。这样才能跳出垂直权力模式的僵化以及"一抓就死，一放就乱"的恶性循环。

二　合作原则

晚近几十年间，随着环境保护、公共健康、经济发展、城市管理、公共福利等领域的治理任务不断扩容，治理要求持续精细优化，以及政府以精简高效为导向的体制机制改革逐渐深入，政府的治理能力备受挑战。以政府单中心为依托，与政府科层体系相对应的管制策略，已无法有效回应治理需求，在效能、合法和最佳标准方面大打折扣，对于那些全球性或跨国性问题也愈发力有不逮。因此，随着治理理念的深化，社会制度体系开始从层级式管制向多方、多层次、适应性、问题导向的合作治理转型，政府权力行使的方式也随着新公共管理运动所倡之"解除管制""民营化"策略而呈现出新的形式，塑造了"合作国家"的国家理论形态。有学者指出，治理合作是依据共享裁量的原则将公共部门和私营部门的能力整合起来的精妙的制度设计。[1] 也有学者认为，在合作国家形态下，履行公共任务的逻辑起点不应局限于传统的国家中心观，而应转向"政府—市场—社会"多中心治理观。在公共任务的实现层面，也不拘泥于行政高权行为，还可以利用分散脉络的管制和工具化的自我规制。合作治理有赖于基于合意的行为形式的创新，表达了一种结果导向的法律理性和法治发展观。无论是从公法上的行政契约还是私法上的合意契约，甚至是那些尚未定型化的无法律拘束力之协定，都可用来表达合作治理的形式外观。国家所承担的义务不再限于履行责任，在很多情况下国家从直接给付责任中脱身转而承担建议责任、组织责任、担保责任等。[2]

合作的本质在于激发私主体在公共治理中的潜能，利用其资格、资源、技术、经验等优势重新定义公共事务，进一步澄清公共利益，促成政府与私主体共同分担责任、共享治理权力、同守法律目标。比如，美国学者 Jody Freeman 教授通过研究私人在政策体系中的角色，发掘了非政府行

---

[1] 参见［美］约翰·多纳休、理查德·泽克豪泽《合作——激变时代的合作治理》，徐维译，中国政法大学出版社2015年版，第4—5页。
[2] 参见张桐锐《合作国家》，载《当代功法新论（中）翁岳生教授七秩诞辰祝寿文集》，元照出版公司2002年版，第566、578页。

为者在立法、执法和裁决中的功能，并提出了行政法必须据此重新定位，适度远离限制行政裁量权的传统，围绕公共机构和私主体就政策拟定、实施和执法进行协商谈判，促进"公共—私人规制"制度的有效性。在制度分析和设计领域，制度设计应该从传统的立法、行政和司法部门转向审查其他私人机构和利益相关者以及他们在治理中发挥作用的方式。①

在环境保护领域，随着放松规制理念的渗透以及私主体自我负责观念的确立，环境治理的转型方向越发清楚明确，将合作原则定位为环境法律体系的一项基本原则也越发必要。这一原则表明"环境保护并非仅是国家的责任，也非仅靠经济或社会单一方面的力量可以达成的，与达成此目的主要还是需要所有相关之力量的共同合作"②。事实上，政府与社会、市场的合作是一个广泛的法律议题，它与当前国家或社会治理结构的特性及其演化趋势保持高度一致。当前，国家治理中衍生出一些新的组织形式和行为模式，使治理结构向着主体多元、行为协作、责任共享的趋势渐次递进。这一发展对政府在治理结构中的独占地位提出了挑战。在这个背景下，合作作为一种新型的治理机制，成为政府与社会、市场联合应对复杂性、系统性问题的新方案。在很多场合，"政府与非政府的行动者都已开始尝试借助于合作对话方式来处理那些悬而未决的冲突"③。

合作就是要将有为政府、有效市场和有序社会黏合起来，推进不同主体、不同机制之间的对话协商，在共识性规则导引下通过共同行动解决问题。在这里，所有类型的主体都有平等表达意志的权利和展示能力的机制，共享治理的决策权、裁量权和问责权。合作治理覆盖对象和领域的识别、利益与认知偏好、政策偏好排序和筛选、意见采纳、政策执行实施等全过程。④ 全过程商谈和信息共享特质是合作治理区别于一般契约关系的最根本要件。需要注意的是，那些备受关注的服务外包、行政委托等模式常常由于私主体并没有实质分享决策权、裁量权和问责权而停留在一般契

---

① 参见［美］朱迪·弗里曼《合作治理与新行政法》，毕洪海、陈标冲译，商务印书馆2010年版，第313—490页。

② 陈慈阳：《合作原则之具体化——环境受托组织法制化之研究》，元照出版公司2006年版，第9页。

③ E. Innes, D. E. Booher, *Planning with Complexity: An Introduction to Collaborative Rationality for Public Policy*, Routledge, 2010, p. 4.

④ See Bingham, Lisa Blomgren, "Collaborative Governance: Emerging Practices the Incomplete Legal Framework for Citizen and Stakeholder Voice", *Journal of Dispute Resolution*, Vol. 2, 2009.

约关系阶段，并非真正意义上的合作治理。

在传统治理结构中，政府是治理规则的供给者和直接实施者，拥有独占性的地位，治理效能高度依赖于政府组织机制的完备程度以及行政权运行的水平。而在合作原则之下，政府是治理体系的主导者，但并非具体行为的实施者，甚至在多数情形下发挥着辅助者的作用。它无须通过直接行动影响其他治理主体或其次级系统，而更多的是要在自身与其他主体之间发挥互动衔接的调控功能。所以，基于合作原则的法律系统的首要目标是设计出一套规则授权性、程序性和责任性的规则体系来规范治理进程，尤其是授权政府通过政策工具引导合作系统，为合作治理提供可选模式和条件保障。在这个过程中，政府通过授权、激励、引导、调控或者监督等发挥元治理的功能。在这个意义上，合作原则之下的政府是协调性角色而不是控制性角色。

在国家治理结构之中，有两条或隐或现的运行主线，即治理竞争和治理合作。治理竞争是以行政单元为主在特定事项或领域围绕治理资源和治理目标开展的治理竞赛，治理合作则是要通过差异化互补提升整体治理的效能。随着国家治理任务的扩张，治理合作越发成为资源有限约束下的优选项，传统政府主导型治理模式之下政府对社会主体、市场主体参与治理的过度限制，在一定程度上违背了当前治理结构变迁的基本规律和总体趋势，否定了市场机制和社会机制提供差异化治理服务的可能性。所以，在处理治理资源有限和治理任务无限的张力关系时，现代治理体系不能固守科层权力中单边的、裁量性、命令式的控制方式，相反，是要在明确设定规则和标准的前提下，适度摆脱具体场景的限制，通过合作机制推行"保持距离的治理"。当合作治理效能与制度预期、治理需求相违背时，再以强制性、惩罚性措施介入。在这种进路下，政府直接执行的角色趋于最小化、宏观调控的功能趋于最大，鼓励私主体根据实际情况设置控制与管理体系，并对其运行和实效予以监督、评价。由此，合作并非以规定性的方式展开，而是努力通过法律来刺激市场主体、社会主体塑造自我规制机制来增强治理的反思性。[1]

可见，在治理现代化的语境下谈论合作原则，必须重新定位政府主导的内涵以及政府的相关能力：一是为治理提供标准和规范化的流程的能

---

[1] 参见［英］罗伯特·鲍德温、马丁·凯夫、马丁·洛奇《牛津规制手册》，宋华琳等译，上海三联书店2017年版，第73、151页。

力，以不断沉淀体制改革中形成的经验，通过将新治理模式制度化来维持最低限度的稳定；二是为私主体的差异化治理提供支持和约束，最大限度地提升治理效率。基于此，作为合作治理的领导者，政府需要营造与私主体合作的开放空间，一方面激发所有主体开展治理创新，另一方面为不同主体开展治理配置制度资源。唯有如此，政府和私主体才可以在差异化基础上开展多领域、多层次的合作。

但是，当我们尝试通过私主体治理推进现代环境治理体系发展之时，必须关注现有的法律框架与私主体治理之间的匹配性。事实上，现有的国家或地方立法大都是以政府中心主义为逻辑起点建构起来的，为私主体提供法律基础的功能相对孱弱。除了行政程序中那些体现公众参与要求的传统机制之外，合作治理的规则体系尚未建立起来。现有的法律框架只是为合作提供了部分的规范基础，虽然这些法律规范授权政府利用多样的程序机制吸纳公众和利益相关者参与政策过程，但是仍没有考虑到合作治理在管理、问责和合法性方面遭遇的挑战。在整体上，目前的法律系统还无法为政府、利益相关者和其他私主体合作提供稳定平衡的规范环境。由此，整个公法系统都需要系统反思，为合作治理或者授权性的合作管制提供法律基础，促进更广泛高效的合作，并维持对政府透明度和法治的基本责任。

三 效率原则

效率原则是指国家治理应当以最小成本达成既定目标或者以既定成本实现最大产出。对于现代法治秩序来说，效率与"秩序、正义和自由一样，也是一个社会的最重要美德。一个良好的社会必须是有秩序的社会、自由的社会、公正的社会，也必须是高效的社会"[①]。实现社会效率性功能的治理与实现社会秩序性功能的管理的合一，[②] 是当下建构法治秩序的核心任务。基于这样的法观念，效率得以成为国家治理中公共权力运行的主线之一，政府履行治理职能的基本前提是必须拥有高效的行政权。

事实上，在宪法位阶上明确提出国家履行公共义务时的效率性要求已成为不可逆的趋势。比如，结合《德国基本法》第20条第1项、第28条

[①] 张文显：《法哲学范畴研究》（修订版），中国政法大学出版社2001年版，第217页。
[②] 参见雷洪《社会转型与社会管理观念的转变》，《社会》2018年第6期。

第 1 项所确立社会国原则与第 20a 条环境保护国家目标条款可以在法教义学上解释出宪法意义上的效率性原则。① 我国《宪法》第 27 条第 1 款对国家的权力机关（尤其是立法和行政机关）提出了效率原则。② 立法机关如何利用预算权对公共任务进行合理的协调，进而提高公共行政的效率，行政机关如何在组织、程序和裁量方面提高其效率性，都是宪法文本中效率性要求的题中之义。

因此，在凭借自上而下的科层权力进行治理的传统模式下，法律尤其重视发展相应的法律制度以确保行政权的高效运转。唯此，行政权才能积极主动地介入国家治理的各个领域，协调各种利益关系，调适各类利益冲突。在与之相对应的行政法的框架内，委任立法、行政指导、行政契约、给付行政等一系列回应机制被逐渐发展出来，并在行政活动中发挥重要作用。可见，作为一项重要社会目标，效率逐渐成为法治价值谱系和规范体系中重要的组成部分，③ 法治中国语境下的法治政府、法治社会之建设都应贯彻效率价值、效率原则。

在行政国家兴起的时代，国家角色任务的转变决定了国家治理及其法律秩序在形式与内容上必须将效率作为评价治理实效的重要标准。诚所周知，现代国家治理除了发挥排除危险、塑造秩序等防御性功能外，随着社会关系的复杂化、社会问题的扩大化，国家的任务越来越聚焦于"社会、经济、文化等领域的供应、给付和补贴等任务"④，国家或社会治理的积极性功能更为紧迫，因此，面向治理的法律体系之设置和运行必须以确保效率为基本准则，做到快捷、便利、优质、高效。

对于政府而言，首先效率性成为合法性之外另外一个评价政府行为的核心标准：一方面是借鉴经济组织和非公共部门的层级管理，以效率为原则寻求治理的最佳途径；另一方面则通过行政组织及行政活动的丰富化来重新评估和选择行政目标达成的方法，最终目标是以有限资源效率性地提

---

① 《德国基本法》第 20 条第 1 项：德意志联邦共和国为民主、社会之联邦国家；第 28 条第 1 项：各邦之宪法秩序应符合本基本法所定之共和、民主及社会法治国原则；第 20a 条：国家为将来之世世代代，负有责任以立法，及根据法律与法之规定经由行政与司法，于合宪秩序范围内保障自然之生活环境。

② 我国《宪法》第 27 条第 1 款："一切国家机关实行精简的原则，实行工作责任制，实行工作人员的培训和考核制度，不断提高工作质量和工作效率，反对官僚主义。"

③ 参见王成栋《论行政法的效率原则》，《行政法学研究》2006 年第 2 期。

④ ［德］哈特穆特·毛雷尔：《行政法学总论》，高家伟译，法律出版社 2000 年版，第 17 页。

供行政服务。① 在权责配置面向,分权和相应的权责配置是其基本模式,借用公司的治理结构来重新划分政府权力和责任,打破传统的层级式、命令式的传导机制,以逐级授权的方式来实现公共事务治理的高效率;政府适度放权,将更多的精力用于规则的制定而不是执行规则。在组织形态面向,"去科层化"和"少机构、宽职能"是政府组织变迁和革新的目标,除官僚组织之外,适当引入私主体来承担部分治理职能,根据不同的社会需求适时调整管理形式。

以当前生态环境执法体制改革对效能价值的强调为例,一般认为,政府权力的法治机理建立在限权基础之上,也即是"把权力关进制度的笼子里",这当然也是生态环境执法体制改革的基础逻辑之一。但从目标来看,改革主要是为了优化机构、职能的科学配置,塑造更具效能的执法体系。因此,面向执法效能才是体制改革更为重要的逻辑起点。效能作为行政活动和行政法的基本原则之一,② 贯穿于我国行政法治建设的各个环节,是衡量合理行政、最佳行政的重要基准。以往很长一段时间内,生态环境执法效能低下,问题导向不明,缺乏对重点领域和关键环节的回应能力,以至于无法从战略和全局高度给生态文明建设提供有效支撑。为了改变这种局面,生态环境执法体制改革首先要将效能理念全面融入改革的具体方案和进程之中,转化为优化完善生态环境法律规范体系、配置生态环境执法权责、建设执法队伍、设计执法方法机制等结构性要素的基石性法理。③

近年来,在生态环境执法实践中,正在持续深入地探索提升执法效能的方式方法。尤其是《关于优化生态环境保护执法方式提高执法效能的指导意见》出台之后,各地分别围绕执法职责、执法方式、执法机制、执法行为,建立了以执法事项目录、现场检查计划、"双随机、一公开"监管、非现场监管、区域交叉检查、专案查办、监督执法正面清单、执法监测工作机制、举报奖励机制、第三方辅助执法机制、行政执法公示、规范行政处罚自由裁量权、典型执法案例指导制度等为核心的体系化的效能提升制度。这一系列改革将实体与程序相结合、纵向与横向相连动,对下

---

① 参见蔡秀卿《从行政之公共性检讨行政组织和行政活动之变迁》,《月旦法学杂志》2005年第5期。
② 沈岿:《论行政法上的效能原则》,《清华法学》2019年第4期。
③ 龚宏龄:《环境执法效能影响因素的实证分析——基于对环保工作人员的调查》,《福建行政学院学报》2018年第6期。

沉压实企业污染治理主体责任和政府的监管主体责任，发挥出显著成效。但需要注意的是，要将提升执法效能确立为生态环境执法体制改革的基本理念，不能仅仅以这些操作面的制度设计为重心，还需从改革的顶层设计、执法主体的制度建设和法律适用行为等环节出发明确效能原则的具体要求。并且，这些具体要求既要能保障制度设计的价值正当性、效益最大化，也要能促进执法手段高效最优地实现制度目标，还要能塑造确保制度设计、法律实施行为符合效能原则的责任机制，从而为外部的司法审查和内部的程序监督提供清晰的指引。

私主体治理的兴起正是政府借由私主体之能力提升国家治理效率的产物。在实体法的维度上，对私主体治理作为政府治理之补强功能的强调，必然要求法律给各类市场或社会的内部治理方案、标准开放足够的空间，在没有法律明确授权的前提下，只要自治方案或标准符合公共利益和法律的最低标准并且能够接受法律或行政权的检验，那么这种治理类型也应得到肯定和普及。在程序法的维度上，私主体治理的兴起要求政府充分吸纳公众意见并为公众参与决策提供机会，重视行政程序的可操作性和协调性，根据治理进程配置一般程序、简易程序、紧急程序和后评估程序，同时设计合理的时效制度、代表制度以保证治理的效率、维护利益相关者的正当利益。当然，程序机制必须为政府自由裁量权预留空间，以防止私主体治理诱发的不必要的拉锯。

归根结底，构建私主体治理制度的根本目的在于提高治理效能，通过非法律规则的灵活性、激励性和有效性弥补刻板的制定法规则的低效率，但需要注意的是，效率标准（不管是降低成本还是提高适应性）都不能成为衡量制度协调性的变量。因为，效率判断具有时空的局限性，效率可能是短期的，面向部分人的，或者说效率并不意味着公正。所以，我们必须从治理秩序和法律秩序的互动关系中观察法律与其他规则之间的协调问题，避免滑入无政府主义的陷阱。①

第四节 逻辑：私主体如何出场

环境私主体治理的基本制度逻辑是，政府之外的组织在政府规制权之

---

① 参见杜辉《环境公共治理与环境法的更新》，中国社会科学出版社2018年版，第198页。

外或在与政府规制相结合的领域内,基于非正式的权力和程序,应用相关的知识、方法从事有利于环境的经济行为或以标准、契约方式直接进行污染治理,以实现公共环境利益和私人利益的共赢。在发生学上,它源于现代社会的复杂性与知识、权力的碎片化、分散化之间的张力。随着环境问题的复杂化和治理结构的扩张,在可以预见的未来,发展、移植甚至扩张私主体治理的愿望与动力将会逐渐增强。有鉴于此,法治体系的发展必须考量环境私主体治理的理论模型,通过透视它的逻辑脉络,梳理出制度建构的重心和切入点。在这里,不妨先对环境私主体治理所涉的诸枝节作条分缕析式的解构,以明确其构成要素,再将这些要素重组,以明辨其运行机理。

一 分解:"四位一体"的要素集合

(一) 作为载体的组织

私主体治理模式创设的是有规模差异的私人秩序,那些利益相关者与标准设定者也在客观上拟制了某种不同于政府和企业的组织结构。它不再是"一种封闭的或者限制局外人准入的社会关系"[①],而是流动性、协商性和自愿性极强的网络式社会关系,准入条件和退出机制较之必须服从的政府规制都较为宽松。从组织社会学的视角来看,政府和企业逐渐趋同于科层官僚式的组织结构,侧重于自上而下的权力传导,而私主体治理范式下组织更趋向于平权化,其可能呈现的组织形态大体可分为三类:一是以设定标准的第三方为中心的发散式结构(集体范式);二是以政府或核心利益相关者为中心的链式结构(双边范式);三是以排污者为中心的点式离散结构(单边范式)(见图2-1)。这些组织结构表征的不仅是规范、权力的聚合,更是利益(主要是私利)的集合。

组织的意义在于,一方面,它通过充分的信息评估和披露为被规制者提供决策的理性模式,即他们知道面临的各种选择和各种选择的后果,并有能力根据利益理性做出理性的决策。集体范式的组织模型提供的是基于规章制度(如第三方标准)的决策,双边范式的组织模型提供的则是基于合意(如契约)的决策,单边范式的组织模型则提供的是基于自我权

---

① [德] 马克斯·韦伯:《经济与社会》(第一卷),阎克文译,上海世纪出版集团2010年版,第141页。

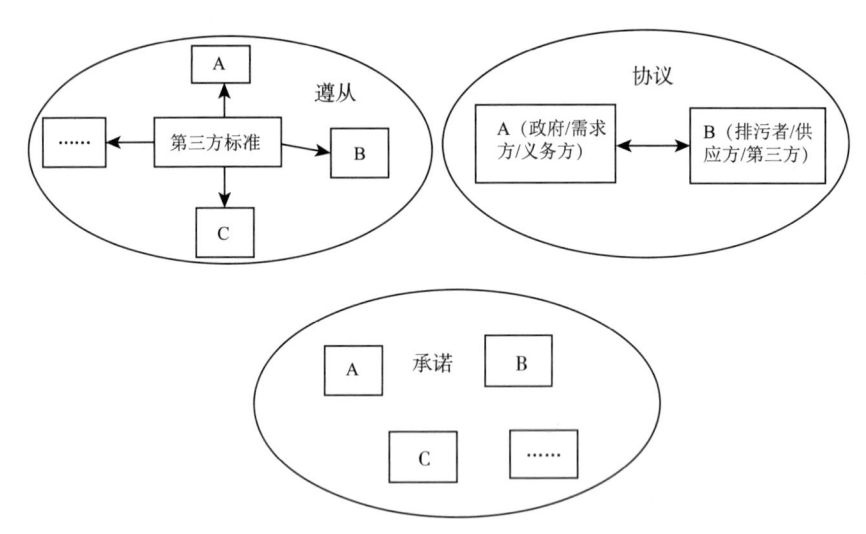

图 2-1　私主体治理模式的组织模型

衡（很多情况下是以满意度为标准，如出于获取利益的承诺）的决策。另一方面，组织还是判断私主体治理的效率性、合法性和开放性的基础变量。原因有三：其一，私主体治理中的组织结构中流淌的是利益关系，其中的利益差异、冲突对抗与合作比政府科层制中利益的一致协调更有利于效率的提升。其二，私主体治理并非是散沙式的随意治理，组织中仍有制度构件发挥制约作用，在制度约束下，私主体治理与政府规制的目标具有趋同性，因此也就能在一定程度上证明私主体治理的合法性。其三，无论是否有政府规制权的参与，私主体治理模式构建的社会化、网络化的组织情景，其中网络结构的开放程度越大，吸纳被规制者参与的引力就越强，进而对被规制者行为的限制和促成功能也就越明显。同时，组织情景越是开放，政府规制目标和私主体治理的目标越会趋同，对效率的提升和制度化的反推力也会随之加强。

（二）作为基础的知识

现代社会里，社会群体的分化不断扩大，尤其是政府和公众之间关于公共事务的价值、知识的共享性日趋降低，我们很难像传统社会那样通过共享观念去维护社会规则。[①] 并且在相关论者看来，在政府规制失灵的诸

---

① 参见［法］埃米尔·涂尔干《社会分工论》，渠东译，生活·读书·新知三联书店 2000 年版。

多原因之中，规制知识的失灵最为重要，实践中的规制失败都可以从规制知识的角度找到缘由。① 由此，在公共治理成为社会公共事务治理之必选项的背景下，我们必须厘清不同治理主体的知识背景、选择和边界，不时作知识场景的转换和整合。唯其如此，各主体的知识博弈和冲突平衡才能正向增进集体福利的数量和效率。在环境治理中，政府与私主体掌握、运用的知识相互交织，但亦有分殊。政府的知识是标准化、理性化与普适性的，而私主体的知识则可能是合意式、价值式和差异性的，只要能促进环境改善、提升治理能力，政府知识之外的知识都可以在不违反法律的前提下被私主体所利用。从上述实例来看，私主体（尤其是在小范围的治理中）依凭共享思维和共享知识展开博弈，客观上塑造了稳定的利益结构和非正式制度框架。在这个结构和框架内，关于环境治理的价值、事实和技术完整地对接，共同推动了形式合理性和实质合理性的统合。而我们的任务就是创造何种条件使知识要素能够达成这样的目标。

（三）作为动力的权力

从形式主义法治的要求来看，社会治理的精义是规则之治，行政权与私主体的自主治权之间"路归路，桥归桥"。但在行政资源有限的前提下，政府将行政权授予私主体行使或者与私主体基于协商共同行使权力的情形愈受重视，这就引发了关于私主体行使公权力的合法性问题以及政府与私主体的聚合责任问题。尤其是在政府与被规制者协商制定规则的情形下，协商过程可能损害政府的宪法功能，由于政府将协商提升到其他价值之上，协商过程可能也会损害更为基础的法律价值。② 这种担心十分重要，也十分必要。但需要注意的是，私主体治理更讲求成本收益基础上的高效性、实际问题的妥善解决以及对现有形式主义法律体系的补充意义（以多元价值补充技术理性的缺陷）。采用私主体治理模式并不是简单地以协商性的政治过程吸纳行政或者是以私人标准任意地取代公法上的标准，"更不是重建一个新的法律价值体系"，相反，"它仍是在法治主义的原则和法律规则的指引下运行的"③。因此，依据哈贝马斯的理论，无论

---

① 参见靳文辉《公共规制的知识基础》，《法学家》2014年第2期。
② 参见［美］科尼利厄斯·克温《规则制定——政府部门如何制定法规与政策》，刘璟等译，复旦大学出版社2007年版，第217页。
③ 王锡锌：《规则、合意与治理：行政过程中ADR适用的可能性与妥当性研究》，《法商研究》2003年第3期。

私主体行使政府授予的公权力还是自主的"私权力",其实质都是通过"商谈原则与法律媒介的彼此交叠"来创设"一个使私人自主和公共自主建立起互为前提关系的权利体系"。① 当然,从功利主义的视角来论证私主体行使权力的正当性仍然是不充分的,我们将在后文继续论证这个问题。

(四) 作为工具的规范

私主体治理的规范区别于行政强制规则。行政规范的要旨在于设定公法标准并强制被规制者一体遵行,如若违法则将受处罚。规范的设定与应用受制于依法行政的基本法理,遵守正当法律程序和比例原则,依法、依宪行政。相反,私主体治理则是在竞争条件下以私法形式履行公法义务,常常借助于协商、契约和私人标准等柔性操作方法,相应的规范灵活交错,也极具开放性和交涉性。这种规范主要包含三类:一是规制生产性活动的技术性规范,此种规范贴近经济活动的规律并以此为基础,具有很强的针对性和清晰的适用范围,更能满足经济主体对成本效益分析的需求。二是规制交往、交易行为的强制性规范,此种规范本质上是作为某种公共性的标准而存在的,具有超越纯粹经济私益的价值标准的意义,通过为私主体设定权利、义务、行为方式,既维持经济秩序,又对破坏环境行为或不履行环境治理义务的行为给出负面评价。三是发挥激励功能的引导性规范,它们既可能是纯粹的利益刺激,也可能是一种道德激励,通过宣示、强化道德观念和责任引导私主体致力于良善的公共生活方式。

二 重组:私主体治理的运行逻辑

现在,让我们重新组合上述要素,通过分析私主体治理的运行来考察它的基本机理。前述关于组织、知识、权力和方法要素的对比分析表明,那些非正式的制度、对规制法律的变通适用、契约、私人标准等构成了与政府规制相互平衡的对称体系,彰显了"凡是私人决策能够解决的,政府公权就不必干预"的治理精义。但,这一体系是如何获得合法性、增进治理能力、确立权威的呢?这是另一个需要面对的理论问题。

(一) 通过实用主义与价值判断获取治理合法性

环境私主体治理的实践进路中存在一个在短期看来颇具悖论品性的制

---

① [德] 哈贝马斯:《在事实与规范之间:关于法律和民主法治国的商谈理论》,童世骏译,生活·读书·新知三联书店2003年版,第156页。

度供给问题：基于法律生活的理性，当前权威型治理氛围下的环境法秩序何以现实地与环境私主体治理结合在一起？[①] 尽管私主体治理可能带来环境增益，但从法律实践的背景来看，不保障经济发展之前提的环境治理增益对决策主体而言未必是可欲的，经济发展与环境发展两项公共议题之间价值评价的紧张关系依然在立法者、政府官员乃至公共空间等层面存在，环境立法环节中立法者、各中央行政部门、各地方政府、各方公众间的利益博弈局面依然存在，行政权的扩张及环境行政环节中权威型的环境治理机制依然存在。参考前文对国家、科层政府制度逻辑的分析，一方面，立法机关无法持续有效地为权力输出各种以环境治理为价值导向的规则，通过授权立法为政府留出了可观的规范空间；另一方面，行政机关利用规范空间，以共同利益代言人身份通过下位立法或具体执法在环境治理领域侵犯公众利益的风险随之增高。重要的是，以上立法背景塑造了国家、科层制政府在环境法立法、执法中的制度逻辑，使环境立法过程中价值杂糅、环境法适用过程中价值判断上下波动的局面僵化固着，权威型环境治理机制眼下难以经由强制性制度变迁接纳环境私主体治理。同时，在公众参与权利被政府权威抑制的背景下，环境私主体治理的实践沉淀受限，权威型环境治理机制也难以平滑地经由诱致型制度变迁接纳环境私主体治理。只有凸显环境私主体治理的合法性来源及环境私主体治理与法秩序的衔接点才能在相当程度上解决上述问题。[②]

合法性并不仅仅是狭义上的符合法律的内在要求，而是指一个主体的行为是否可欲、自洽、符合整个社会的法规范和价值体系及其相关的利益。这样看来，私主体治理的合法性在内容上至少包含两个层次，即基于利益的实用主义合法性和基于价值的道德合法性。

从实用主义的角度出发，政府、经济主体（供货商、需求商、排污者等）、环保团体等都是善于利益计算的直接相关者，私主体治理可以给予他们直接的利益回馈。比如，降低政府环境行政成本、提升规范实效、提升经济主体的经济效益或者获得市场准入、帮助环保团体实现公益目标等。因此在这个意义上，私主体治理的合法性判准是利益导向的。即"这样做可以让环境治理带来更高效益"。那么，究竟这种集合了多种利

[①] 当然，该问题不是彻底的逻辑悖论，而是当前形势下的制度变迁难题。
[②] 至于对环境私主体治理之合法性或广泛或狭窄的交叠共识如何形成并启动制度变迁机制，则是本书研究范围以外的其他问题。

益目标的实用主义治理机制是否可能与环境治理的利益导向相容，满足合法性判准？我们认为是可能的。从根本上说，马克思主义关于生产力与生产关系的意义及联系的分析揭示了，任何或宏观或微观的良善公共治理过程，都旨在发展生产力，创造利益增量，并妥当调整生产关系，配置利益存量。

私主体参与环境治理时何以走向公共理性，在实现经济私益的过程中增进环境公益？本书认为，关键在于私主体如何进行价值选择和治理目标的确认，以及如何选择、优化具体手段。环境私主体治理的实践表明，私主体对私益和公益有更为情景化的观察，更熟悉私益的分布状况和流动情势，因此也就能适时因势地确定公益和私益之间的关联。在这个阶段上，私主体履行的是价值选择和确定治理目标的工作，其意义在于维系利益分化，填补政府失灵的缺口。这个阶段在客观上增进了治理的理性化程度。随之而来的另一个基本问题是手段的选择和优化。一般认为，由于私主体善于价值判断而短于技术判断，因此在具体手段的选择和优化上则阻碍重重。事实上私主体在这一方面仍可有所作为，对于纯粹的私主体治理类型，私主体主要面临是基于自身货币、声誉利益增减问题，参与治理的私主体之间的竞争与淘汰、良好的监督和奖惩机制足以促使他们走向公共理性，妥当地选择和优化治理手段。而就公私协力类型而言，行政机关及其聘请的专家有理性计算和专业知识，其运用需要以实践素材为基础，紧密贴近实践的（如生产者、经营者、专门的环境治理企业）、组织规模可观且活跃的（如环保团体、具体环境问题中的利益相关公众）私主体的积极参与将显著地有利于实践素材的积累。因此，在私人主体治理的整个过程中，私主体的私人选择对增进公益、提升治理能力的潜力无疑是难以被替代的。

从价值判断的角度出发，权力制衡理论已经表明，仅仅依靠权力分立基础之上的结构性制衡来限制或匡正权力并不足够。基于权利保障的目标，更需要对公众权利做扩大解释，通过赋予公众在决策中相关知情、讨论、决议、监督的权利使行政决策过程变为一个民主的政治过程。这种思路显然是立法领域的民主化过程在行政决策和执行领域的延伸和复制。它赋予了社会治理中的行政决策行为一种实质性标准，即必须在增进或不损害公众权利期待的情况下，行政决策行为方才具有合法性。通过这种思路，行政政策通过权力制衡获得的形式合法性，进一步丰富为形式合法性和通过公共利益肯定获得的实质合法性的集合。或者更彻底地说，将参与权利视为行政决策的应然构件是将它视作政府权力应当增进的一种道德价值，而不仅仅是政府的施政策略选择。

尽管不同的身份下公众参与的方式和力度各有不同，但公民参与环境治理的权利是不可扼杀的。环境治理中的公众参与需要信息公开与自由获取、公益诉讼、公众参与决策等制度的支持。前文已经分析过，在权威型环境治理模式之下，政府权力在环境治理议程中常可以通过多种方式将公众的参与排除或边缘化，公民的参与权利确实没有被扼杀，但也没有得到必要的资源支持以有效实现公众参与之功效，这加剧了公众的相对剥夺感和疑虑感，排斥了私主体参与的环境治理机制之道德合法性疑问可能被逐渐具象化为政府合法性问题。即使忽略情感因素带来的道德合法性挑战的力度及正当性，"协调社会与环境利益关系"的具有原则和规范意义的"环境公共伦理"① 也表明，凡是能够与环境发生利益关系的行为主体都是其可能干预的对象，将环境治理议程内化于各公权力主体之内或之间的倾向或既存事实，阻碍或切断了公权力受干预的渠道，这将是环境治理价值判断道德合法性的结构性弱化或缺失。在这个意义上，这种对环境私主体治理的合法性确认不是基于"这样行事会更有效率"，而是基于"这样行事是正确的"，而且可以合理预期，在包括中央政府在内的社会各界寻求推进多元主体共同治理，"健全民主制度、拓宽民主渠道、丰富民主形式、完善法治保障，确保人民依法享有广泛充分、真实具体、有效管用的民主权利"② 的背景下，作出如此评价的主体将日渐壮大。

（二）通过私人选择提升治理能力

从理想化的角度审视，私主体治理同政府规制一样，都旨在动态层面创造利益增量，在静态层面的配置利益存量。那么，这里的利益内容是否一致呢？一般认为，私主体行为是以个人理性为出发点的私人选择，指向私人利益，而政府行为是以集体理性为出发点的公共选择，指向公共利益，两者常常相互冲突。基于这种认知，我们的制度设计常常是从主体选择偏好的差异化入手，逆向推衍主体行为的社会意义和功能，再以此为逻

---

① 杜辉、陈德敏：《环境公共伦理与环境法的进步——以共识性环境伦理的法律化为主线》，《中国地质大学学报》（社会科学版）2012年第5期。
② 习近平：《在庆祝改革开放40周年大会上的讲话》，《人民日报》（海外版）2018年12月19日第3版。

辑起点对社会行动者进行定格化的角色定位、权力赋予和义务设定。这种制度设计的直接后果就是以集体利益僭越或抑制私人利益。比如在环境时代，人们倾向于将环境公益置于经济私益之上，甚至以前者取代后者。另外，这种制度设计也会持续加大集体利益和私人利益间的张力。实质上，利己性的私人选择及其动机才是社会持续发展的原动力，私人权利和行为选择的影响正在扩大，其价值辐射至全社会领域。法律运用"未禁止即可为"的原则认同私人选择，实质上是通过认可私人利益/理性来塑造符合公共理性的角色。正如有学者指出的，"解决个人理性与集体理性之间的冲突的办法不是否认个人理性，而是设计一种机制，在满足个人理性的前提下达到集体理性"[1]。

何种机制能将私主体的选择推向公共理性，在实现经济私益的过程中增进环境公益？本书认为，关键在于私主体如何进行价值选择和治理目标的确认，以及如何选择、优化具体手段。上述环境私主体治理的实践表明，私主体对私益和公益有更为情景化的观察，更熟悉私益的分布状况和流动情势，因此也就能适时因势地确定公益和私益之间的关联。在这阶段上，私主体履行的是价值选择和确定治理目标的工作，其意义在于维系利益分化，填补政府失灵的缺口。这个阶段在客观上增进了治理的理性化程度。随之而来的另一个基本问题是手段的选择和优化。一般认为，由于私主体的知识常常是利益导向的，长于价值判断而短于技术判断，因此在价值选择和目标确认上优势明显，在具体手段的选择和优化上则阻碍重重。事实上，对于那些纯粹的私主体治理类型，私主体主要面临是基于声誉的利益增减问题，声誉机制足以将他们推向公共理性/公共利益。而就公私协力类型而言，行政机关（及其聘请的专家）的理性计算和专业知识，足以弥补私主体在具体手段选择与优化环节中的缺陷。因此，无论是何种类型、何种知识，私主体的私人选择在增进公益、提升治理能力方面无疑是决定性的。

（三）通过合体治理体系确立治理权威

一般来说，发动私主体治理的基础主要有两个方面：一是私主体能够获得相应利益的激励（私利导向），二是第三方借此弥补政府规制的目标

---

[1] 张维迎：《博弈论与信息经济学》，上海三联书店、上海人民出版社1996年版，第11页。

与实效之间缺口的愿景（公共利益导向）。他们的实施方式都采纳了不同于科层体系的市场体系，借助于合约、同意、互惠、交换、承诺等要素来构建责任体系。在法律规范之外，各主体并不存在行动方式、权力内容、理想目标、考评机制和内部规则的一致性。这样看来，环境私主体治理并非由单一组织构建的权威系统维系的，毋宁是一种多中心、多权威的合体治理。这里的权威并不是行政权或规制法这样的向度，而是表现出多元互动的特点，权威的来源是声誉机制、奖惩机制以及政府介入的风险。

以后文所列之"供应链模式"为例。这里的权威中心包含两个层次：一是由经济方（供给者和需求者）和标准设定者构成的内部权威系统；二是政府和市民社会构成的外部权威系统。前者的运行场域是市场，后者则是社会。在内部权威系统中，需求方（如消费者、公司或供应链上的其他组织）或标准设定者强制供给方履行相关环保规则，供给方不履行时则需要承受声誉受损和失去经济机会或利益减损的风险。对外部权威系统而言，在内部权威系统失效之后它将发挥重要功能，供应链上的经济方和标准设定者都可能面临政府介入和社会负面评价的风险。

至此，不难看出，私主体治理的精义是将实验、多样性、竞争等因素引入了公益的实现过程。在这个过程中，私主体发挥着执行管制规则甚至自主"立法"与"裁决"的功能。相应的制度安排紧紧围绕着"以经济私益实现促进环境公益"这条主线，对照政府环境规制设立或独立或交叉的私人性治理关系。在这里，环境私主体治理是私人理性与公共理性、私人利益与公共利益交互作用的过程，凸显的是私主体在环境治理关系中的独立性、主体性，甚至主体间性。在这个意义上，私主体在环境治理中的角色变化表达的是一种从身份到契约的转变。

第五节 悖论：私主体治理之疑虑

无论是静态的法律规范还是动态的规范运行，环境治理的制度变迁都涉及多重过程和机制。原本，环境法的建构传统是"化繁为简"，即将环境保护中纷繁交织的利益、权力、权利、成本等要素化约处理为单一的法律制度创制及其实施问题。这种思路之下，多元主体行为、流动和对抗围绕制度规范展开，利益、权力、权利、成本等多重要素的变化体现为制度的更迭和实施效果的起伏，机制单一。上述环境私主体治理模式的生发则表达了相反的进路——"突破简约",重视制度变迁涉及的多元主体和多重要素之间的相互作用与不同的组合关系,讲求规范制度的复杂化、多样性和个案的可操作性、绩效性。在这种对比关系中,环境私主体治理亦呈现出诸多值得进一步深思和矫正的难题。"突破简约"意味着正式的制度和私主体的制度可能不一致,甚至相互冲突,或者是私主体在两种制度类型间进行摇摆式取舍。显然,这引发的是一个"治理悖论":越是致力于复杂化、多元化和精细化,则越容易流于主观化、冲突化甚至非法化。如若不能清晰认识、判断这一"治理悖论"的制度逻辑,随之而来的,也许是更惨痛的治理败局。在这里,我们提出以下命题概括这种"治理悖论"。

命题1:私主体投入环境治理的态度和行为取决于其对成本效益的理性权衡,策略总是围绕利益上下浮动。

这个命题对于除非政府组织之外的其他私主体而言都是妥帖的。非政府组织主要承担标准设定者和强制实施者的角色,有较强的利他倾向,因此其策略一般不以利益为中心,较为恒定。但无论是自我规制的排污者还是供应链中的供应方,抑或是采纳第三方标准的某个企业,都有强烈的逐利倾向,他们的治理态度和行为在横向的空间坐标与纵向的时间坐标中都无法保持恒定一致。私主体的介入能力增强并不意味着环境治理的趋同性,恰恰相反,私主体的随意性往往会塑造环境治理的多元性,放大治理效果的差异性。在一统性的环境法律政策缺失或不占主导地位的私主体治理框架内,这种变动性对环境法治有很强的破坏力,既消解了自身的合法性,也造成了环境治理格局的失序与混乱。

命题2:私主体追求的治理目标可能偏离公共利益,借助俘获机制、利益集团游说以私人利益置换公共利益。

如果命题1显示的是正确道路上的不稳定性,那么命题2则表明私主体治理有完全偏离公共利益的风险。这完全是不可容忍的错误。比如,在"政府与利害关系人的互动网络结构"中,利益集团凭借较高的利益组织化程度在互动结构中占据主导地位,通过向政府机关输送利益或游说换取低于实定法要求的公私协议。这样,那些分散的利益相关者的诉求将会被压制或抵消,环境治理的公共利益导向也在一定程度上被反转。换言之,在前述相关实践模式中,私主体完全可能是自私自利的,"可能追求不同的目标而且对不同的激烈做出回应,这就会妨碍其具有我们期望行政机关所拥有的那种公共导向性能"①。

命题3：随着行政机关向私主体的授权不断增多，或者私主体自主治理模式的多样化加剧，公私法边界的模糊性将凸显，公私主体的法律责任也可能被错置。

一方面，在传统公法理论中，行政裁量权必须根据法律运行，也要符合严格的司法审查标准。国家委托私人行使公权力应符合功能保留、国家责任不轻易转嫁、强制力由国家行使等原则。②但事实上，行政机关能在多大程度上可以将原本属于它的环境行政权下放给私主体并没有明确的法律标准，这给司法审查带来难题，也给政府逃避法律责任提供了通道。另一方面，私主体自主治理模式则完全溢出了司法审查的范围，也不受立法机关的制约（有的时候他们自己就是立法者），正当法律程序和公众参与等工具的匡正功能也会大大减弱，甚至失去发挥的空间；"由于缺乏透明度……监督执行并不顺畅"③。比如，在著名的 Envtl. Def. Ctr., Inc. v. EPA 一案中，环境保护中心就声称环保署创设了一个低于《清洁水法》法定最低标准的自我规制项目，并且没有为公众参与提供必要的通道。④

这些疑虑与司法实践中的冲突主张引发的诘问则是：私主体该向谁负责，由谁为其掌舵？如果从实用主义的角度出发，只要能以较低的成本实现较高的治理效率，这些疑问并不构成环境治理成效的最大障碍。但如果从严格的法律责任的视角出发，这些诘问则是证立私主体行为合法性的根本性难题。一言以蔽之，在这个命题之下，私主体治理中的权力要么被滥用，要么被淹没。这意味着，私主体治理不能完全以效能、效率和成本为准据，必须对其过程有法律化的控制。

命题4：私主体治理的制度化包括两个层次的意涵，即私主体的内部制度建设和对这个过程的外部法律根据的建制或筛选。

公私主体之间、私主体之间的对话、交涉必须以对共同规则和原则的认同为前提，而不仅仅是以利益为准据。并且，这种交涉合意的过程只有在法律原则与制度的约束下才符合私主体治理的应然之义。在私主体治理中，双边协议、自主标准、第三方规则等合意与规则的创制都应有最低限

---

① 参见［美］朱迪·弗里曼《合作治理与新行政法》，毕洪海、陈标冲译，商务印书馆2010年版，第355页。
② 参见李震山《行政法导论》，三民书局2012年版，第85—86页。
③ 高秦伟：《私人主体的行政法义务？》，《中国法学》2011年第1期。
④ Envtl. Def. Ctr., Inc. v. EPA, 319 F. 3d 398, 2003 U.S. App. (9th Cir., 2003).

度的"高级法"背景作为其边界。言外之意,即使政府失灵要求私主体自主规制或公私协力规制,但政府也不可超然于外,袖手旁观,此时政府"仍负有促进、监督之责"①,需要不断为私主体治理内部规则的建制输入法律性要素,调适内部规则建制的方向和内容。但在前述实践类型中,私主体的内部制度建设的范围、程序和内容都具有很强的随意性,而作为高级法的外部法律根据则尽付阙如。这不仅是一个宪法难题,即有违立法权的专属性之嫌;也是一个民主难题,即相关制度创制是否能完全涵摄所有利益相关者的利益,也值得怀疑。

---

① 刘宗德:《行政上法执行制度之合法性论议》,《月旦法学杂志》2014年第2期。

第三章

类型论：环境私主体治理之
理论形式与实践经验

环境私主体治理是当代社会安排环境保护事务、权力秩序和利益布局的新典范，更是我们进行理论抽象和命题论证的鲜活样本。随着政府规制活动的扩张和复杂化，人们对市场失灵和规制失灵的双重忧虑引发了大规模的"放松规制"。但放松规制并非是放弃政府规制，而是反思命令控制模式之不足，也就是说要重塑传统规制手段或者吸收新的工具予以补强。私主体治理中的诸多形态就是从这一视野出发做出的新尝试。由此，为进一步廓清私主体治理的理论谱系，有必要从理论和实践两个维度对其展开类型学分析，同时这也是辨明环境私主体治理模式中责任归属的基本前提。

第一节 理论形式

环境私主体治理的理论形式需要借助政府与市场、社群在实现环境公共利益的方式及其责任分担方面的互动关系予以界分。以私主体介入环境治理所形成的法律关系为基准，私主体治理大致可以分为以规范制定为目标的公私协力、以履行政府决策为目标的私主体决策与行动、经政府允许的私主体自主治理、受政府约束的私主体治理四类；从法律执行的维度来看，私主体治理则可以分为对政府行为之监督（自主监督和第三方监督）、完全的私人执法、合作规范的具体化、补充执法四类；从市场或社群参与政府权力的强度则可以将其分为私主体自律模式、参与模式、监督认可模式以及诱导激励模式四类。

这几种类型化的方法都以私主体与政府在治理结构中形成的关系为基

准，因此具有高度的公法意义上的关系属性，与公法责任有密切的联结，同时也兼顾了社会和市场领域治理工具的特性。但需要注意的是，一方面，私主体介入环境治理往往会与政府形成复杂交织的法律关系甚至是多种性质法律关系的叠加；另一方面，诸如合作规范的具体化之类的类型是否完全归属于法律执行的范畴尚有进一步讨论的必要，因此，从法律关系和法律执行维度出发界分私主体治理的理论类型，难免存在理论风险。我们认为，从参与强度维度切入似乎更具合理性，但参与强度亦非非强即弱的二元关系，毋宁是从弱到强的变化谱系，最强与最弱之间的中间地带才是私主体治理的常见形态。

第一，在私主体参与最弱的一端无疑是以政府为中心的命令控制型环境治理模式，其主要借助于行政命令、行政处罚、行政许可、行政强制措施等干预行政之工具展开。第二，在环境治理总体目标之下，当私主体参与度逐渐增强，被管制者获得了一定的自主决策和行为的空间，传统上属于政府的治理责任逐渐转嫁到私人行动者身上。在环境治理的目标导引下，私主体基于其自我利益和公共利益的叠加驱动利用其知识、工具（比如德国法上的环境公课、环境审查制度中的企业自我监管和政府监管的双轨制等）和参与行为塑造了新的治理过程。但在这种形态下，私主体的责任判断仍然依赖于公法规范。我们不妨将这种状态称为"偏重公法责任的私主体治理"。第三，当政府治理权力和责任进一步退位时，通过法律或公共政策赋予私主体参与环境治理更大的自主性，充分信赖私主体通过私法自治的原理和责任制度达成预定的治理目标，就形成了私主体治理的第三种类型。我们不妨将这种状态称为"偏重私法责任的私主体治理"。需要明确的是，在这种模式下，国家虽然不再直接承担履行责任，但仍要承担担保责任，通过为私主体治理设定治理框架（比如监督规则、认同规则等）预先构筑刚柔兼济的治理结构，为私主体治理工具的选择及其具体化创设最大的空间，为私法责任与公法上责任之耦合提供充分的条件。① 第四，在私主体参与最强的一端则是与行政权无涉的纯粹私主体治理。所以，依据参与强度的不同，我们大体可以将私主体治理分为纯粹的私主体治理与受约束的私主体治理两大类，而受约束的私主体治

---

① 类似的实例，可参见德国产品安全法体系中的事前规制领域。在这一领域，国家逐渐从事前规制的任务中退出，政府通过为指定认证机构设定认可和市场监督规则的方式，将规制任务转嫁到社会或市场主体身上。

理又可以细分为"偏重公法责任的私主体治理"和"偏重私法责任的私主体治理"。

一 纯粹的私主体治理

由于政府（包括立法者、执法者和司法者）在获取信息方面的限制，私主体通过市场行为或者合作行为可以获取更全面的环境信息，也可以凭借相应的知识、技术、资金等资源，实现更直接的环境监督或治理，进而实现经济效益和环境效益的累进叠加，降低市场行为中的环境法律风险及其不确定性。持续的、结构化、连续性的私主体治理因此成为环境保护中的常见现象。埃莉诺·奥斯特罗姆教授所研究的不同社区围绕资源的自我管理能力正是这种治理样态的典型模式。在没有政府的参与下，如果能推动新制度供给、可信承诺和相互监督形成良性循环，那么集体性的策略性互动就可以保障私主体借助自我协作、协商谈判、非正式协议、互信关系等治理技术自下而上地管理公共事务。[①]

这意味着，纯粹的私主体治理需要跳出政府管制的框架，由私人行动者决定治理目标（目标设定权）和共同遵行的标准（规范设定权），凭借多样化的治理技术确保目标和标准被良好遵守（管理执行权）。私主体在实现其私人利益的同时也推进了公共利益的实现。因此，私主体掌握的独特的治理技术或行为标准及其评价准则也是组成公共治理秩序的重要部分。从宏观上来看，在推进国家治理体系与治理能力现代化的背景下，私主体的介入有助于"静态的制度潜能与动态的主体能力的统一"，而在微观意义上，国家治理体系对私主体治理的理念、原则、技术的整合吸纳是治理效能显著提升的客观需要。[②] 私主体治理技术是环境治理体系中组织、制度和权力的互动塑造出的新方法，通过制度化、结构化的方式嵌入环境治理结构之中。

但是，这种模式虽然给私主体的自我履责、自主行为创设了足够的创新空间，但并不意味着国家责任的完全退出，国家仍要承担为环境治理配置总体目标和整体框架的义务，尤其是要在法律规范层面创设吸纳私主体

[①] 参见［美］埃莉诺·奥斯特罗姆《公共事务的治理之道——集体行动制度的演进》，余逊达等译，上海译文出版社2012年版，第49—53页。

[②] 参见杨磊《地方政府治理技术的实践过程及其制度逻辑》，《中国行政管理》2018年第11期。

治理的程序机制，兼顾实体层面的利益承认、整合与程序意义上的透明、公平和充分。更重要的是，基于反思性的法理，为了增强私主体治理的实效，在私主体运行有违实质公平、损害公共利益的情境下，政府仍保留直接干预的权力。相反，当私主体在法律秩序内经自主治理完成环境治理之任务，政府则可以从直接履行责任中退出。

当然，纯粹私主体治理的治理技术不能脱嵌于国家治理体系和法治体系，更不能游离于具体的空间情景之外。私主体治理模式的塑造要经历一个不断完善的过程，其治理技术并不是环境治理体系成败的决定性因素，但将其恰当地整合吸纳则是提升环境治理实效的关键环节。只有私主体的治理技术与政府的权力系统、国家的治理目标相互共生发展，才能形成治理合力推动问题的解决。因此，在纯粹私主体治理模式生成过程中，要努力嵌入国家治理结构和具体的环境治理场域，实现与政府的利益共融。

私主体治理和政府治理的根本差异在于，后者借助于统一性法律以及政府的强制力量，具有普遍的适用性，而前者建立在非正式制度的基础之上，依赖声誉、契约、利益甚至是道德机制，适用于特定的群体范围之内。这导致了两种治理机制在执行成本、效率和准入方面存在较大差异。

在治理成本和效率方面，一方面，在成熟的私主体治理机制中，私主体对环境技术、信息、标准和问题有较完备的专门知识，能对环境问题中的冲突和诉求做出真实裁定，这符合利益相关方的实际预期，减少行政成本，并且相比较政府强制执行机制而言，私主体实施的奖惩往往更准确高效。比如，环境保护行政机关对基于环境污染行为产生的实际损害之计算并不擅长，因此也就不利于对行为人予以相应的制裁；相反，私主体可以发挥其专业优势确定较为合理的惩罚金额或者损害赔偿金额。更重要的是，私主体治理机制可以将决策建立在对被规制对象行为的长期观察之上，根据时空情景因地制宜地选择治理工具，这对政府来说则是不可承受之重。另一方面，私主体治理机制更能因时因地匹配环境治理的情景，与政府行政程序的烦琐相比，更为便捷高效。

在治理效力方面，政府治理机制往往需要借助于法律的事后强制力才能推进环境治理进程，对预防环境风险却收效甚微且程序烦琐；相反，在低于政府执行成本的情形下，私主体治理机制中的双边关系、自主标准、行业规范等工具在一定程度上可以替代法律体系的作用,[①] 尤其是可以基于信息、资源、灵活性等方面的优势最大限度发挥风险预防的功能。所以说,在环境治理结构和规则体系中,法律规则和私主体的非正式规则、政府权力和私主体的治理技术之间存在替代和互补的效应关系。市场或社会中的主体如果发现可以从非正式规则中获得更高的收益(比如执法对价、更好的社会声誉、更优的环境管理绩效),那么他们就会积极主动地扩大非正式规则的适用机会和空间。而当法律规则供给不足或者出现时滞效应时,立法者就会设置大量的"空白授权条款",允许政府机制自由裁量或者根据具体情况灵活吸收私主体参与。这是弥合法律制度缺口的有效方式。

在效力范围方面,私主体治理所建立的规则和应用的治理技术不具有强制性,所以只能对特定群体有效。这意味着只有那些长期参与的重视声誉激励和长期利益的主体才有合作的动力。而政府管制具有普遍适用性,所以其效力范围是全覆盖的。

但是很多人通常将私主体治理和政府环境管制视为相互替代的关系,尤其是在私主体治理大规模削减治理成本的情形下,如果其运行良好就没有必要通过政府的强制手段来运行。这种误解源于他们相信政府的强制会造成政府与被规制者进一步的疏离和不信任,而私主体之间基于信任和声誉的关系氛围更有利于促成合作,关系秩序在某种程度上可以替代政府治理中的权力秩序。这种认知在罗伯特·埃里克森的理论中能够看到类似的影子。他认为,高效的、有社会亲和力的法律往往不是来自立法者的主观意志,而是来自规范。这种规范是依靠私人之间的监控和惩罚维持的,前者依靠私主体自组织的监管机构,后者则是建立在声誉机制基础之上。[②] 但事实上,关系秩序和权力秩序之间具有天然的互补性:一种治理机制的实效会由于另一种治理机制的存在而强化。如果被规制者重视环保责任方面的社会声誉,那么行政监督和实施的成本就会大大降低,行政处罚等行政措施也会被有效执行。如果政府环境监管不公正、不透明也将破坏私主体之间的信任关系,降低守法意愿。所以,以关系秩序为特征的私

---

① See John McMillan, Christopher Woodruff, "Private Order under Dysfunctional Public Order", *Michigan Law Review*, Vol. 98 (8), 2000.

② 参见[美]罗伯特·埃里克森《无需法律的秩序——邻人如何解决纠纷》,苏力译,中国政法大学出版社2003年版,第153—154页。

主体治理和以权力秩序为基础的政府管制之间是不可偏废的互补关系。这种互补性会因为制度环境、治理的技术、主体间相互关系的发展演变而呈现动态互动规律。

综上,纯粹的私主体治理与传统政府管制并非竞争选择关系,而是相互补强的关系。纯粹的私主体治理作为区别于行政辅助人、受托人的自主管制类型,在规范制定和执行层面具有其特殊要求,经过政府筛选获认可的私主体通过行政认证等方式加入环境管制结构,将与受管制的企业形成特定的法律关系。只是,这种法律关系必须经受宪法意义上国家保护义务的验证,并附加担保责任于其上。这样一来,私主体被嵌入管制任务之中使得"管制者—被管制—第三方利益相关者"的法律关系变得更为复杂。由此,如何理解并解决私主体利益的多元冲突,传统行政法律关系内容的扩容,被认可的私主体与受管制对象、受保护第三方之间法律关系之确定,则成为纯粹私主体治理必须回应的紧要命题。

二 受约束的私主体治理

通过晚近环境治理及其制度样态变迁过程考察,不难发现,政府与社会、市场中的私主体(尤其是传统上被管制的对象)从过去的控制或借力模式转向更为松散的悬浮治理,在当下更是向管制与服务并举的模式演化。[①] 从私主体的角色地位来看,这意味着环境治理从"嵌入式控制"向"脱嵌化治理"转型,[②] 自上而下的权力运行与自下而上的利益运行之间在保持适度张力的前提下向合作位移。

环境私主体治理的生发尤其需要特定的制度和社会条件:环境问题彰显以来,政府和市场主体、社群主体的关系变迁,权威基础与可得资源的社会化转向,政府治理模式变迁与政策话语的外部驱动等多重因素相互交织,共同塑造出一个新的结构形态,政府作为管制者与作为被管制对象的

---

① 比如,在2018年中央经济工作会议对坚决打好污染防治攻坚战做出决策部署之后,2019年的环境保护工作进入"严格监管与优化服务并重"的新阶段。也就是说,在生态环境执法督察工作中,既要重视严格执法、精准监管,也要重视并解决企业对环境监管的合理诉求,创新和改进环境治理方式。参见《生态环境部召开部党组(扩大)会议——传达学习贯彻习近平总书记在庆祝改革开放40周年大会上的重要讲话和中央经济工作会议精神,研究2019年生态环境工作》,2018年12月24日,http://www.mee.gov.cn/xxgk2018/xxgk/xxgk15/201812/t20181225_685862.html。

② 参见赵晓峰、张红《从"嵌入式控制"到"脱嵌化治理"——迈向"服务型政府"的乡镇政权运作逻辑》,《学习与实践》2012年第11期。

企业、作为环境利益享有者或代言人的社会组织展开了全方位的利益博弈、主张竞争。该治理结构借由公私资源的互通互借推动了一种可以称为"策略主义"的治理路径。策略主义不仅容纳了私主体不同的价值观、意识形态和利益主张，更重要的是它仍然重视普遍主义的制度安排。质言之，它就像插花艺术一样，既在制度层次上坚持普遍性，也在利益、价值和意识形态层面保持多元异质性，进而追求多元价值并存、相得益彰的美感。这为私主体治理生成和发展提供了较为充分的现实基础。

私主体治理一方面代表着治理主体类型的多样化，另一方面也表达出共治时代国家体制性权力不足与治理结构扁平化的典型特征。环境公共治理的目标是"寻求政府治理、社群治理和市场治理的合力，包括传统政府管制和新型工具的并存、补充和共同实施"[1]，兼顾环境利益的公共性和私益性，建立稳定有序的治理秩序和法治秩序。在这个过程中，公益和私益的协调是形成良好治理结构的基础，也是私主体介入的根基。私主体治理从生成基础到动力机制再到运行手段，都紧密围绕环境利益的分层化和可协商性这一核心要旨，深刻彰显了国家治理能力和治理体系现代化进程中环境治理主体和模式的权变性、复杂性和开放性。

这一生成过程和外部条件表明，私主体治理模式作为对政府管制的补强或局部替代，不可能与政府管制完全割裂，分而治之。当对国家立法管控作用的强调逐渐加强，突出法律控制和行动者自主的双重要求之时，私主体治理就会随之落入受约束的范畴。这是一种介于纯粹的私主体治理与完全的政府管制之间的混合形式，受到公法和私法的双重约束。一方面，国家通过政治决断和立法预先设定环境保护的目标与框架，以及预留政府行政权在私主体行动脱轨的前提下介入的空间，通过环境基本权利的立法形成将私主体行为导向私益与公益兼容共生的方向，将受约束的私主体治理落实为履行环境治理任务的新形态，增强治理过程的间接性和反思性；另一方面，私主体在这个过程中得以基于环境基本权利形成其特定的行为自由，调适经济自由权和环境权利之间天然的紧张关系。综上，在受约束的私主体治理模式下，私人自我管制机构与政府管制机制连带地致力于环境事务，私主体的自己责任、行动自由和创新方式在国家设定框架下得以完整展开，同时需要接受国家的监督和治理质量要求。

---

[1] 杜辉：《环境公共治理与环境法的更新》，中国社会科学出版社2018年版，第189页。

法律系统必须对这种变化在规范层面做出反应,一方面为私主体建构行为规范和责任规范,另一方面亦不能放弃传统秩序法对政府权力的合法性和最佳性考量。尤其是通过法律规范适当地处理私主体治理的结构、形式与任务,除了提升私主体参与环境治理的实效性和稳定性之外,还需要基于理性主义的立场建构私主体治理特定的秩序。所谓理性主义的立场,就是确信私主体治理的利益驱动机制与环境公共利益的维护存在最低限度的重合,也坚信通过立法的引导可以在规定的秩序范围内最大限度发挥私主体的能动性。除此之外,理性主义的立场还笃信国家只需要围绕私主体治理制定纲领性的、通道性的基本规则,政府围绕国家立法的基本精神在其职权范围内通过行政法规、部门规章、地方性立法等形式将其具体化,就可以避免私主体治理挑战环境法律体系稳定性的风险。

第二节 实践经验

经验研究表明,在域外国家或地区的法律实践中,政策制定者、实施者和被规制者都认为那些补充政府治理机制的替代措施有潜力提升当代的规制系统。[①] 当前,在世界范围内至少存在三种环境私主体治理方案:一是多边性策略,强调多元主体对治理进程的参与;二是单边性策略,即污染企业是自我规制的实体,环保机关的任务仅仅是强化或刺激自我规制;三是双边性策略,强调环境行政机构和污染者之间的讨价还价。[②]

一 多边策略:特定群体的自主治理模式及其他

它是指由非政府组织或其他第三方基于环保的目标从整个社会系统出发创制的一系列私主体治理策略的集合。集体式治理是传统政府管制之外的私主体治理的一种表现形式,与政府管理相比,其缺乏权威组织的强制力,但其因为经过行业组织或利益集团的共同认可而对参与其中的主体带有一定的"强制性",这种"强制性"不同于政府管制的直接强制,而是通过市场机制"柔性"地"强制"企业主体参与该环境保护治理体系。

[①] See Florian Sairwein, "Regulatory Choice for Alternative Modes of Regulation: How Context Matters", *Law & Policy*, Vol. 33 (3), 2011.

[②] See Daniel Farber, "Triangulating the Future of Reinvention: Three Emerging Models of Environmental Protection", *University of Illinois Law Review*, No. 1, 2000.

（一）自主治理

自主治理是某个社区、特定区域或流域的环境使用者或污染受害者采取的区别于政府管制和排污者自我规制的一种治理污染的政策方案。[①] 它的核心议题是如何将所有的利益相关者组织起来，"进行自主治理，从而能够在所有人都面对搭便车、规避责任或其他机会主义行为诱惑的情况下，取得持久的共同利益"[②]。在自主治理模式中，只要集体能够持续获得制度供给，[③] 并在成员间形成共同遵守的"可信承诺"和相互监督机制，[④] 那么这种相互依存的集体行动即可奏效。这种方法在森林草地资源开发利用、渔业资源的可持续利用以及区域内环境污染的抗争运动等实践中得到了广泛应用。它既可以弥补基层环保部门的权力真空和专业化环保人员缺乏的缺陷，也可将相关利益的冲突明确化。因为，它关注的不是宏观结构层面的环保机关之职权及其行政行为之合法性，而是关注微观层面所体现的动态的、复杂的利益调处。同时，由于环境法律规范设定了刚性的约束条件，这种自主治理方式以超强的弹性和适应能力缓解了公众环境利益和污染者经济利益之间的张力。

（二）生态认证与标签体系

这种模式在世界范围内已被广泛应用，其运作机理是通过对生产者的行为、服务或产品的标签化处理，创造一个包含社会利益、经济利益和环境利益的全新决策结构，在这个私主体主导的决策程序中，不同的利益相关者可以平等地围绕规则展开利益博弈。[⑤] 目前影响较大的是森林管理委员会（Forest Stewardship Council）的"森林认证"（Forest Certification）系统与森林认证认可计划（PEFC）。森林管理委员会于1993年针对林地所有者和林业公司设定了一套非官方但更为严格的"森林认证"系统，通过给经过其认证的木材和木制产品赋予特定标识，向公众宣传森林资源的可

[①] 需要说明的是，有的时候污染受害者同时也是污染者，比如在农村环境污染问题中，污染者不仅仅来自区域外，也不仅仅是生产企业，更多的是区域内的村民。

[②] ［美］埃莉诺·奥斯特罗姆：《公共事务的治理之道——集体行动制度的演进》，余逊达等译，上海译文出版社2012年版，第35页。

[③] 这种制度供给既包括群体的经验规则和传统惯习，也包括政府提供的环境保护法律与政策。

[④] 参见［美］埃莉诺·奥斯特罗姆《公共事务的治理之道——集体行动制度的演进》，余逊达等译，上海译文出版社2012年版，第45—54页。

[⑤] See Errol Meidinger, "Look Who's Making the Rules: International Environmental Standard Setting by Non-governmental Organizations", *Human Ecology Review*, Vol. 4 (1), 1997.

持续经营理念,① 以便于实施这一认证的主体在市场上获得竞争力或者清除由于不可持续地开发森林而遭到消费者联合抵制的危险。② 森林认证认可计划,原名泛欧森林认证体系,初设于1998—1999年,后于2004年更名为现名,其目的是要在国际社会上建立一个框架性的森林认证认可体系,推动全球范围内森林认证体系的互认,确保林业可持续经营目标的落实。生态认证与标签体系作为一种私主体环境治理模式,是自愿性市场工具,其能够在全球范围内迅速发展,源于各利益方的支持,包括绿色、生态产品在市场的高接受度以及政府采购政策的影响。以市场为基础,以消费需求为导向,生态认证与标签并非强制经营单位遵守,而是经营单位在认识到消费市场对生态认证产品的购买意愿大为增加之后做出的自愿性选择。同时,各国政府致力于实现其生态环境保护目标,除了使用直接管理手段外,也会在政府采购中提出其"绿色"要求,将经过生态认证、具有生态标签的产品作为政府采购的倡导性条件。有研究表明,在很多情况下,森林认证不一定能够带来额外的经济收益,但可以给相关企业获得市场准入提供便利,也能够大大改善企业的社会形象。③

(三) 绿色贷款标准

在金融全球化的驱动下,金融监管标准已经确立了它的软法地位。中央权威的缺位使当代社会假手于金融组织和金融监管标准开展全球治理提供了可能和方式。作为重要切入点,环境治理成了全球治理工程的重要分支,与之同步的是,金融机构及其发展的绿色金融规则构成了全球环境治理的基本要素。比如,著名的"赤道原则"(Equator Principles)④ 就是将世界银行的环境保护标准与国际金融公司的社会责任方针相融合,确立金融项目的环境保护社会责任,为借款方设置环境评估和信息披露要求,并要求它们开发、实施降低环境影响的计划,⑤ 只有借款人能够证明项目执

---

① 参见于玲《森林认证综述》,《林业资源管理》2005年第6期。

② See Benjamin Cashore, Michael Stone, "Can Legality Verification Rescue Global Forest Governance?: Analyzing the Potential of Public and Private Policy Intersection to Ameliorate Forest Challenges in Southeast Asia", *Forest Policy & Economic*, Vol. 18 (5), 2012.

③ See Patrick. Durst, Plilip. McKenzie, *Challenges Facing Certification and Eco-labeling of Forest Products in Developing Countries*, Special Paper presented at the IUFRO Congress, 2005.

④ 赤道原则是国际上为判定、评估和管理项目融资中的环境社会风险而确立的重要的金融业基准和框架。参见 http://www.equator-principles.com/index.php/about-ep/about-ep。

⑤ See Andrian Lozinski, "The Equator Principles: Evaluating the Exposure of Commercial Lenders to Socio-Environmental Risk", *German Law Journal*, Vol. 13 (12), 2012.

行对环境和社会负责，银行才会提供项目融资，否则，赤道原则将建议金融机构减少甚至拒绝为问题项目提供授信。除此之外，气候原则、联合国环境规划署金融行动、联合国负责任投资原则等自愿性策略也被广泛接受和应用。这些金融手段均从环境保护的角度出发对金融项目生产提出环境保护要求，而这种要求的提出并非基于政府的直接管制，是市场机制下满足绿色生产与可持续发展要求的现实需要，在很大程度上促进了生产项目关注环境保护要求。① 同样，在国内法层面，绿色贷款的制度建设与实施也愈受重视。2007 年，原环保总局联合央行、中国银监会发布《关于落实环境保护政策法规防范信贷风险的意见》，建立了环境保护主管部门向金融机构通报企业环境信息的联动机制，金融机构根据企业环境表现甄别、分类操作信贷，严格贷款审批、发放和监督管理。② 中国银监会于 2012 年制定了《绿色信贷指引》以敦促政策性银行、商业银行和农村金融机构建立操作性强的制度流程，并严格管理实施，防范环境社会风险。③ 在实践层面，中国银行业通过制定框架建设综合性文件、吸收国际规范、制定政策和策略、落实措施和保障实施等机制积极推动绿色金融发展。④

(四) 自主性环境标准

环境标准是环境管制体系中最为重要的公法规则之一，承载着裁决排污行为是否违法并应否惩罚的规范功能。但环境标准具有明显的时段性，必须随着科技的发展而不断更新，立法者在具备充分专业知识的前提下很难及时跟进，私主体自主设定的环境标准虽然不具有法律上的强制力，却可以弥补公法标准的这种缺陷，在某些特定条件下仍会因为它的权威性、严格性而得到一定尊重。⑤ 更为重要的是，如果排污者能根据各自的排污特点量身制定"最佳的行为谨慎标准"⑥，那么，这种灵活性的个案式规

---

① 李致远、许正松：《发达国家绿色金融实践及其对我国的启示》，《鄱阳湖学刊》2016 年第 1 期。
② 《关于落实环保政策法规防范信贷风险的意见》，中国银行业监督管理委员会网，http：//www.cbrc.gov.cn/chinese/home/docView/20080129C 3FA6D993AC4AEF7FFE133D6E2AD0D00.html。
③ 参见《中国银监会关于印发绿色信贷指引的通知》（银监发〔2012〕4 号），中国银行业监督管理委员会网，http：//www.cbrc.gov.cn/chinese/home/docView/127DE230BC31468B9329EFB01AF 78BD4.html。
④ 参见于晓刚等《中国银行业绿色信贷足迹》，中国环境出版社 2013 年版，第 8—57 页。
⑤ 参见陈慈阳《环境法总论》，元照出版公司 2011 年版，第 427 页。
⑥ 宋亚辉：《环境管制标准在侵权法上的效力解释》，《法学研究》2013 年第 3 期。

制与公法上最低标准式的规制就会产生更大的规制合力。比如,在世界范围内被广泛适用的 ISO14000 标准要求采纳该标准的公司评估公司行为的环境影响,并建立有助于环境改善的管理制度。欧盟于 1995 年推出了欧洲环境管理和审核体系（EMAS）,次年,国际标准化委员会发布了 ISO14000 环境管理系列标准,紧随其后,欧盟分别将这一认证以及 ISO14010、ISO14011 和 ISO14012 三个认证分别转化为欧洲环境管理和审核体系的决议与环境审核标准。这一整套企业环境保护标准体系是企业自愿实施的环境标准。越来越多国家的组织开始使用环境管理标准,某些国家表示,拒绝接受未通过 ISO14000 认证的产品在其本国销售。可见,企业自愿实施自主性环境标准的约束,一方面是提高产品竞争力的要求,另一方面也是国际贸易中无法逾越的一道"壁垒"。实践证明,这个标准被很多国家引入国内法来替代国内的环境管制标准,即使在那些没有实施"标准替换"的国家,排污者如果采纳此标准也会在环境执法裁量中受到一定的优待。[1]

（五）环境信息披露标准

经验证明,环境治理必须依循"全球化思考、在地化行动"[2]的思路推进,这就要求环境信息能够被快速地收集与传递,因此,对于环境私主体治理而言,信息披露项目的意义举足轻重。目前,最具代表性的环境信息息披露项目有全球报告倡议组织（Global Reporting Initiative）和碳披露项目（Carbon Disclosure Project）。前者致力于在全世界范围内开发综合性的可持续性报告框架,公司或组织可以借此报告各自行为的经济、社会和环境影响,[3] 鼓励所有企业像财务报告一样重视涵盖了经济、环境、社会三个方面的责任履行情况报告,使其具有可比性并定期披露。[4] 后者是一个为公司和城市测量、披露、管理和分享重大环境信息提供全球制度的国际非营利性组织,[5] 致力于为公司提供全球性的系统以便于它们能测量、披露、管理和分享重要的环境信息,通过市场压力推动公司披露生产行为对

---

[1] 参见〔美〕朱迪·弗里曼《合作治理与新行政法》,毕洪海、陈标冲译,商务印书馆 2010 年版,第 160—161 页。

[2] Alan Murdie, *Environmental Law and Citizen Action*, Earthscan Publications Ltd., 1993, p. 1.

[3] 参见 https：//www.globalreporting.org/information/about-gri/Pages/default.aspx。

[4] 刘茜：《全球报告倡议组织》,《世界环境》2013 年第 4 期。

[5] 王雨桐、王瑞华：《国际碳信息披露发展综述》,《贵州社会科学》2014 年第 5 期。

环境和自然资源的影响并采取适当行为削减影响。① 据统计，这两种信息披露策略已被广泛接受。

二　双边策略：通过契约的协力模式

它是指政府与利益相关者之间基于"管制者—被管制者"的垂直权力关系或者相互交易的市场主体之间基于交易的水平利益关系开发的环境治理策略。政府监管者与排污者为了实现环境治理之目标，突破既有的管理与服从模式，通过政府与排污者"契约"、政府与利益第三方契约，排污者与利益第三方契约之方式，就环境治理目标的实现达成合意，依照契约约定履行，实现政府与排污者以及社会第三方协力治理环境。与传统的政府环境监管不同的是，即使政府是契约的一方，该策略也不是强制实施的，而是基于协议双方的自愿选择，通过一种较为典型的合意方式来完成。

契约作为一种重要的环境管制工具，它是"环境公共利益—环境管理权"和"公民私益—环境公民权"的集合。在类型上，它由三个相互承接的契约范式构成：一是政府通过行政委托、特许经营等方式与私主体签订的污染治理和生态修复的行政契约；二是污染者与其他具备污染防治和生态修复能力的私主体签订的各类技术、承揽或委托的民事契约；三是利益相关者与政府协商制定环境治理规则的政治契约。

在美国法中，美国环保署实施的环境管理"卓越领导者计划"（Project for Excellence in Leadership）② 就是一种环境治理的契约性机制。在这种机制中，治理要求是经由政府与治理实际承担者正式协商和一致同意确立的，其治理要求常常是定点化的，而非泛泛的原则性目标。③ 通过此种契约机制可以解决"命令—控制"模式的无效率问题。再如，美国法上的棕地（Brownfields）治理计划（土壤重金属污染治理）也显示在那些无法确认污染者的环境治理和生态修复项目中，政府应该通过招投标程序将本属于政府的责任委托给有资质的私主体。此外，美国《濒危物种法》第 10（a）条设

---

① 参见 https：//www.cdp.net/en-US/Pages/HomePage.aspx。
② 1995 年，美国环保署开始推行该计划，这项国家试点工程致力于帮助商业组织、州、地方政府和联邦机构与环保署一起改进和创新的措施来实现更好的公共健康保护和更高效的环境保护。到 2002 年，美国环保署共在这一计划之下发展了 50 多个环境创新试点项目。参见 http：//www.epa.gov/ProjectXL/。
③ See David A. Dana, "The New 'Contractarian' Paradigm in Environmental Regulation", *University of Illinois Law Review*, Vol. 2000（1），2000.

定的"栖息地保护计划"（habitat conservation planning）也是一种契约模式。该条规定政府可以向那些提供令人满意的保护方案之申请者颁发少量捕猎濒危物种的许可，在政府和申请者之间形成一种"准契约"（quasi-contractual）式的共同开发景象，进而使该法案的保护目标和总体的经济开发目标保持一致。[①]

（一）政府与排污者的合意与互动

环境治理领域，政府逐渐摒弃过去单纯使用的"管理"思维解决环境治理问题，而是在环境治理过程中引入私主体，或是由私主体参与到政府政策的决策过程中，或是在制度执行过程中与私主体达成合意，既满足保护环境公共利益的目的，又最大限度地"让利"于私主体，实现共赢。前者比较典型的代表是美国的环境行政协商立法，而后者包括在排污许可证发放中的"杰出领导者计划"和濒危物种保护中的"栖息地保护计划"以及通过自我审计获得较轻违法行为的豁免或减轻处罚的"星道计划"（StarTrack）。

1. 行政协商立法[②]

美国行政法学家理查德·斯图尔特曾断言它是进入 21 世纪之后美国行政规制实践中最为重要的新方法之一，[③] 其要旨是吸收包括"商业公司和非营利组织"在内的非政府实体积极参与到规制政策的制定和执行工作中，借此提升行政规制的灵活性、新颖性、标准性、透明度和学习能力。[④] 行政协商立法是在传统行政立法因行政机关趋向官僚化而导致行政立法耗时、不经济且其易引发诉讼招致诟病的背景下，行政机关通过与参与者达成共识的形式改变既有行政立法"对抗"明显的弊病，在参与者形成合意性提议后最终依据《协商行政立法法》完成规则制定。典型的

[①] See Jody Freeman, "The Private Role in Public Governance", *New York University Law Review*, Vol. 73（3），2000.

[②] 参见［美］理查德·斯图尔特《走入 21 世纪的美国行政法》，田雷译，《南京大学法律评论》2003 年秋季号。

[③] 在理查德·斯图尔特的"描述"中，另一个新方法是经济激励系统，比如可交易的污染许可与环境税等。实践表明经济激励举措已经在世界各地得到广泛应用，相较于"政府与利害关系人的互动网络结构"而言，它更易被接受，也更容易发育，毕竟它与一个国家的权力结构之间的关系相对疏离。参见［美］理查德·斯图尔特《走入 21 世纪的美国行政法》，田雷译，《南京大学法律评论》2003 年秋季号。

[④] 参见［美］理查德·斯图尔特《走入 21 世纪的美国行政法》，田雷译，《南京大学法律评论》2003 年秋季号。

代表是美国 20 世纪 90 年代制定的《协商制定规则法》①，该法为利益相关者（包括工厂、行政机关人员和公民团体等）提供了一个正式框架用以发动规则制定程序来考量各方目标和最终实现选项。美国的行政协商立法有一大部分集中于环境保护领域，比如：为了实施《清洁空气法》第 111 条的部分内容而就木柴炉性能基准进行的协商立法；根据 1986 年《石棉危险应急响应法》的规定，对检查和减少学校建筑中含石棉材料的规则的协商立法；就实施《资源回收与保护法》1984 年"危险固体废弃物修正案"中禁止向地下排放危险废弃物规则的协商立法；交通运输以及其他从事危险废弃物相关活动的标识制度标准化规则的协商立法；关于调整《资源回收与保护法》次要许可修正规则的协商立法；根据《清洁空气法》设立炼焦炉组国家排放标准规则的协商立法；根据《清洁空气法》第 111、112 条调整设备易挥发泄漏规则的协商立法；根据《清洁空气法》调整再生和氧化燃料使用规则的协商立法。

  行政协商立法"是一个灵活的、具有包容性且信息集中的过程"，对参与协商立法的各方参与者来说，"能够得出优质的结果"，且该规则"能够通过司法审查并成功实施"。② 哈特作为协商行政立法的早期倡导者和制度设计者，他认为协商行政立法有明显的优势，有助于"利害关系方提前直接参与到行政立法程序"，在立法过程中，"通过面对面的协商了解各自观点以降低戒心和采取极端立场的可能性，从而减少了无谓的信息供给和意见表达，有助于节约具体行政立法过程的时间和经济成本"。③ 其一，协商行政立法的参与者满意度更高、在减少冲突方面表现更好。协商行政立法的参与者与传统规则制定的参与者相比，更多地参与到规则制定过程中，并充分表达自己诉求，各参与者之间的诉求通过协商最终达成合意，并依据《协商制定规则法》的规定形成法律规则，协商立法参与者对最终的规则更为满意。在行政立法中运用合意决定规则，虽然可能会增加决策过程中的冲突与成本，但一旦这种冲突得以化解，当事人最终达成合意，各方参与者的满意度显然会高于运用传统的行政机关主

---

  ① 5 U.S.C. §§ 561-570 (1994).
  ② 参见［美］朱迪·弗里曼《合作治理与新行政法》，毕洪海、陈标冲译，商务印书馆 2010 年版，第 250 页。
  ③ 参见张力《走向共识：美国行政协商立法的兴起与发展》，《行政法学研究》2012 年第 4 期。

导制定规则模式下的满意度。由于在规则制定过程中，各方参与者（尤其是被监管者）就冲突进行多次协商并最终达成合意，① 形成规则，因此，被监管者对协商过程以及协商形成的规则具有较高满意度的同时，也对这些规则带来的收益会更加满意，冲突也会相应地减少。其二，行政协商立法在确保行政机关依法履职的前提下，更多地体现出对被监管者的公平。虽然行政协商立法更多地引入了参与者并与参与者形成合意，但这并不意味着行政管理机关可以免除其法定职责。无论采取传统规则制定方式，还是行政协商立法方式，环保署均发挥着规则制定中应有的权力。而被监管者认为在传统规则制定和行政协商立法中受到的对待则是不同的，行政协商立法中受监管者被鼓励更多地参与立法，并在此过程中能够有更多机会学习。其三，行政协商立法一般适用于涉及范围较广、科技含量较高、价值冲突较多的复杂性事件。行政协商立法过程中会不断出现新的问题或冲突，为了解决这些随机出现的复杂问题，必须构造出更为复杂的行政协商立法规则体系，这同时也会进一步使问题复杂化。环保署的官员也并非对任何规则的制定都选择协商解决，一般是就较为复杂的问题通过协商来制定规则，尽量在立法过程中就将未来可能产生较为严重对抗的问题予以协商解决，尽可能提高被规制者遵守立法的积极性，而非对立法"消极"对抗。

2. 行政许可、行政执法中的契约与合意

杰出领袖工程与伴随性捕获许可证和"栖息地保护计划"是政府与私主体在执法领域的合作，双方通过契约，私主体达成或高于标准达成环境治理要求，而政府则许之以行政许可中的若干"便利"，减少政府执法成本，实现环境管理目标。

（1）杰出领袖工程

杰出领袖工程，是美国环保署为回应克林顿总统于1995年发布的"重塑环境管制"议程而提出的多项试点方案之一，是美国环境署在排污许可证发放中的一项创新制度。依照传统的排污许可证发放制度，同一排污场所存在不同类型的污染源排放，排污者需要就不同的污染源分别申请各自的排污许可，以期达到每一污染物排放标准的要求。这给排污主体带来了过重的行政负担。"通过杰出领袖工程，环保署可以批准以单一的综合性许可，取代公司传统上为了控制同一场所多种源头的排放而要取得的

---

① 虽然是政府与被监管者的协商，但是这种协商并未违反政府监管的目标，因此，在规则达成后，并不妨害政府监管目标的实现。

多重许可。"① 申请人利用"特定协议",以减少一种污染物的排放而换取增加另一污染物排放,或者是通过对某一介质减少污染物排放而换取向另一介质增加排放的方式进行排污,但是排污者的这种排放的安排要达到"更优的环境绩效",而非造成恶劣的环境影响。可见,杰出领袖工程给了美国环保署以发放单一、综合性排污许可证的方式来取代传统上按照污染物种类发放许可证的契机。这样的许可方式既能够减少排污者就其同一生产场所的不同污染源重复申请许可证,也可以允许同一排污者就其排放的不同污染物、向不同介质排放的污染物的排放限度进行超过原单项许可的排放限度标准进行综合配置。

  杰出领袖工程是对传统政府管理的一种突破,其目标既要超过现有法律制度要求达到的环境效果,又要为排污企业节省与办理排污许可相关的诸多成本,是一种双赢的治理方式。有学者指出,传统的"命令—控制"范式应当被"命令—契约"范式所取代,在新的范式下政府的工作是设定可接受的最低限度的环境质量水平,而将执行权力授予污染者、行业协会等被规制者,只要能达到同样或更好的环境绩效,政府就认同后者设计、采用的替代性履行方法或契约。② 在该计划之下,环保署与各个点源污染源通过协商的方式要求后者将生产行为的环境影响降到规制标准以下。只要能实现这个目标,污染者可以基于绩效标准培育自己的试点项目,采纳污染预防、多媒介方法和市场化方法等替代性措施,而不必一刀切地(one-size-fits-all)适用管制法律要求的那些基于技术的控制方法。这样既可以推动环保技术革新,也可以降低污染者的守法成本。③ 排污企业可以自愿提出计划,该计划的内容至少包括:①满足卓越的环保性能标准,美国环保局在1998年对这一标准做出过澄清,即该企业的环境绩效必须至少与现行标准一样严格,排放量不能超过现行法规的正常标准,只能严于企业执行的现有环境标准;②采取污染预防措施消除污染源,而非仅仅是污染控制设备;③持续改进企业运营流程以减少对环境的影响;④通过更

---

  ① [美] 朱迪·弗里曼:《合作治理与新行政法》,毕洪海、陈标冲译,商务印书馆2010年版,第77页。
  ② See E. Elliott, "Toward Ecological Law and Policy", in Marian R. Chertow, Daniel C. Esty (eds.), *Thinking Ecologically: The NextGeneration of Environmental Policy*, Yale University Press, 1997, pp.183-185.
  ③ See Beth Ginsberg, Cynthia Cummis, *EPA's Project XL: A Paradigm for Promising Regulatory Reform*, Environmental Law Reporter, 1996.

优操作而出现的环境领导力提升的历史性展示的记载与收录；⑤特定目标的可执行性。计划要实现的目标应当具体且可执行，这种执行可由规制机构或者社会组织团体予以实施，包括对计划参与者未能履行承诺提起诉讼。

1996年，贝里公司与美国环保署达成了"最终方案协议"，将原本需要办理的15份单独许可由一份综合性经营许可所取代，承诺在水资源利用与保持、气体排放、工业废水处理与湿地保护、固体废弃物排放、饮用水与地表水管理五个领域内实现更优的环保绩效。显然，贝里公司的这一"最终方案协议"与传统许可的不同显而易见，传统许可对每一污染源独立许可的方式为工厂整个流程的综合许可所取代。贝里公司参与共同起草综合经营许可的过程，既是行政机关全面了解贝里公司生产流程并提出优化建议的过程，也是贝里公司自身更好地理解自身生产流程并改进生产流程的有效学习过程，能够避免传统许可机制下带来的公司抵制检查、不愿合作的对抗性关系。

美国环保署与英特尔公司的"最终方案协议"虽然与贝里公司存在较多区别，但在刺激企业与政府合作的意愿上具有显著效果。一方面美国环保署与英特尔公司的协议牵涉更广范围的主体，这不仅仅是公司股东决策的问题，而且受到了全国自然资源保护委员会、好邻居规划组织以及硅谷有毒物质联盟等环保组织的密切关注；另一方面，英特尔公司的"最终方案协议"不像贝里公司那样就同一介质中不同污染源之间进行综合调配，而是在跨介质污染源之间进行交易（英特尔公司以减少水资源消耗以及固体、有毒废弃物的产生换取更多气体排放许可），且"最终方案协议"并没有转化为综合经营性的文件，而是通过传统许可来完成。但无论如何，杰出领袖工程中，排污者主动优化生产流程，政府打破僵化的传统排污许可证发放制度，而代之以灵活的，能够实现更优环境绩效的许可证发放，这样的环境执法既不断刺激企业与政府合作的意愿并将这意愿落实到行动，又确保环境绩效的实现或者是"更优"。

杰出领袖工程提升了环境保护效果，也提高了企业在环境保护上的成本收益。通过该计划的实施，企业减少污染物排放以及增加废弃物回收利用客观上提升了环境保护效果；[1] 同时，企业从优化生产流程、提高操作

---

[1] 美国环保署声称，杰出领袖工程的实施导致照片处理排放的含银废水减少了99%，干洗店排放的全氯乙烯减少了43%。See EPA, "Reinventing Environmental Protection: 1998 Annual Report", 1999, pp. 48-49.

灵活性以及降低培训成本中获得收益。杰出领袖工程中采用的利益相关者参与协商的流程具有"改进了环境计划的灵活性和现实性,将所有社区、政府间参与者以及积极参与的公民融入未来的监督计划实施"的好处。杰出领袖工程的第三个好处在于改善了规制机构与企业在传统规制模式下比较典型的对抗关系,规制机构能够为企业提供更多有用的建议,而企业愿意为规制机构开放一些(原先并不可能的)访问工厂的权限。

杰出领袖工程也遭到了一些批评。一个典型的批评在于杰出领袖工程中确定的企业"良好环境表现"标准不清楚且过于复杂。[1] 杰出领袖工程在于以企业的"良好环境表现"换取监管机构的"豁免","良好环境表现"标准不明确,无法保证赋予企业的灵活性操作可以达到法律规制的最低要求,这极有可能违背杰出领袖工程的初衷。对杰出领袖工程另一个较为严厉的批评在于杰出领袖工程中环保署与企业之间的"灵活性"处理并未获得法律授权。美国司法部 Thomas Caballero 检察官对杰出领袖工程进行了非常彻底的法律审查,声称没有法律法规授权美国环保署可授予企业这种"灵活性"。对杰出领袖工程的另一种批评来源于该计划增加企业成本,参加杰出领袖工程的英特尔公司的报告声称,花费 100 万美元来实施其计划,这一数额远高于预期。[2]

(2) 伴随性捕获许可证和"栖息地保护计划"

伴随性捕获许可证和"栖息地保护计划"是一项旨在保护濒危物种的法律措施。为避免人类行为对濒危物种可能造成的灾难性后果,美国国会于 1982 年在《濒危物种法》中授权管理部门通过制订与执行"栖息地保护计划"进行"伴随性捕获"。伴随性捕获许可证和"栖息地保护计划"要求土地等资产所有人对其资产的合法开发经营活动(如其资产范围内的商业发展、工程建设可能会对濒危物种造成偶然伤害等活动)应当受到保护濒危物种目标的限制,资产所有人与政府相关部门制订并执行"栖息地保护计划"以补偿对濒危物种的有害影响,政府主管机关可以发放伴随性捕获许可证,允许资产所有人在其资产范围内从事其他合法经济开发活动。为了获取伴随性捕获许可证,申请者应当提供"栖息地保护

---

[1] See Steinzor, Rena, "Reinventing Environmental Regulation: The Dangerous Journey from Command to Self-control", *The Harvard Environmental Law Review*, Vol. 1, 1998.

[2] See Dan Beardsley, Terry Davies, Robert Hersh, "Improving Environmental Management: What Works, What Doesn't", *Environment Science and Policy for Sustainable Development*, Vol. 39 (7), 1997.

计划",计划中应当列明对列入濒危物种目录的物种进行捕获可能会产生的影响、申请人为减少这种影响而采取的措施以及资金保障和风险应对、申请人拟采取的不捕获的替代行动和管理部门要求的附带措施。

美国通过"栖息地保护计划"进行伴随性捕获许可的方式,为管理部门与公众和私营部门"发展创造性的合作伙伴关系"提供了一条途径,通过管理部门与公众特别是伴随性捕获申请人之间的公私合作,来达到平衡濒危物种保护与综合有序发展的目标。① "栖息地保护计划"的核心在于实行协商保护程序,将法律在保护濒危物种上的禁止性规定与私人财产权利的保值增值进行有效平衡。协商一方是为了实现濒危物种保护的政府,另一方是拥有土地权利的个人或非政府组织。双方就土地使用保护进行协商,通过相互磋商妥协最终达成保护协议,在私有土地财产权保护和野生动物保护之间实现双赢。② 具体而言,在政府与非政府组织或个人达成协议后,如果非政府组织或个人能保证其行为符合协议要求,政府就承诺对其利用土地的行为不增加新的限制,并且为受到限制的私有土地主提供资金补偿,充分刺激私主体在野生动物栖息地保护方面的积极性和主动性。而一些社会组织,比如自然资源管理委员会会主动寻找并购买土地作为野生动物栖息地保护野生动物,该制度充分调动了私人组织在处理事务上的便利性,私人组织在野生动物保护上发挥了关键性作用。

(3) "星道"计划

"星道"计划(StarTrack Program)是美国环保署推出的一项环境自我规制的尝试,这一计划与职业安全与健康管理局(OSHA)的"自愿保护"计划③有着相似的原理。"星道"计划聚焦于观察一个看上去与环境保护无关的商业与社会概念:财务。公开交易的企业其财务结果由独立的第三方会计师事务所根据联邦证券法进行审计,环境领域是否也可以借鉴此方式呢?美国环保署的数据显示,全国有超过十万个排污设施受到联邦关于空气或水排放以及危险废物排放规定的约束,规制机构对这些设施进

---

① 参见贾谦《美国对濒动植物物种的保护》,《中国药业》2002年第6期。
② 参见王昱、李媛辉《美国野生动物保护法律制度探析》,《环境保护》2015年第2期。
③ "自愿保护"计划(Voluntary Protections Program)是在美国职业安全与健康管理局只关注执法和标准制定而非与被规制企业进行合作的背景下,为了改善美国工人的安全而于1982年促成的自我规制计划。该计划中的一些自我规制的组成部分可以被转移到环境规制领域予以借鉴。See Mintz Benjamin, *OSHA: History, Law and Policy*, The Bureau of National Affairs Inc., 1984, pp. 361-363.

行现场检查的概率非常低，规制机构及社会公众并不能有效掌握这些设施遵守环保法规的实际情况。探索通过独立的第三方环境审核方式协助排污企业守法是一个有意思的尝试。"星道"计划最初源于吉列公司参与环境领导力计划中的一个试点，即评估利用第三方来审核自我审计计划及环境管理系统。以吉列公司这一程序为模型，美国环保局于1996年5月将"星道"计划作为"区域领导力"计划的一部分予以启动，吉列公司的审计指导与试点协议被作为该计划的基础。与杰出领袖工程通过环境许可环节达成环境保护协议的方式不同，"星道"计划是通过第三方认证系统，利用审计和管理系统提升排污企业的合规和绩效，同时向公众和规制者提供企业合规绩效的信息。该计划的主要元素包括年度规章遵守和环境管理体系的自我审核、环境绩效报告年度公开、每三年对自我审核计划进行第三方认证。

美国环保署对"星道"计划的优势总结如下：通过"星道"计划，规制机构以及社会公众能够较为清晰地获取企业对法律法规遵守的实际情况，也能发现排污企业在经营中存在的重大违法问题，同时该计划会对其存在的违法问题提出纠正行动计划。同时，规制机构与社区发现"被规制者的违法行为的途径，突破了过去规制机关的单一检查方式，而是从绩效报告、审计报告中发现全面信息"。参与"星道"计划的公司表现出较为良好的环境绩效，比如 Spalding 的绩效报告显示高尔夫球生产活动已经出现了明显的减排，废水产生量由1990年的10.15加仑降低到1996年的1.09加仑，VOC 排放量从1992年的约1.52磅减少到1996年的0.68磅。[①]"星道"计划参与者的年度业绩报告中会显示污染物排放数量以及改进计划，这些信息公开可用，甚至可以从互联网上获取，有利于企业与社区关系的调和，社会影响力不断扩张。规制机构也在不断探索为"星道"计划的参与者提供更多的合作利益，更多地体现出一种伙伴关系，而非对抗关系。对参与"星道"计划的企业而言，其可在一定程度上获取执法自由裁量权，可以对"非严重违规行为"可减轻处罚或者是降低检查优先级，如对于非严重违规行为，只要在发现之日起60日内纠正违规行为即可减轻处罚。减少检查和惩罚可能被视为"星道"计划参与公司的一项重要利益。

---

① See Sweetman William, *StarTrack Environmental Performance Report for 1996*, Spalding Sports Worldwide, 1997, pp. 11-13.

同时，也存在一些对"星道"计划的批评与担忧。首先，美国环保署也已经注意到"星道"计划本身仍存在改进空间，其计划可以更加具体，探讨通过"星道"指导文件制定更加具体的计划要求。其次，"星道"计划参与率低，重点排污企业主动加入该计划的意愿不高。从"星道"计划启动的头几年来看，虽然美国环保署大力促进企业参与该计划，但是从1998年的邀请与应答中可见，参与到"星道"计划中的公司依旧"少得可怜"[①]。再次，即使是美国环保署，也承认参与"星道"计划试点的直接成本通常高于其实际利益，引入第三方认证机构的成本大约在一万至三万美元之间，且这一成本还未考虑与增加报告和年度自我审核相关的成本。[②] 美国环保署和州政府机构必须明确表示，"星道"计划带来的守法监控和执法成本降低不应成为规制机构针对这些活动的减少投入的理由，而应当是重新定向守法监督与执法活动。[③] "星道"手册和美国环保局网站承诺的修改检查优先权和"快速通道服务许可以及其他规制活动"似乎从未实现，该计划使参与者如何受益尚不清楚。最后，对"星道"计划的另一批评源自第三方认证的合法性。虽然第三方认证对于提升报告的公众认可度具有积极意义，但是第三方认证本身的合法性问题尚存在疑问。美国环保署声称不能将任何政府职能委托给机构以外的政党，国家环境机构和环保署必须保有现有的法律机构，且由规制机构确定受规制实体的守法状态以及在违规情况下的执法响应措施。因此，第三方评估是否当然具有法律约束力，是否能够作为对受规制主体执法状态评估以及采取的执法措施的减轻依据还需要法律的明确。

由此观之，政府与私主体之间打破传统"管制—服从"模式，而在立法、执法环节引入政府与私主体的充分协商具有现实基础，也能在很大程度上增加被管理者的参与度与执行的积极性，实现环境公共利益保护之目标。在协商成为环境规制改革议程表中的重要关键词之后，建构"政府与利害关系人的互动网络结构"的基本前提就应当是使"规制协商"

[①] 1998年，美国环保署向新英格兰有毒化学品排放大户发出1300多份邀请函征集"星道"计划参与者，但最终实际参与进去的新公司只有五家。See Hale, Rhea, *The National Expansion of StarTrack*, US Environmental Protection Agency, 1998, p. 18.

[②] See Kuhn, Lauren, Langer, Jenn, Amy, *Designing a Provisional System for StarTrack: An Environmental Management Strategy for the US Environmental Protection Agency*, Massachusetts Institute of Technology, 1998, p. 11.

[③] See Wagner, Louis, *StarTrack Program*, Massachusetts Audubon Society, 1996, p. 2.

制度化，修正传统治理术中"不平衡的利益代表结构"①。

(二) 政府与利益相关者的互动与合意

除政府与被管制者在立法与执法中协商互动外，政府在环境管理过程中也会与被管制者之外的第三方发生互动，主要表现为由专业的组织或企业完成环境治理工作，实现环境治理目标。依照"谁污染，谁治理"的规制原则，环境污染后果产生后，环境治理的义务人应当是排污者，但在实践中，要求所有的排污者都具有环境治理能力有可能产生治理能力的重复与浪费，或者出现排污者没有治理能力或消极应对环境治理。第三方治理以及代履行即是由政府与第三方形成环境治理互动，按照损害担责原则的要求，由排污者承担治理成本，而实际治理工作的完成则由政府通过契约等形式交由专业的第三方治理主体完成。政府与专业第三方的治理互动既能节约治理成本，发挥专业治理机构的优势，又能够保证治理效果，满足环境治理要求，同时排污者也不能置身事外，为其环境污染后果支付必要成本，使环境外部性内化。

1. 第三方治理

第三方治理是指在政府或排污者通过契约形式将污染交给第三方治理的治理模式。第三方治理既可能是政府将其环境管制职能通过契约方式特许给私人承担（如以 BOT 形式实施的垃圾焚烧项目）②，以私法形式实现公法任务，也可能是排污者通过付费的方式将治污任务转嫁给第三方，构筑"污染者付费、治污者盈利"的制度模式。这种模式在欧美国家已被广泛采用，我国也在加紧相关工作的推进。③ 日本在废弃物的处理上较多使用第三方治理的方式。市町村对部分一般废弃物通过公共服务方式处理，并按规定委托第三方专业企业收集、运输和处理废弃物；产业废弃物

---

① 叶俊荣：《环境行政的正当法律程序》，翰芦图书出版公司2001年版，第144页。
② 政府职能外包与民营化已然成为当前行政改革的重要内容之一。在德国、日本、中国台湾地区，BOT（build-operate-transfer）、SPC（special purpose company）等各类执行层面的公私协力方式越发受到重视。详情参见［日］山本隆司《日本公私协力之动向与课题》，刘宗德译，《月旦法学杂志》2009年第9期；詹镇荣《民营化后国家影响与管制义务之理论与实践》，《东吴大学法律学报》2003年第1期。
③ 2013年《国务院关于加快发展节能环保产业的意见》（国发〔2013〕30号）提出了"创新发展模式，壮大节能环保服务业"的举措，要求"在城镇污水处理、生活垃圾处理、烟气脱硫脱硝、工业污染治理等重点领域，鼓励发展包括系统设计、设备成套、工程施工、调试运行、维护管理的环保服务总承包和环境治理特许经营模式，专业化、社会化服务占全行业的比例大幅提高"。

排放企业或者自行处理,或者也可以委托第三方专业处理企业处理废弃物。① 除日本外,其他国家也通过政府和社会合作模式推动环境污染第三方治理。如德国柏林瓦尔塞水务项目,通过政府控股与社会资本持股相结合的方式组建柏林水务公司,负责运营供水厂和污水处理厂,为周边公众口提供饮用水和污水处理服务。苏格兰行政院与斯特灵税务公司合作,对既有的五个污水处理厂进行升级改造,使得当地污水处理质量满足欧洲城市污水处理标准以及北海污水处理标准的强制性要求,并将污水处理产生的污泥循环到农业生产之中;澳大利亚阿德莱德水务项目以及加拿大萨德伯里污泥处理项目均是采用政府与社会资本方合作,将污染治理项目交由社会资本方运营、管理,既达到环境治理的目的,同时第三方企业也能因此而获得经济效益,实现社会效益和经济效益双赢。

2. 行政代履行

行政代履行是"一种行政法上的间接强制执行措施,是指行政主体雇人代替不履行行政法义务的相对方履行义务而强制义务人缴纳劳务费用的行政强制方式"②。德国、法国、奥地利、日本以及中国台湾地区均有行政代履行的法律规定。奥地利称之为"代执行",是间接强制执行的一种方式,一种解释认为代执行包括行政机关委托第三人代为实施;③ 德国、日本、法国以及中国台湾地区在法律条款中明确引入了"第三人"为代履行人,如德国1953年的《联邦行政执行法》第10条规定执行机关可委托他人完成该行为,日本1948年《行政代执行法》第2条以及我国台湾地区1998年"行政执行法"第29条均明确可由第三人代为履行,法国《环境法典》也指出,在海损或海上事故造成污染时,国家机关可责令第三人实施必要措施。④ 在环境治理中,代履行与限期治理制度勾连甚密,在污染者履行不能、拒绝履行、迟延履行和不当履行时,由具备履行能力的专门组织在行政机关监督下代替排污者履行限期治理义务。按照"谁污染、谁治理"的要求,造成环境污染的行为人对其产生的环境污染后果负有排除妨碍、恢复原状、限期治理等法定的义务,但

---

① 任维彤、王一:《日本环境污染第三方治理的经验与启示》,《环境保护》2014年第20期。
② 罗豪才:《行政法学》,北京大学出版社2000年版,第205页。
③ 朱力新:《外国行政强制法律制度》,法律出版社2003年版,第134页。
④ 参见竺效、丁霖《论环境行政代履行制度入〈环境保护法〉——以环境私权对环境公权的制衡为视角》,《中国地质大学学报》(社会科学版)2014年第3期。

实际操作中，很多污染企业并没有承担实际治理的行为义务，代履行制度即是将环境治理义务落到实处的一项执行措施。代履行是行政主体将应当负有环境治理义务的排污者的环境治理义务交由第三方企业或社会组织承担，是行政机关与排污者之外的第三方就环境治理形成的治理模式。

(三) 排污者与其他私主体的互动与合意

市场驱动的非国家式（Non-State Market-Driven）治理体系是一种更为纯粹的治理"私化"[1]，目的是"开发和落实对环境与社会而言更具责任性的管理实践"[2]。政府基于环境质量提高的目的积极寻求与排污者、第三方的协商、互动与合作，而私主体之间也会基于自身经济利益或环境利益的实现而互动合作，这一方面表现在产业链中的不同企业间通过契约自主约定环境治理目标或环境义务上，另一方面表现为社区赋权下社区与企业通过"好邻居协议"实现社区环境治理目标。

1. 企业之间通过契约实现环境治理目标或设置环境义务

在某些情形下，为了减少政府规制带来的成本或提升市场竞争力，需求方往往在供应合同中为供货方设定一定的环境义务，比如采取更优的环境管理模式或者采纳比政府环境标准更为严格的标准。例如，在当前政府总量限制交易的规制及消费者对低碳产品的需求偏好压力下，制造商与销售者可以签订"供应链契约"，在契约中明确上下游企业采取必要的减排措施，比如加大减排研发投入来改善生产工艺、选择清洁能源或效率较高的传统能源、安装减少二氧化碳排放的净化设备、优化配送路线和运输方式等。目前，通过"供应链契约"实现绿色、低碳生产已经成为产业发展的重要新兴模式，有人将其称为"低碳供应链"，即以最小的环境代价实现可持续的发展，通过上下游各成员企业的合作，协同推进整个供应链的碳减排，在采购、设计、加工、储存、营销、运输、使用、保养、回收再利用等各个环节实现低碳化，将"低碳"指标体系性地嵌入产品的全

---

[1] 在世界范围内，这种基于市场的治理私化和决策权力的公私分享或授予共同构成了过去几十年间环境治理的基本样貌。See Clapp Jennifer, "The Privatization of Global Environmental Governance: ISO14000 and the Developing World", *Environmental Governance*, Vol. 4 (3), 1998; Steven Bernstein, *The Compromise of Liberal Environmentalism*, Columbia University Press, 2001, pp. 4-21.

[2] See Benjamin Cashore, "Legitimacy and the Privatization of Environmental Governance: How Non-State Market-Driven (NSMD) Governance Systems Gain Rule-Making Authority", *Governance*, Vol. 15 (4), 2002.

生命周期。① 基于供应链上采购、生产、加工、运输、储存、使用与保养、销售各主体之间签订的"供应链契约",各私主体按照低碳供应链的可持续发展要求采取环境友好的生产与销售方式。供应链契约的签订与落实或者基于政府的绿色补贴,或者基于消费者的绿色偏好。但无论出于何种动机,这种方式不同于传统环境管理中的"命令—控制"模式,签订契约的企业并非在政府机关的强制下达成合意,而是一种自愿的选择。其最终动力来源于降低企业成本或增加企业销售进而提供盈利,是私主体内部生发的自我环境治理模式,在客观上起到保护环境、推进可持续发展的积极效用。产业链上除了通过"供应链契约"方式推进环境保护,也会在企业并购、不动产买卖和租赁、商业贷款、环境保险等协议中会包含相应的环境义务,② 要求一方或双方致力于遵守国家的环境法令或者采取比实定法要求更高的环境保护行为。比如,零售业巨头沃尔玛就要求它的商品供应商必须满足低耗能的能源效率要求,③ 而据统计,在美国证券交易委员会登记备案的贷款协议中有超过 70% 设定了环境条款,一些贷方还要求借款人超标准遵守公共环境法令。④

可见,无论是产业链上的"供应链契约"方式,还是在商业活动中通过契约附加环境义务的方式,其共同之处均在于企业内部自发生成的环境保护动力通过契约或合同的方式予以外化。这显然与传统的环境管制模式存在较大差异。企业不再是迫于政府环境执法检查或环境处罚的压力,而是基于消费者的环境意识、绿色消费偏好以及企业从提升自身绿色竞争力而主动选择环境自我规制;而这种自我规制的方式也是通过企业间常用的工具——契约来完成。这种私主体基于市场驱动主动选择的环境治理模式,是一种更加纯粹的环境治理私化,完全摆脱了公权力机关的行政压力,即使与公权力存在千丝万缕的联系,也多表现为对政府绿色补贴刺激下的市场回应,而非传统环境治理中的命令与服从。企业作为最直接的资

---

① 参见林金钗、祝静、代应《低碳供应链内涵解析及其研究现状》,《重庆理工大学学报》(社会科学版) 2015 年第 9 期。

② See Michael Vandenbergh, "The Private Life of Public Law", *Columbia Law Review*, Vol. 105 (7), 2005.

③ See Michael Vandenbergh, "The New Wal-Mart Effect: The Role of Private Contracting in Global Governance", *UCLA Law Review*, Vol. 54 (4), 2007.

④ See Michael Vandenbergh, "The Private Life of Public Law", *Columbia Law Review*, Vol. 105 (7), 2005.

源开发加工主体、污染物排放主体,其在环境治理中的重要性不言而喻。传统的环境管制也基于这一基点对企业的资源开发利用以及污染物排放进行管制,"头痛医头脚痛医脚"的治理方式在特定阶段具有较为明显的治理成果,在当下却捉襟见肘甚至力不从心,这从表面上看是政府环境监管成本日益提高,政府被企业俘获频繁出现产生了政府管制的无力,实质上则是忽略了环境问题产生的根源是人类行为与生态环境规律的悖离,片段式的、碎片化的政府管制远不如企业自身生产流程、产业链的深度绿化。传统政府监管的基本逻辑是"产生环境污染—找寻污染源—控制污染物排放",而企业自我生发的环境规制则是从生产流程中主动寻找满足绿色要求的各环节并加以控制,比政府监管的末端控制更为有效,也更加符合自然规律。这是企业在自我生存和发展中主动探索出来的将环境保护与企业生产有机融合的发展路径,企业的主观能动性得到更好的发挥,降低了政府环境监管的成本支出。

2. 企业与社区的好邻居协议

好邻居协议(Good Neighbor Agreements)的出现是 20 世纪 90 年代社区赋权[①](Community Empowerment)发展的结果之一。20 世纪中叶以后,美国国会面对严峻的环境污染问题通过了几十部法律予以应对。但这些法律呈现零碎化特征,并没有高效地考虑"如何将每一个具体的应急反应对策连贯为一个整体的环境管理系统"[②]。这种"碎片主义"导致了对一些活动的规制相互冲突以及过度监管,还导致了一些环境损害游离于法律约束之外。[③] 虽然这些法律具有种种缺陷,但是对企业却产生了巨大影响,企业为此不得不投入大量精力以满足政府环境规制的要求。为了减少这种约束对企业盈利能力的抑制,企业通过竞选捐款等方式游说改变政界人士的行为。1995 年,美国众议院通过了环保署和其他联邦机构一项旨

---

① "赋权"一词在 20 世纪 70 年代美国、英国等西方发达国家兴起,最初应用于女权运动、大众教育以及黑人政治等领域,在社会工作、社区心理学以及性别研究等学科领域中最为普及。20 世纪 90 年代以后,以新公共管理和公共部门改革为背景,社区赋权成为英国工党执政期间最为热门的政治概念之一。社区赋权主要是指政府在公共服务供给决策中赋予本地社区更大的参与权和影响力,其政策导向在于强调自治组织与社区部门在社会政策体系中的角色,促进政府与公民社会之间复杂的互动关系。周晨虹:《英国城市复兴中社区赋权的"政策悖论"及其借鉴》,《城市发展研究》2014 年第 10 期。

② See Futrell, William, *The Economy of Commerce*, Harper Business, 1994, p. 17.

③ See Sanford Lewis, Diane Henke, "Good Neighbor Agreements: A Tool for Environmental and Social Justice", *Social Justice*, Vol. 23 (4), 1996.

在阻止《联邦水污染控制法》和《清洁空气法》部分章节强制执行、削弱其他环境法规强制执行的申请。① 在此情形下，美国公众环保热情依旧十分高涨，企业除了采用各种方式对政府施加政治压力，还通过"绿化"公共关系回应社区公众对环境问题的高度关注。这一努力在客观上使得企业在环境保护问题上做出了一些实质性的努力，许多工厂减少了污染物的排放，但是这种工业的"自我监督"依旧是不够的。② 企业对利润追逐的优先顺位实际上排除了企业主动选择社区健康和福利的可能，而政府和企业自身的绿色趋势对社区环境问题的反应十分有限，并不符合社区对可持续发展以及生态环境保护的需求。社区在学习如何补充解决以上问题，而不是依靠自上而下的政府或企业来解决问题。社区赋权即是一条有效途径。社区选择通过合同法与企业达成协议，由法律承认履行这些合同中的承诺是一项义务，于是出现了好邻居协议。

好邻居协议是社区与企业就促进社区可持续发展，将社区环境健康以及个别成员的福利与企业经济发展相协调而达成的协议，③ 是一种极具灵活性的、以社区为基础的环境保护措施，意在通过企业和社区组织对相关利益的相互承认，建立一种基于合作的问责制。自 1978 年在马萨诸塞州伍斯特签署了类似好邻居协议，美国签署了若干个协议，这些协议或者是在当地工业事故之后达成的和解，或者是在环境危机发生之前的协商，或者是为了应对污染排放或就业等（对社区产生）长期（影响的）问题。这些协议经由社区选派代表，或者由专业组织，如"争取更好环境组织"（Citizens for a Better Environment，CBE）代表社区与企业经由正式的协商程序作成。这些协议有的是自愿性的，不具有法律拘束力，有些则被视为具有正式许可程序中的关键条件而获得了法律强制力。一般而言，这些协议大都包含社区的信息获取、检查设备的权利、事故应急、污染预防、地方经济需求、公民团体的让步（如停止抗议、宣传）等条款。通过这些协议，社区居民可以获得更多的控制公司行为的权力，那些具有法律拘束力的协议也能够创造更多的社区福利。《费城人民好邻居协议》是史密斯铸造公司与当地人民签订的关于改善环境质量的协议，其将非约束性目标简化为书

---

① See Citizens Clearinghouse for Hazardous Waste, *Everyone's Backyard*, Washington Politics, 1995, p. 7.

② See Hawken, Paul, *The Ecology of Commerce*, Harper Collins, 1993, p. 108.

③ See Sanford Lewis, Diane Henke, "Good Neighbor Agreements: A Tool for Environmental and Social Justice", *Social Justice*, Vol. 23 (4), 1996.

面形式，协议中不包含任何具有法律拘束力的表述，该协议的成功具有两个关键因素：一是企业的老板非常致力于与社区合作以减少社区污染与改善员工关系，二是当地社区具有"非常复杂"的邻里组织。①

但是，值得注意的是，如何保证好邻居协议的履行效果？如果好邻居协议里确定的义务不能得到企业的主动履行，该如何处理？大多数好邻居协议其实具有法律上的可强制执行效力，一些有效的方式包括"监督协定"②"工会集体参与协议谈判"③"公司的具体承诺"④ 以及"更为综合方法"⑤，以实现好邻居协议的强制约束力。好邻居协议是一种在企业与当地社区相互承认各自需求基础上而建立的一种响应需求的关系模型，其具有一些典型的优势以及更多的革新空间。通过好邻居协议，社区居民以

---

① See Jo Haberman, *Citizens for a Better Environment*, interviewed on October 10, 1995.

② 得克萨斯州曼彻斯特的罗纳普兰克工厂与曼彻斯特社区签订了一项好邻居协议，赋予该社区具有监督协议执行的具体权利。在该协议下，罗纳普兰克工厂同意支付独立环境审计费用，由独立的委员会进行环境审计。该监督协定的典型特点包括：由社区而不是企业选取委员会成员；该审计范围非常广泛，包括审查合规性、安全培训、事故预防、应急响应、污染物分析与信息系统、监测计划以及污染物最小化实践；公司广泛的信息披露；对审计建议进行"诚信谈判"；公民陪同设计人员参与检查活动；协议具有法律约束力。See Sanford Lewis, Diane Henke, "Good Neighbor Agreements: A Tool for Environmental and Social Justice", *Social Justice*, Vol. 23 (4), 1996.

③ "工会集体参与协议谈判"的典型例证出现在新泽西州哈佛工业大学。美国汽车工人联合会参与谈判并成立了危险预防委员会，该委员会有权关闭那些对工人健康、安全或是对环境造成危险的工厂。See Sanford Lewis, Diane Henke, "Good Neighbor Agreements: A Tool for Environmental and Social Justice", *Social Justice*, Vol. 23 (4), 1996.

④ "公司的具体承诺"与"由利益相关者监督生产过程"不同，它是由排污企业在好邻居协议中自身对环境或安全目标做出具体承诺。如雪佛龙炼油公司面对"争取更好环境组织"（Citizens for a Better Environment, CBE）、西部有毒物质联盟（West County Toxics Coalition）带领下社区十多年的抗议与施压，最终签署了一项包括新项目中安排350个"无泄漏"阀门并改造现有200—400个阀门、减少炼油厂有毒物质排放、向当地健康中心捐款200万美元、安装警报器和计算机并为城市紧急服务协调员提供五年资助在内的四项具体承诺的好邻居协议。See Sanford Lewis, Diane Henke, "Good Neighbor Agreements: A Tool for Environmental and Social Justice", *Social Justice*, Vol. 23 (4), 1996.

⑤ "更为综合的方法"是指社区对企业的要求不仅局限于单一要求，而是提出了更为综合、广泛的要求。1994年9月，克罗基特和加州罗迪欧居民遭遇了加州联合石油公司罗迪欧炼油厂泄漏导致的两起化学物质污染。社区领袖、环保组织（CBE-California）和工会对炼油厂施加压力，要求炼油厂解决更广范围内的问题，包括测试安装改进空气污染的监测系统并将数据予以公开、对炼油厂进行独立审计、每月监测挥发性有机化合物的现场排放并通报测试结果、资助健康风险评估并为医疗诊所提供资金、配置应急救援车提供移动医疗服务、建立化学品健康影响数据库、资助社区信息及通知系统、为学校安装硫化物永久监测站以及培训计划和社区基础设施建设等。See Sanford Lewis, Diane Henke, "Good Neighbor Agreements: A Tool for Environmental and Social Justice", *Social Justice*, Vol. 23 (4), 1996.

及企业工人能够赢得对公司更多活动的知情权以及控制权,虽然并不能通过该协议完全解决环境问题,但这是社区赋权的重大进步,社区能够更多地获取与自身健康、安全、环境质量相关的信息以及控制干预企业的权力。然而,许多社区寻求签订此类好邻居协议并非总是成功。社区当地的企业相较于社区居民而言,具有更大的规模和更为强大的力量,希望缔结好邻居协议的社区必须能够找到足以对抗、施压、迫使企业坐下来谈判的有力杠杆。这些杠杆一般较多地表现在政府具有的行政审批、行政执法等领域,但行政机构很难直接站在面临风险的社区一方,多数时候只是将这种谈判作为一种"缓冲"来保护企业。作为一种实验性的社会治理策略,好邻居协议模式还有更多创新和改进的空间。[1]

三 单边策略:排污者的自我规制模式

(一) 环境私主体治理单边策略之发端

环境私主体治理的单边策略,是排污者为了增强市场竞争力或者基于"慈善"式的"道德劝化"[2],又或者为了规避未来更严苛的政府规制或侵权责任风险,而采取的一系列自愿式的自我规制(self-regulation)行为。

自我规制(或自我管制)的概念在域外法中亦少有明确概念,常见于理论学说。有学者将其界定为"个人或团体基于基本权主体之地位,在行使自由权、追求私益的同时,也自愿性地肩负起实现公共目的之责任"[3]。其规范内涵无疑是强调被规制企业通过自行设计、实施不同于国家环境法律政策的规则来进行自我管理的要求。因此,相较于法律政策的他律和强制,自我规制更注重自律和内部认同。当传统规制手段的自律和强制不足以应对新问题或者引发规制失灵时,法律的功能便转向建立激励机制来促使被规制企业"自我设限"或"自负义务",积极采取符合公共利益的行为。激励机制相较于政府规制更注重目标的实现及其成本,侧重绩效指标而非权力的绝对实施,是"支持灵活、市场导向的、以激励为

---

[1] See Sanford Lewis, Diane Henke, "Good Neighbor Agreements: A Tool for Environmental and Social Justice", *Social Justice*, Vol. 23 (4), 1996.
[2] 叶俊荣:《论环境政策上的经济诱因:理论依据》,《台大法学论丛》1991年第1期。
[3] 相关研究可参见詹镇荣《民营化法与管制革新》,元照出版公司2005年版,第48、148页。

基础的和权力下放的规制策略"①。

环境自我规制是基于合作国家和参与民主的理念，个体或企业从宪法意义上的基本权利之主体地位出发，在行使财产权、自由权等基本权利之时，在追求私益的目标之下，也兼顾其实现环境公共利益之目标的行为举措。环境自我规制不是国家环境管制的附属和延伸，而是污染者自身的内部自律手段，它与国家环境管制分处于环境治理杠杆的两极。这种私主体策略兼具私益性和公益性，因此它既代表了公法上行政干预退潮的思路，也体现了私法层面"自我负责"的精神意旨，更彰显了现代法治理念中的合作原则。其制度逻辑在于"以合作式的信息披露代替对抗式的强制执行"，意在突出"问题的最终解决"而不是强调"解决问题的方法"。经验表明，与"命令—控制"的传统模式相比，自我规制由于更贴近企业的信息、成本等微观基础因而规制效果更全面，对规制对象的影响更小。这既可以较好地保护排污企业在市场上的创造力，还可以通过经济手段的调节实现规制目标以及最大幅度地降低执法成本。

单边式治理，也可认为是排污者自发式的环境治理，其出现早于政府对环境问题的管制，并日益成为政府环境规制活动的重要补充。② 早在20世纪60年代以前，美国和一些欧洲国家的部分企业就开始尝试"自愿地"进行环境规制和治理，这比环境管制模式全面推行要早。企业之所以主动、自愿地进行环境约束，一是出于减少再生资源的浪费支出，节约企业生产成本；二是为了避免环境侵权民事救济中高额的环境污染赔偿。最初出现的企业自发式节约资源保护环境的治理实践，在客观上起到了减少污染、保护环境的效果。随后，大规模爆发的整体性、系统性生态环境问题以及由此而大范围兴起的现代环境保护运动，使得政府介入环境保护领域，对环境质量进行全面规制，企业为了减少资源浪费或污染赔偿支出的自发式环境治理逐渐失去了进一步演进的空间。一段时间以来，企业的污染物排放行为被完全纳入政府环境管制模式下，企业随着政府的指挥棒实现法律对环境治理的要求。"一定意义上

---

① 参见［美］凯斯·桑斯坦《权利革命之后：重塑规制国》，钟瑞华译，中国人民大学出版社2008年版，第123页。

② See National Research Council, *Fostering Industry Initiated Environmental Protection Efforts*, National Academy Press, 1997, p. ix.

讲，现代环境治理历史实际上就是政府环境规制的发展历史。"① 基于环境成本外部性带来的"市场失灵"，现代政府广泛采用各种干预、监管的手段，通过"命令+控制"的规制，依靠政府权威与企业绝对服从实现环境治理目标。但环境治理管制模式并非屡试不爽，"现代国家因行政任务之扩张致使可支配管制容量受到排挤，进而纷纷产生'管制失灵'之现象，尤其是传统之高权型命令管制手段已逐渐失其有效达成管制目标之优点"②。在此背景下，面对政府提供的激励或约束的制度化诱因，企业逐渐生发出自我环境治理的意愿并付之于行动。企业自愿倡议是不受政府规制举措驱动的措施，是企业或者说是产业界自愿的，因为政府不必下令实施这些举措。③ 正如美国环保署前署长李·托马斯所言，公司通常比政府机构更好地了解其防范风险能力的极限，并且可以主动采取改善环境的举措。④ 在产业界，已经有许多公司启动了远远超过政府规制要求的环境计划，与命令和控制规制相比，产业自主启动的计划可以更加高效，更能满足成本收益的要求。⑤

（二）环境私主体单边治理之动因

探寻企业或曰产业界之所以愿意自愿启动环境保护计划的原因有助于我们未来进一步推动产业自我规制的纵深发展。一些企业在环境规制要求之上自愿改善环境影响是为了获得良好的社会形象。德国欧洲大学经济学教授德克·施梅尔泽指出，公司希望其社会责任被客户、员工和邻居认可。⑥ 滑铁卢大学的罗伯特·吉布森认为，企业自愿启动这些计划是由于它们易于实施：企业内部自主地选择环境计划能够更加灵活，更加有效地利用最适合于公司运营的方法，一方面节约开支，另一方面能够比政府规

---

① 王清军：《自我规制与环境法的实施》，《西南政法大学学报》2017年第1期。
② 詹镇荣：《德国法中社会自我管制机制初探》，元照出版公司2005年版，第148—149页。
③ See Gibson, *Voluntary Initiatives: The New Politics of Corporate Greening*, Broadview Press Ltd., 1999, p.3.
④ See Thomas, Lee M., "The Business Community and the Environment: an Important Partnership", *Business Horizons*, Vol.35, 1992.
⑤ See Alphonse Iannuzzi, *Industry Self-regulation of Environmental Compliance*, Bell & Howell Information and Learning Company, 2000, p.19.
⑥ See Schmelzer, *Voluntary Agreement in Environmental Policy: Negotiating Emission Reductions*, Kluwer Academic Publishers, 1999, p.56.

制更加快捷地完成计划。① 无论是早期兴起的企业自我环境规制，还是晚近以来企业再次选择自愿启动环境保护计划，都与其对自身利益的考量密不可分，可以归结为减少损失与增加效益。一方面，企业自发选择环境治理是出于对约束性环境制度的惩罚后果的减轻或回避之考量；另一方面，在激励性制度的刺激下，企业自主选择环境治理能够为其带来经济利益。如排污权交易制度下，拥有排污权许可配额的企业在提高生产技术水平、减少污染物排放量方面的努力，会直接地节省其对污染物许可配额的使用，并且可以将剩余额度在排污权交易市场进行交易而获利。即使在当下没有激励性制度刺激，企业也可能会为了提高社会公众形象，避免公司负面评价等因素主动启动环境规制计划，从而实现企业的可持续发展。按照奈德·格里诺的说法，"大多数主要企业销售额的3%或4%用于环境保护、健康与安全绩效方面的支出"②。考虑到巨大的环境成本，一些领先的企业已经制定了衡量环境保护实际成本与商业利益的标准，一些具有先见之明的企业已经开始意识到环境与商业之间的关联性，并且开始思考利用环境问题获得商业优势的路径。③ 在此，我们举几个简单的例子来说明战略环境思维对企业商业活动的巨大影响。庄臣公司（S. C. Johnson）的商业计划是针对气溶剂罐及其回收开展的。一般认为，气溶剂罐无法回收，并且因其与全卤化氟氯烃（CFC）推进剂联系在一起而被认为是不环保的产品。庄臣公司率先决定使用钢制气雾罐，并且与市政当局及钢罐回收研究所及规制机构合作开发钢制气雾罐的回收市场。这一举措使得钢制气雾罐的环境正向形象得以成功树立，庄臣公司也比竞争对手更有优势。斯科特纸业公司在其产品中利用已消费过的纸张生产，并且制定了其竞争对手无法达成的再生成分索赔方案。斯科特纸业公司巨大的投资风险换来市场第一带来的收益，因为其掌握了定义再生成分的话语权，并且迫使竞争对手购买这些设备。④

（三）环境私主体单边治理之典型案例

一些比较典型的案例有助于我们更好地理解企业单边环境治理策略。

---

① See Gibson, *Voluntary Initiatives: The New Politics of Corporate Greening*, Broadview Press Ltd., 1999, pp. 4, 5.
② See Greeno, Ladd J., *Environmental Strategy*, Arthur D. Little, 1996, p. 18.
③ See Greeno, Ladd J., *Environmental Strategy*, Arthur D. Little, 1996, pp. 3, 4.
④ See Greeno, Ladd J., *Environmental Strategy*, Arthur D. Little, 1996, p. 29.

明尼苏达矿务及制造业公司（3M）启动了"污染预防付费计划"（Pollution Prevention Pays program，3P 计划）。该计划是最古老的、通过污染预防减少污染源排放的最令人欢欣鼓舞的计划之一。明尼苏达矿务及制造业公司声称该计划非常成功，"1975—1994 年，减少了 159000 吨大气污染物、29000 吨水污染物、439000 吨污泥及固体污染物和 20 亿加仑的废水，为公司节省了成本"[1]。1986 年，陶氏化学公司启动了减少废物计划（Waste Reducing Always Pays，WRAP 计划），该计划的实施引起了公司范围内的文化变革，公司认识到了废物以及减排废物产生的价值，负责此计划的团队每年在全美公司内启动 20 个 WRAP 计划。企业加入到该计划，并事实上减少那些需每年按有毒物质排放清单向美国环保署报告的有毒物质排放量，则被认为该计划的实施是成功的。[2] 杜邦公司制订了包括有毒化学品零排放、减少 45% 温室气体排放量和零环境事故的环境规制目标；[3] 孟山都公司制定了减少 90% 有毒化学品排放的目标；[4] 强生公司确定了无害废物减排 50%、有毒化学品减排 90%、能量消耗和包装降低 25% 以及危险废物减排 10% 的污染预防目标[5]。

　　除企业单体自主制订环境计划外，也出现了整个产业团体自愿执行法律要求之外的自主活动，比较典型的即是化学产业的"责任关怀"计划（Responsible Care Program）。"责任关怀"计划是化学产业对公众对其不信任做出的回应。20 世纪最后 1/4，频繁发生的化学事故（尤其是印度博帕尔工厂甲基异氰酸酯大量泄漏事故）使得"超过 60% 的公众认为化学产业对环境有害"，其排名仅仅领先于烟草行业。[6] 1985 年，加拿大化学品生产者协会率先将其作为"改进框架"提出来，并由国际化学协会理事会（International Council of Chemical Associations，ICCA）在全球范围内

---

[1] See National Research Council, *Fostering Industry Initiated Environmental Protection Efforts*, National Academy Press, 1997, p. 33.

[2] See National Research Council, *Fostering Industry Initiated Environmental Protection Efforts*, National Academy Press, 1997, p. 33.

[3] See Dupont, *Sustainable Growth*, 1998 *Progress Report*, Dupont, 1998, p. 1.

[4] See Cairncross, *Costing the Earth*: *The Challenge For Government*, *the Opportunities for Business*, Harvard Business School Press, 1993, p. 257.

[5] See Johnson & Johnson, "Johnson & Johnson Environmental Health & Safety", *Johnson & Johnson Inc. Annual EHS Report*, 1998, p. 28.

[6] See Gunningham, Neil, "Environment, Self - regulation, and the Chemical Industry: Assessing Responsible Care", *Law & Policy*, Vol. 17 (1). 1995.

协调，每个国家依据其主要化学协会运行其自己的"责任关怀"计划。①"责任关怀"包含指导原则、名称和徽标、准则及指南、指标、通信、共享、鼓励、验证八个方面的基本特征，每个国家可以对基本特征采用不同的标准，但它们的范围必须相似。② 有趣的是，参与"责任关怀"计划已经成为化学制造商协会会员资格的一个标准，"未能参与该计划可能导致被 CMA 驱逐"③。

"责任关怀"计划具有一些显著的优势：（1）"责任关怀"计划的实施，产生了切实可见的环境效果。国际化学协会理事会（ICCA）对其成员提交的年度进展报告依据"责任关怀"计划中的八个基本特征进行评估，并将评估结果报告给成员所在的国家协会。ICCA 声称 1996 年发布的状态报告与第一份状态报告相比，已经取得了"重大进展"。④ 美国化学制造商协会（CMA）声称，"责任关怀"计划实施使得成员公司从 1988 年到 1996 年在产量增加 18% 的情形下，有毒化学物质排放下降了 56%。⑤《科学》杂志主编菲利普·阿贝尔森指出，"责任关怀"计划使用"即时交付化学品"代替氯气容器，减少了储存在参与方场地的危险化学品数量。⑥（2）"责任关怀"计划导致企业与社区的互动发生了重大的或彻底的变化。⑦"责任关怀"计划的一个重要组成部分是公众参与与互动。由社区代表和独立技术专家组成的国家社区顾问小组（National community advisory panels，NCAPs），主要用于接受独立的质询与批评。"产业界已

---

① 比如，美国是由化学制造商协会（the Chemical Manufactures Association，CMA）运行，英国是由化学产业协会（the Chemical Industries Association，CIA）运行。ICCA，*ICCA Responsible Care Status Report 1998*，Responsible Care Status Report，1999，pp. 2，7，65.

② Alphonse Iannuzzi, J. R., *Industry Self-regulation of Environmental Compliance*, Bell & Howell Information and Learning Company，2000，p. 55.

③ See ICCA，*ICCA Responsible Care Status Report 1998*，Responsible Care Status Report，1999，pp. 65-66.

④ See ICCA，*ICCA Responsible Care Status Report 1998*，Responsible Care Status Report，1999，pp. 8-11，29-30.

⑤ See CMA，"Responsible Care Performance Measures"，http：//www.cmahq.com/responsible-care.nsf. September 24，1999，p. 1.

⑥ See Abelson, Philip. H.，"Major Changes in the Chemical Industry"，*Science*，Vol. 255（5051），1992.

⑦ See Howard, Jennifer, Nash, J., Ehrenfeld, J.，"Standard or Smokescreen? Implementation of a Non-regulatory Environmental Code"，Massachusetts Institute of Technology（Unpublished Paper），1999，pp. 9-10.

经不遗余力地去理解和回应 NCAP 关注的问题。"① 而在"责任关怀"计划实施之前,"没有化学企业愿意与他们所在的社区坐下来询问发生了什么问题"②。虽然有调查结果显示,公众对化学工业的看法几乎没有改变,但是"责任关怀"计划在当地社区改善化学产业形象方面取得了一些成功,社区成员可以据此参与到为公司提供建议的团体中,有利于改善公司与当地关系。(3)"责任关怀"计划使其参加者受到了同行和社会公众的更高期望,这种期待会产生更好的表现。③ "任何未能充分履行'责任关怀'承诺的行为都将成为获取公众信任和避免不必要立法或规制的重大威胁。"④

"责任关怀"计划同样受到一些批评:(1)"责任关怀"计划在与利益相关者就改进措施的沟通方式以及计划本身的一些内容仍有待改进。(2)"责任关怀"计划虽然有助于提升公众对化学产业的认知,但是产业信任目标尚未完全实现,需要继续推进。埃姆斯克利夫研究与沟通中心(Eamsliffe Research & Communications)对加拿大化学品生产商协会进行的1999 年 6 月的"责任关怀"计划调查结果显示,"对公众诚实"这一指标,只有 18% 的受访者认为化学产业表现优异或良好。⑤ (3)"责任关怀"计划的原则是"合理的",但它们"过于模糊和不精确",无法为该计划提供可信度,难以获得公众对该计划的信任。⑥ (4)"责任关怀"计划缺乏第三方验证。没有统一的方法来判断各公司对计划目标的实现,每个国家都可以制定自己的指标体系,产业协会开始讨论第三方验证的必要性。(5)小型公司遵守"责任关怀"计划的标准存在难度。较小公司拥有的资源较少,实施"责任关怀"显然是大量的资源消耗,"责任关怀"对它们而言是一种"威胁"。中小型公司在经济上处于弱势地位,不愿意

---

① See Gunningham, Neil, "Environment, Self-regulation, and the Chemical Industry: Assessing Responsible Care", *Law & Policy*, Vol. 17 (1), 1995.
② See Mullin, Rick, "CAER: Jump-Starting Community Outreach", *Chemical Week*, Vol. 25 (160), 1998.
③ See Druckrey, Frauke, "How to Make Business Ethics Operational: Responsible Care—An Example of Successful Self-regulation?", *Journal of Business Ethics*, Vol. 17 (9/10), 1998.
④ See Rees, Joseph, "The Development of Communitarian Regulation in the Chemical Industry" (Unpublished Paper), 1997, pp. 39-40.
⑤ See Schmitt, Bill, "Public Outreach Seeks the Right Chemistry", *Chemical Week*, Vol. 26 (161), 1999.
⑥ See Mullin, Rick, "CAER: Jump-Starting Community Outreach", *Chemical Week*, Vol. 25 (160), 1998.

为了"长期可信度而牺牲短期利益,他们在公众视野中并不出众,其他国家或地区发生的化学产业爆炸实践并不会影响他们,他们没有'公众形象可以保护'"①。(6)"责任关怀"计划对企业可持续发展促进不足。"责任关怀"一直受到批评,因为它"不要求公司考虑可持续性"②。自愿倡议在"引导公司最终向着可持续方向发展,并充分提升企业管理者定期考虑其产业活动的环境可持续性"方面受到质疑。③"责任关怀"计划应当开展可持续化学业的讨论,其中心不仅仅集中在环境影响上,还要关注"社会与经济因素",比如解释公司的产业行为给社会带来的好处,平衡企业产业行为的经济利益与环境影响。④

(四)环境私主体单边治理之简要评价

私主体环境治理单边策略,是私主体在环境治理问题上的自我规制。在范畴上,环境自我规制包含"自愿的自我规制"(voluntary self-regulation)和"被强制的自我规制"(mandatory self-regulation)两个层次。⑤前者的制度逻辑是排污者通过设定并满足一系列内部环境标准进行自我环保审查,以此回应市场偏好,将自己置于市场竞争的优势地位,并获取来自行政机关在环保执法裁量、税收优惠等方面的优待。这种自愿的自我规制可以由污染企业自身实施,亦可由产业协会统一实施,这种兼具"组织性"和"个体性"的双层规制体系是"污染者负担"原则的实践内化。比如,越来越多的排污企业愿意采纳ISO14000环境标准或者设定更严格的企业环境标准展开自我规制,将原本属于政府规制序列的标准体系转化为排污企业增强企业竞争力的优势条件。又如,德国法上有鼓励企业聘任"环境审查人"(或称为环境保护委托人)进行内部环境保护监管的法定制度。我国台湾地区"水污染法"第21条所明确之"事业或污水下水道系统应设置废水处理专责单位或人员",亦与此制度异曲同工。就

---

① See Gunningham, Neil, "Environment, Self-regulation, and the Chemical Industry: Assessing Responsible Care", Law & Policy, Vol. 17 (1), 1995.

② See Alphonse Iannuzzi, J. R., Industry Self-regulation of Environmental Compliance, Bell & Howell Information and Learning Company, 2000, p. 73

③ See Nash, Jennifer, Ehrenfeld, "Business Adopts Voluntary Environmental Standards", Environment, Vol. 38 (1), 1996.

④ See Carmichael, Helen, "Care in the Community", European Chemical News, April 1999 (Supplement), p. 10.

⑤ See Jody Freeman, "Private Parties, Public Functions and the New Administrative Law", Administrative Law Review, Vol. 52 (3), 2000.

后者而言,"强制"与"自我"意味着环保机关和排污者之间的合作,只要经由环境行政机关授权的独立机构(如企业和当地居民组成的环境安全事务委员会)能够完全履行环境法律政策所要求之标准,环境行政机关就不予强力干预,而只负过程和事后监督评估之责。也就是说,"被强制的自我规制"要求排污者承诺将他们的环保绩效提升到实定法所要求的标准之上,作为交换排污者可以获得自我审查的特权。这样将排污者和可能的受害者捆绑在一起,能够大大激发公众参与的积极性和合作意识,提升排污者的公共形象和减少行政掣肘,同时还能降低环保机关的执法成本,提高规制效率。基于协商协议的自我规制则则是环保机构和排污者围绕环保目标及其时间表进行协商,只要环保机构在法律上有相应的签约权限,并且排污者认同协商的结果,那么,这种自我规制协定就具有法律拘束力。①

环境私主体单边治理模式也遭遇了诸多质疑:一方面,没有足够的证据证明采取这种方式能够明显降低排污者的成本,提升规制效率;另一方面,如果排污者认为治污成本过高,很难期待他们将主观上的环境关心转换为客观上的经济决策。② 因此,私主体的自我规制要接受行政机关的监督,同时只要政府对污染者赋予公共规制的政策目标,它就必须为自我规制的运行提供相应的机制(如设定罚则)和激励措施(如设定经济诱因),以确保自我规制在不脱离公共性的轨道上顺利实施。总之,私主体在标准设定、执行、与行政机关的协商等过程中的角色决不能完全替代行政机关作为权威者的正式作用。③ 鉴于这些疑虑和难题,自我规制的成效与未来仍有待进一步检视。

除上述所举之例证外,环境治理中私主体治理的制度实践在国外还有更广泛的应用。以德国的循环经济为例,在《循环经济与废弃物管理法》《包装容器管理办法》等特别行政法或命令规范之中,立法者通过免除申请废弃物运送许可、免除包装回收与清除保障义务、免交回收押金等激励

---

① See Thomas Lyon, John Maxwell, "Voluntary" Approaches to Environmental Regulation: A Survey, http://www.indiana.edu/~workshop/papers/lyon031901.pdf.

② See Daniel Farber, "Triangulating the Future of Reinvention: The Emerging Models of Environmental Protection", *University of Illinois Law Review*, Vol. 2000, p. 70.

③ 参见[美]朱迪·弗里曼《合作治理与新行政法》,毕洪海、陈标冲译,商务印书馆2010年版,第440页。

手段鼓励生产者与销售者自愿回收废弃物或包装容器。[①] 在运行环节,产品制造商或销售者可以自行从消费者处回收废物或容器,也可委托其他私主体组织替代履行,这样就形成了以"产品事业者+第三方营利组织"为主体的私主体链条。此外,在德国,环境私主体治理还体现在独立专家委员会所起草的环境法典总论草案之中,这一篇章规定了自我监督、跨企业环境保护组织、自负义务协定与替代规则之契约等诸多种自我管制策略。

四 环境私主体治理域外经验之评析

(一) 环境规制困境与产业活动绿化催生私主体参与治理

面对20世纪集中爆发的环境污染问题,世界各国出台了大量法规规制环境问题,但这些规制本身产生了对环境执法和守法的反向约束。诸如美国的《清洁水法》《清洁空气法》《超级基金法》等均是为了应对严峻的环境污染问题而颁布的。这些复杂而系统的环境法规体系为应对突出的、集中爆发的环境污染问题提供了有力的法律保障。但同时,这些数以百页计的法律法规也反向约束了环保规制机关及企业。对环保规制机关的约束表现在大量的、繁复的规则之执行需要耗费大量的执法资源,尤其是在企业环境守法行为明显好转之后,这种环境检查与执法就变得更加"困难",规制机关必须按照法规的要求对排污设施进行全面监管,而无法将有限的执法资源集中于问题突出的排污设施监管上。大量繁复的环保规范给企业环境守法也带来了不小的压力,即使是大型企业也需要专业人士去处理企业的环保合规问题,而规模较小企业,面对一整套复杂的环境法规往往只能是以"躲猫猫"的方式应对规制机关的检查。

产业活动绿化既源于政府高压的环境监管下企业的自我调适,也是企业逐利刺激下的自我转变。严重的生态环境问题,激发了民众对重污染的厌恶以及对高污染高耗能企业、产品的厌恶。基于政府严厉的环境管制以及消费者逐渐改变的消费偏好传导之压力,一些企业开始自主寻找环境治理效果的提高,以减轻环境管制或提升产品的市场接受度。企业或产业组织不断探索环境自我规制的路径与方式,寻求与社区的良性互动,改变产业的公众形象。化学产业发起的"责任关怀"计划就在一定程度上改变了人们对化学产业的认可度与接受度。

---

① 相关条文参见《循环经济与废弃物管理法》第25条,《包装容器管理办法》第16条。

（二）环境私主体治理促进环境绩效提升并缓解社群关系

无论是产业单方实施环境治理，还是双边式或集体式环境治理，大多数治理活动均在客观上促进了环境绩效的提升。如明尼苏达矿务及制造业公司的"污染预防付费计划"、陶氏化学公司的减少废物的计划、杜邦公司的有毒化学品与温室气体减排和零环境事故的环境规制、孟山都公司的有毒化学品减排计划、强生公司的无害废物及有毒化学品减排和降低能量消耗和包装计划、化学产业的"责任关怀"计划等，均在客观上减少了有毒有害物质的排放，实现了更高的环境绩效。之所以会产生如此让人欣喜的结果，是由于企业自我规制是在充分了解自身生产流程的基础上，采取各种方式节能减排，与过去被动接受规制机关强制性的约束相比，其可操作性大为增强，规制计划也更加贴近企业实际情况。

私主体参与环境治理的另一个较为明显的效应表现为社群关系的缓和。排污私主体，尤其是重污染企业与当地社区的关系一直都比较紧张，尤其是在大规模环境污染事故爆发之后，社区对重污染企业的抵触、对抗情绪极为强烈。而企业又以商业秘密保护为由，并不愿意向社区透露太多生产细节。这在无形中加剧了因信息不对称而引发的居民恐惧，这种恐惧在印度博帕尔化学品泄漏后，在化学产业周边的社区中广泛地蔓延。"责任关怀"计划即是出于对此种社群关系的紧张而提出的一种改善化学产业形象的自我规制尝试。让社区更多地了解生产过程中的环境信息，减轻社区因不了解而萌发的不理性反抗。这是私主体环境治理在社群关系改善上的重要价值，但这种披露、沟通还有进一步加深和强化的空间。

（三）环境私主体治理的合法性来源及其绩效监管

环境私主体治理是过去偏重政府管制和行政法的形式主义的权威模式在环境公共利益保护的目标下无法解决实际问题的困境中做出的治理模式转变。环境私主体治理的出现表明了决策者对实现环境公共利益的基本立场，表达了他们对环境治理中权力结构及其合法性的认识和改变。虽然旧的环境管制权威模式不能充分保障环境公共利益的实现，但环境私主体治理的出现并不意味着政府完全放弃环境管制。一方面，政府没有能力对私部门完全强制控制；另一方面，政府还不能放任私主体提供公共物品，以避免完全的市场竞争无法保障提供的公共物品质量之情形出现。政府直接参与到环境私主体治理的诸多模式之中，是基于履行行政任务的法定要求以及对私主体治理能部分实现公益目标的认同，发挥其引导性或指导性的功能来促成与私主体的合作治理,这样既有助于维护环境保护的公共利益,又能促进企业经济利益的实现。换言之,在私主体与政府的互动式治理结构中,政府把握维持环境公共利益的总方向,而私主体则通过采取配合行动获得相应利润。如此一来,政府与私主体得以通过合作策略的链条,"在法规、民意等制约下,为共同的社会目标及福祉努力"[1]。

但值得注意的是,私主体参与环境治理,尤其是私主体通过与政府合意的方式参与环境治理存在一个合法性的先决问题。清洁、良好的环境质量是政府提供的重要公共产品,政府是将整个社会视为一个主体来供给这种公共产品的,因此其指向的是有别于个人利益的共同体的整体利益,这种共同体利益并非不同法律主体之个别利益的简单相加,而是国家确保个人与团体易于充分实现自我的社会整体条件。公共利益的实现首要是由国家提供保障,但并非行政机关可以独立胜任,尤其是面对"高悬的苹果"之情境下,政府通过控制、命令等权威管制模式已不能发挥公共利益保障的最优效能。私主体参与政府行政执法以及政府环境决策,既是实现环境公共利益的需要,也在客观上增加了私主体的获利。相反,单一化的政府管制虽然能凭借国家强制力获得治理成效,但也阻断了私主体与政府围绕环境治理任务的互动博弈、平衡协同,也无法因地制宜、因势利导地配置环境治理的最佳解决方案。[2] 即政府这种"根据不同情境因地制宜"地做出"妥协"与"协同"的合法性来源于哪里?这是一个不得不关注的重要命题。

除了合法性问题,与政府合作的私主体之环境治理绩效的公信力监管也不容忽视。企业与政府的环境治理合意达成是自愿的,企业自愿承诺实现法律规定之上更高的环境绩效或至少主动达成法律规定限度的环保要求;作为"交换",政府承诺在许可证办理或是环境行政处罚、检查优先权问题上做出让步。但如何确认企业的自主规制达到了其承诺的环境绩效?一种可资借鉴的方式是由第三方审计或监测,如"星道"计划。但第三方监测或审计同样存在合法性问题,同时也会产生成本过高的压力。

---

[1] 周海华:《公私协力履行环境行政任务的正当性及其适用型态》,《西南民族大学学报》(人文社会科学版)2018年第11期。

[2] 更一般的论断,请参考范如国《复杂网络结构范型下的社会治理协同创新》,《中国社会科学》2014年第4期。

(四) 环境私主体治理的重要属性

毫无疑问，以上类型并没有呈现出环境私主体治理模式的全貌，还有一些或隐或现的新模式正在不断生成，呈现不同的制度逻辑。但是，它们足以提示出私主体治理的一些重要属性：①与政府规制相区别的治理；②不是以科层制的方式主宰自上而下的制度体系，而是呈现出多层次制度承认和关联；③倚重协商秩序而不是法律框架塑造的秩序；④一种政治民主博弈过程；⑤公私协力或私人自治。① 根据这些属性，环境私主体治理动力源于相互依赖的公私主体（"私—私"和"公—私"）在协商、审议、执行各单元推动的持续不断的多层次聚合，在这个过程中没有任何一方享有独占的决策权限，也没有设定任何类型的体现权力分层的等级制度。② 环境治理中的公私策略，可以用图3-1来表明。

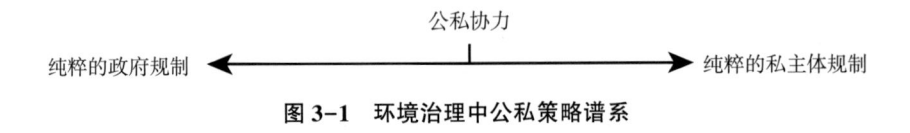

```
                            公私协力
纯粹的政府规制 ←——————————|——————————→ 纯粹的私主体规制
```

图 3-1 环境治理中公私策略谱系

---

① 需说明的是，有学者将私主体之自主规制亦作为公私协力的考察对象。参见［日］山本隆司《日本公私协力之动向与课题》，刘宗德译，《月旦法学杂志》2009年第9期。此种划分固无不妥，但为了尽可能呈现私主体治理的类型以及私主体治理与政府行政权之间的亲疏远近，本书将自主规制与公私协力作为不同的私主体治理类型。

② See P. Schmitter, "Neo-functionalism", in A. Wiener and T. Diez (eds.), *European Integration Theory*, Oxford University Press, 2004, pp. 45-74.

第四章

结构论：环境私主体治理之体系与构成

在现代治理体系中，制度、政策和工具是三类决定性的要素。[①] 作为最重要的体系构件，这三个要素直接决定着治理的样态和效果。在中国国家治理进程中，这三者之演变具有突出的本土性、规律性和交融性特征，其中最重要的就是不同时期的制度、政策以及工具对政府、市场、社会三者关系会有不同的定位或定向。而当下法治的主要功能就是要重新定性这种关系，并使社会、市场能充分预见、确信相关主体的行为边界，由此积极自主、理性平和地参与治理过程，以法律的共识性和稳定性塑造政府治理、社会治理和市场治理三者协同的治理结构，[②] 明确不同类型治理的体系及其构成。对于环境私主体治理这种新兴的具体领域而言，此一法治目标尤其重要。因此，本章的主要任务就是要发掘环境私主体治理的体系与构成。

第一节 公私互动治理体系的制度化

一 私主体治理的制度化

在公私伙伴关系时代，我们可以在不同的组织环境和问题域中发现合作的多种创新形式。在纯粹私主体治理的领域，私主体之间（包括竞争者）可以建立战略联盟并制定非正式的行业规范和惯例，用于不同类型问题的治理，规范不同参与者的环境行为。而在公私合作情境下，政

[①] 俞可平等：《中国的治理变迁（1978—2018）》，社会科学文献出版社2018年版，第17页。

[②] 参见张志铭、于浩《转型中国的法治化治理》，法律出版社2018年版，第2页。

府可以寻求私主体的支持，以实施普遍的环境法律规范和公共政策，或与它们合作推出有利于环境治理的可持续计划。这都表明环境问题的解决轨迹并不仅仅依靠政府。治理权威可以同时被配置在公法或私法的体系之中，治理权的行使主体也关系到所有可能的公私部门以及纯粹私人行动者。实践表明，通过私主体和政府之间伙伴关系的塑造，有效地调和了传统上政府与私主体之间单向的命令控制甚至对抗关系，增强了双方的互动性，并且这种合作关系也越来越制度化了。在这种制度形成逻辑之下，从私主体治理的制度化切入可以进一步澄清这些对抗或合作关系及其与之相关的制度转型问题。进一步来看，强调私主体在构建环境法治话语体系和制度体系中的功能，可以从侧面厘清环境私主体治理的体系与构成。

众所周知，环境治理是由不同目标、结构和过程驱动构成的复杂系统。因此，人们普遍认为环境治理包含不同层次的规则体系。这套控制机制不仅包括政府的强制性规范，也包括许多其他的规则形式。对于私主体治理而言，私主体治理的合作及其形式需要以信任为基础而不是简单的利益计算，因此合作必须涉及法律规范、习惯、共同标准甚至共同的期望。这意味着，合作必须制度化，信任必须制度化，私主体治理也必须制度化。

从功能的角度来看，私主体可以通过制定一系列规则或标准并将其与国家正式的环境法律体系相结合来规制相关领域的排污者。这时，这类私主体就成为事实上的私人监管机构。除了制定详细的规制性规则之外，私人监管机构还可以在环境治理中履行其他更多的职能，比如提供组织学习的机会、推广有价值的知识和信息、提供审议和解决冲突的论坛，以及提供对法律规范遵守情况的独立核查服务等。如此一来，私人监管机构就能在政府权力行为之外为环境治理提供制度化的切口。正是通过这些多元化的职能，私人监管机构得以在环境治理领域行使事实上的治理权。这表明，与国家的正式制度和政府的命令控制机制类似，私主体同样可以供给环境治理规则和服务，降低治理的不确定性和失灵风险。

但是，需要注意的是，探究环保组织、产业投资者、跨国公司以及其他地方性、区域性市场主体治理形态的制度化，不能忽视以下两个关键问题：一是为什么这些具有不同职能和运行逻辑的私主体可以进行密切合作，产生超越自身的监管；二是这种监管在何种条件下才能产生。对于这个问题,从世界范围内的经验来看,可以从四个方面进行分析。

一是治理秩序因素的变化。随着全球化进程和市场化改革的推进,治理秩序的政治、经济、社会条件发生深刻变化,政府监管形式在回应环境问题和环境风险方面的局限性逐渐显现,并且与公众对环境权益的期待之间的差距也在不断扩大,政府机制与环境治理目标之间的不匹配不容忽视。也就是说,政府作为公共监管者在环境治理领域的实际效能正在下降,市场力量和社会力量作为合法可信的行动者正在不断壮大,以及企业合规意识增强对环境治理效能的影响也在逐渐增强。

二是环境问题的结构发生改变。尤其是相互依赖的利益以及不同层次的信息、知识之间不断交织、相互作用使环境问题的破解更为复杂。比如,投资者积极解决企业环境管理绩效问题不仅是在回应社会关于环境保护的愿景,更是因为这代表了资本自身的利益。以推进碳达峰、碳中和目标落实为例,碳排放权、用能权等市场建设为私主体治理在中国场景的落地展开提供了最佳契机。落实"双碳"任务,既会给相关行业的市场格局、企业管理模式和行业监管模式带来挑战,也会基于此引发更加复杂的法律关系变化。在此情境下,企业围绕绿色低碳发展搭建新型的企业法治合规体系,服务于经营管理变革、决策模式优化,在回应新型监管要求的同时也将进一步增强防范风险和维护权益的能力。如此一来,合规、内控、风险预防、守法等统筹协调运作机制能够有效提升自我规制或者合作规制的制度化水平。[①]

三是环境治理领域行政任务导向以及公私合作的新模式为组织法机制带来挑战的同时,也塑造出以公共任务和治理过程为中心的新的组织形态或程序。这种组织体系的变革使治理结构中的行动者降低成本或改善其地位的组织资源不断丰富。对私主体治理实践方式的制度化处理,首先要通过塑造组织形式、维持组织能力的方式实现,把私主体治理纳入行政法的组织形式、行为方式和监督救济体系中予以考量,与既有体系形成互补。尤为关键的是,要将环境治理视为行政法体系中公共服务领域的重要事项,并以此推动治理组织体系的再造。将公共服务的理念及其法律实现机制引入生态环境保护领域,对于环境法基本结构的优化具有重要意义。以

---

① 《法治社会建设实施纲要(2020—2025年)》提出要"广泛开展行业依法治理,推进业务标准程序完善、合法合规审查到位、防范化解风险及时和法律监督有效的法治化治理方式",为企业从合规出发回应法治发展规律,提升自主治理能力设定了顶层框架。

人民为中心的新发展理念及其蕴含的发展权，共建共治共享的社会治理新格局及其蕴含的参与权、惠益分享权，都为公共服务理念接入环境公共治理提供了正当性依据，凸显出高质量发展、高水平保护与整体性治理的统一。而在推进环境领域公共服务水平的过程中，引入市场竞争机制、发挥自我规制或者合作规制的效能、激活社会主体活力等法律实现机制不断增多，客观上促动了公法规则的变迁和私法规则的融入。

四是私主体的能力持续提升。一方面，在治理实践中，私主体掌握越来越多的关于环境问题的观念、知识和信息，并且不断交换沟通，最终达成一定程度的共识；另一方面，经过政府引导、市场培育、技术支撑，各类新型经济组织、非政府公共组织快速发展，在风险防范、利益表达、协调互动等方面的载体作用越发突出。

经由这四个方面，私主体能够以对所有利益相关者都有意义的方式建构问题，汇集解决问题的相关信息，以及形成所有参与者都能接受的治理方案。这四个方面相互关联，构成了私主体治理生成和发展的解释模型。同时，在生态环境复杂性治理的背景下，凭借私主体对政府机制的补充功能或者公私合作形成的联合解决机制，私主体治理可以在这个动态过程中逐步制度化。总之，私主体治理的制度化意味着它是以规则和监管为中心的，而不是以市场互动或社会自发等随机行为为中心的。私主体治理的制度化不仅意味着不同治理主体合作的常态化，同时它也为政府治理机制的转型预留了很大的制度空间。

为了推进私主体治理的制度化，探索其方向是必要的。一方面，法律系统必须恰当地安排私主体治理的形式及其发挥功能的领域，尤其是在标准制定、第三方监管、契约治理、利益相关者的参与度，以及国家法律的实施、监督和执行等方面设定精细化的准则；另一方面，由于私主体治理具有相当程度的自治属性，所以法律系统必须考量政府治理结构与私主体治理结构之间的关系，尤其是政府和私主体在何种条件下是互补关系，在何种情境下应依赖两者的竞争关系。比如，在私人监管机构与政府的关系中，前者是否必须依赖于后者？如果不是，那么私人监管机构及其监管方式如何合法化？我们认为，私主体治理作为一种新型策略，与政府传统管制手段之间是互补而非相斥关系。唯有建立对私主体治理机制的正确认识，才能在法理上评估该机制的可能性，也才能在制度上开辟出合理应用的空间。

二 公私互动的类型及其法律秩序

在过去几十年间，生态环境治理在全球、区域、国家和地方层面都发生了重大制度转型。在全球治理领域，跨国的私主体计划（如自愿性公司法、环境管理系统、绿色标签、指标和环境报告标准等）作为条约机制的补充在环境规制方面发挥着越来越重要的作用。这些跨国性的私人规制在跨国公司、国际公共机构和诸多国家政府的广泛参与下不断推广，甚至在特定场景下发挥主导作用。从许多国家内部的环境治理机制发展来看，这种趋势尤为明显。关于这一点，第三章已经详细阐述，在此不赘。这表明，环境治理体系已经转变为公私混合的统合样态，公共机构和私主体联合实施的治理计划正在大规模增长。但是，私主体获得治理权威的方式、制度动力的丰富性以及私主体治理对公共规制的影响都要求在理论上对公私主体相互作用的形式和后果予以澄清。

（一）公私互动类型的多元化

传统理论认为，公私互动主要体现为政府通过公法机制增强或限制私主体的行为。比如特许经营、合同承包即是公法机制增强私主体能力的常例，而政府监督指导形成的准市场机制则是限制的常见形式。但是，当环境治理体系向公私融合样态演化，私主体嵌入治理结构的方式更加多元，会对公共规制形成不同程度的影响，这极大地拓展了公私互动的形式。从公法对私主体行为、标准、规范的立场出发，公私互动至少包括吸收、引导、克制、替代和抑制五种类型（见表4-1）。

1. 吸收

吸收是指公法对私主体标准和规则的积极支持。吸收主要发生在私主体标准或规则比公法标准或规范更严格、更具有透明度的情形下，公法可以将其视为提升公法规制能力的催化剂。如果私主体标准或规则在其生成伊始就具有很高的合法性，那么吸收的过程会进一步强化混合环境治理体系的合法性。当然，吸收过程也可能产生一些负面后果，特别是这个过程可能会被视为私人利益对行政规制的一种俘获形式。

2. 引导

引导是指在无须公法介入执行时，政府为采纳私人规制创造条件，引导排污者自主设计标准体系或采用第三方私人标准。此种情境下，法律的功能是引导治理过程或设定治理绩效，而不是规定行为的具体细节。

3. 克制

克制是指公法对私人规制所覆盖的问题保持一定程度的距离。[1] 克制能够极大地促进私人规制的增长和创新，在政府不作为或不宜行为的情形下为市场激励、社会能动创造适用空间。但在市场对私人标准的需求疲软或者政府激励措施不足时，克制也可能会削弱私人规制的发展。

4. 替代

替代是指由私法主导的规制机制逐渐被公法所取代。政府政策优先权转移会不断生成新的公共规制模式，以及公众对私人规制的合法性、可信度、完整性、有效性的要求不断提升，[2] 都可能会使私人规制逐渐式微，甚至完全让位于政府规制。

5. 抑制

抑制是指公法直接禁止某些形式的私人规制，或者直接干预私人领域以阻止、限制私主体的行为。当私人规制的可信度、合法性、完整性和有效性受到质疑（尤其是与公法的基本价值相抵触）或者完全失效时，抑制就会随之而来。这既表明公法和私人规制的竞争性，也说明公法压制私人规制的天然倾向。

表 4-1　　　　　环境治理中公法与私主体互动的类型

类型	特征
吸收	公法对私主体标准和规则的积极支持
引导	在不需要公法介入执行的情况下，政府为私人公司采纳私人规制创造条件
克制	公法对私人规制所覆盖的问题保持一定程度的距离
替代	原本由私法主导的规制问题被公法所取代
抑制	公法直接禁止某些形式的私人规制或者直接干越私人领域

在政府与私主体、公法机制与私法机制互动形式越发多元化的情境下，环境法理论和规范需要发展出一种新的、补充性的体系来对公私行动者的活动范围、功能予以精细化的控制，鼓励多层次、多领域的利益相关者共担治理功能。基于此，环境法需要在以命令控制为主体的公法机制之

---

[1] See Tim Bartley, "Transnational Governance as the Layering of Rules: Intersections of Public and Private Standards", *Theoretical Inquiries in Law*, Vol. 12 (2), 2011.

[2] See Shana Starobin, Erika Weinthal, "The Search for Credible Information in Social and Environmental Global Governance: The Kosher Label", *Business and Politics*, Vol. 12 (3), 2010.

上发展出与治理实践、私主体的利益和知识体系相适应的开放式、反思性模式。

(二) 公私交融秩序的展开与环境法再体系化的新任务

面对公私互动的多元化，法理论和法规范需要提出一种新的体系，尤其是在环境治理目标实现过程中要通过法律机制对公私行动者的活动范围、功能予以精细化控制，重新界定政府与私主体的相互关系，鼓励多层次、多领域的利益相关者共担治理角色。通过程序机制的设置让私主体在规范标准制定方面发挥积极的角色，将传统上由政府承担的责任转移给包括企业、社会组织在内的私主体。由此，法律的角色也在自上而下的命令控制模式之上注入与治理实践、私主体的利益和知识体系相适应的反思性模式。在公私互动的关系框架下，法律的协调性尤为重要，前文所述及的协商制定规则、受监约束的私主体治理、通过契约的治理等实践将成为法律制度创新的新领域。

与传统政府管制的确定性不同，环境私主体治理的嵌入要求法律能够回应与之相关的公开、动态、多变等内涵，对私主体的多样性、竞争性、自主性、灵活性、非强制性、整合性等方面进行有效控制或引导。所以说，环境私主体治理相关的法律创新不仅仅是从一套制度转向另一套制度，从一种管制形态转向另一种管制形态，而毋宁是一套全新的法律体系和法律意识形态，既要允许不同种类的私主体治理在此框架内自主创新、动态演化，还要设立一套以协作为目标的制度安排，也要对其施加一定的约束，避免无效率或者对环境管制的俘获。

基于这一点，维持公私融合秩序的第一层法律要求无疑是回应性。不断变化的治理结构和治理进程要求法律和公共政策具有很强的创新性，[①] 能够将官僚制、公法的监管与私主体的自我执行、反思性整合在一套法律工具之内。这意味着，在私主体治理的建制背景下，法律除了要发挥强制性功能之外，还要借助于组织法、程序法的机制维持一个拥有多层、多元规则的稳定治理结构的功能。相应的组织和程序规范有助于政府和市场主体、社会力量在不破坏原有价值模式的基础上解决各类争议，达成利益共识与共治合意。

---

① See Daniel Fiorino, "Rethingking Environmental Regulation: Perspectives on Law and Governanace", *Harvard Environmental Law Review*, Vol. 23, 1999.

维持公私融合秩序的第二层法律需求则是拥有回应高度分化社会的反思性、动态性、灵活性的法律体制:既可以在政府和市场、社会等不同系统内提供程序与组织上的整合机制,也可以控制外部协商系统的构成,最大限度地实现法律系统与社会系统的整合。过于复杂宽泛的生态环境治理要求采取范围更宽广的组织形式和法律体系,任何单一性力量都无法承担复合结构的治理方法,政府需要不断学习私主体的组织模式以及以市场、社会为基础的治理理论和方式。由此,治理的客体(生态环境危机)与治理的策略(法律、政策)之间相互作用,通过私人性的策略推进了治理更新。

公私互动的多元化意味着治理权可以同时配置给公共部门和私主体。相应地,治理权威也就可以从公法和私法两个体系中获得。此种公私交融秩序的展开逻辑已经在环境治理实践中清晰可见。一方面,利益共享、责任共担、信息和知识的多元多层交织大大丰富了私主体在环境治理事务中的组织资源。他们可以通过建立战略利益同盟,推广有价值的知识和信息,提供审议和解决冲突的论坛或对守法情况进行独立核查来增强私主体的治理能力,或者通过契约等私法机制来规范或引导环境行为,从而塑造私人监管机构和新型环境治理结构。进而,私主体能够以对所有利益相关者都有意义的方式建构问题,提供解决问题所需要的信息以及构建所有参与者都能接受的联合解决方案,[1] 最终凭借供给环境治理规则和服务的功能,来降低治理的不确定性和失灵风险。另一方面,政府越来越多地通过公私协力方式实施强制性的环境法和公共政策,或者以合作方式推行有利于环境治理的可持续计划。

尽管交融秩序明确承认"行政机关的行为行使选择自由"和私主体的制度性行为,[2] 并重构环境治理权分配方案,有效调和传统理念中政府与私主体之间的对抗关系,将环境治理构造成由不同目标、结构和过程所驱动的控制机制的复杂系统,但从长远来看,要使这种公私融合秩序保持长期稳定,就必须探究与之相匹配的法律规范形态及其构成要素。这意味着,环境法必须从公共权力和私主体的关系视角探求各个部分之间的关联

---

[1] 从实践的复杂性出发,不同的问题结构、不同层次的信息和知识以及利益相关者之间的对抗关系决定了政府单方的监管无法满足复杂治理的需求,所以私主体有机会为政府管制供给最有效的补强机制,他们的信息、知识和资源可以通过相互交换形成一个联合解决方案。

[2] 章志远:《迈向公私合作型行政法》,《法学研究》2019年第2期。

或结构,[①] 完成进一步体系化之任务。

进一步说,在规范视角下,公私互动并不仅仅意味着赋予私主体参与环境治理或者单独从事制度性环境行为的程序资格或实体权利,而在于公法规范和私法行为之间是否存在体系性的制度连接,以便前述互动的有效展开。由此出发,再体系化的环境法应当是包含不同层次规则体系的动态构造,除了政府的命令控制规则之外,还应当包括以信任为基础的合作规则或者与习惯、诱因、资讯、市场、人事、新型组织等媒介相关的弹性规范。这套"动态构造+弹性规范"的规则体系在很大程度上将弱化当下环境法的规范主义属性,从强调法律的制裁和裁判功能、关注法律的规则取向与概念化属性的公法特质向增强政府的主动性和解决实际问题能力的混合调控功能位移。或者说,公私互动的环境法规则必须注重与其他组织形式、治理工具的相互协调,以整体调控为规范本旨,扩大调控机制的形式,供给高效的治理工具,发挥公私双方的能力禀赋,借以在明确公共部门责任与私主体责任的基础上提升环境治理效能。

私主体的介入使公法机制与私法机制经由公共责任获得了相互统合的契机。传统公法体系中相应主体的责任必须重新分配,既要充分引导私主体治理,充实私法规范的补强功能,也要将其进一步规范化,强调公法规范和私法规范的衔接和协调。一方面,环境法必须恰当安排私主体治理的形式及其发挥功能的领域,尤其是在标准制定、第三方监管、信用管理、契约治理、利益相关者的参与度,以及在实施、监督和执行环境法等方面设定精细化的准则;另一方面,由于私主体治理具有相当程度的自治属性,所以环境法的再体系化必须考量政府管制结构与私主体治理结构之间的关系,尤其是政府和私主体在何种条件下是互补关系,在何种情境下是竞争关系。比如,私人监管机构与政府的关系,前者是否必须依赖于后者? 如果不是,私人监管机构及其监管方式又如何获得合法性? 这些问题都将是公私交融秩序下环境法体系化所需解决的关键问题。

三 元治理与公私混合的整体治理结构:关于治理权的最佳分配方案

从公共治理的结构出发,公私主体的互动和公私法机制的融合能够发

[①] 张桐锐:《行政法与合作国家》,《月旦法学杂志》2005 年第 5 期。

展出最贴近公共利益的环境法律和政策。立法者或公共政策制定者应致力于设计公私混合的治理制度,在政府和私主体之间合理地分配治理权。如何实现这一最佳分配呢？关键是要厘清公私机制的优势和缺陷及其相互间的关系。

在公私混合的治理权分配方案中,私主体治理机制的优势和缺点都非常明显。一方面,私主体有时会因为其信息优势而拥有更强的适应能力和灵活性,因此也能够降低规则制定、监督实施和执法等环节的治理成本,也可以借助于更复杂、更持久的公共协商过程来提升治理共识,形成跨区域甚至跨国的治理机制。这些都与环境的整体性特征及其治理的系统性要求不谋而合。另一方面,将治理权配置给私主体同样也会带来诸多挑战：其一,私人规则的制定程序并不能为社会公众（尤其是利益相关者）提供与公法同样的知情权和表决权,因此规制俘获的风险可能远大于政府及其职能部门；其二,私主体的组织和执法能力具有很大的不确定性和差异性,由于缺少行政权的支撑,私主体在治理组织的建设和自主规则执行方面的效果将大打折扣,执法能力不足可能难以满足实定法确定的目标甚至侵害相关主体的权利,因此它必须借助于政府通过立法或行政过程持续地输入相关的要素；其三,私主体治理在凸显民主优势的同时也会诱发公共利益私人化与民主价值之间的紧张关系,因此必须开发出更系统全面的参与式结构来吸纳公众利益和政府监管。

如何缓解私主体治理的风险呢？我们认为,必须在治理过程中通过制度建设增强透明度和私主体的公共责任,将公共性、有效性、最佳性和合法性确立为基本目标。而这些目标与政府等公共机关行使治理权使用的机制高度一致,其目的都是"利用透明、责任、目标性、一致性、比例性等更好的规制因素"来克服私主体治理的不足。[1] 换言之,随着私主体治理的兴起和公私混合治理结构的发展,传统公法中各主体的责任必须重新分配,既要充分引导私主体治理,充实私法规范的补强功能,也要对私主体治理予以规范化,强调公法规范和私法规范的衔接与协调。

具体而言,一方面可以强化政府元治理的功能,使公共规制系统能

---

[1] 高秦伟：《社会自我规制与行政法的任务》,《中国法学》2015年第5期。

够控制私人系统。在元治理中，规制机构通过将一些权力转移到私人领域来诱导私主体制定规制方案。然而，公共规制机构必须为该制度设定总体目标和原则，并为私主体制定详细的标准和合规技术，确保私人制度与法律的一般原则保持一致。另一方面可以在私主体治理策略和计划中发展私主体和公共机构之间多形式的合作。在政府的管制结构和私主体的治理计划之间总是存在多重的联系或者相互交叉的敏感性，有些行为需要通过强力推行，有些则可以自主进化，这两者之间可以形成整体的规制结构，产生协同效果。比如，不同性质的标准之间的交叉联系创建了一个更积极的执行体系，其中每种制度的合规机制也可以为结构中其他执行机构所采纳，甚至是形成其他执行机构的基础，由此可以将合规守法的效果放大。

总之，在公私混合治理结构中，政府工具和私人工具以多元化的方式相互作用。在某些场景下，公法已经完全进入私人管制的传统领域，相反，私人机制也在不断补强公法的缺陷。尤其是，公法功能的发挥越来越依赖于私主体掌握的专业基础。私主体治理具有更好地获取信息的优势、更好的适应能力、较低的制度建设成本，也能增强民主创新能力，但也存在规制俘获、合法性和执法不力等缺陷。而政府的元治理技术可以让政府对私人计划进行一定控制，公私混合的整体规制结构则可以增强私主体治理的合法性，降低规制俘获的概率。这提示我们，必须审慎务实地建构私主体治理机制，进而激发环境治理模式的整体变革。

第二节 公私交错的规则秩序

从环境法再发展的任务出发，必须动态地观察与公私互动有关的所有法现象，发掘其在法规范层面的问题及其突破方法。这些法现象都将可能成为环境法再体系化的制度连接点。因此，梳理公私互动焦点对于在法规范层面定位这些制度连接功能显得尤为重要。

传统意义上，无论是大陆法系还是英美法系，都是通过发展规制性立法或者扩展政府公共职能的方式来应对环境危机，具有鲜明公法属性的规制立法体系快速发展并发挥着重要作用。这主要是因为以意思自治和风险自负为原则的私法机制无法满足社会性规制的功能期待。但是，"公共生活的安全建构"无法脱离私法秩序的辅助性功能，"即使在首先为个人利益服务的私法中，也应当追求公共福利"①，因此在现代社会中私法所承担的社会义务日益繁多，在公共规制领域角色和地位也随之显著变化。其中，私法的激励机制和损害赔偿责任、修复责任备受立法和司法的重视，逐渐发展为高效的替代性规制方法。比如，随着市场型环境治理工具的逐渐丰富，那些试图扩张财产权和行为责任适用范围的私法规范越来越重要，为通过司法机制解决环境利益纷争提供了基础。环境民事公益诉讼、生态环境损害赔偿诉讼等以私法机制为基础发展起来的环境司法体系也已发挥出了治理的功能实效。② 同时，公法机制的开放性也在不断增强，逐渐覆盖到所有可能的行为或风险主体，而不仅仅是具体权利纷争的当事人。由此，公法和私法在环境治理中分别塑造了权利调处和行为或风险规制两条不同的法律发展路线。

面对复杂的生态环境治理问题，公法的强制功能与私法的自治功能分别提出了差异化的规范要求：前者要求分配公正、政府主导和依法行政；后者则要求权利保护、主体对等和意思自治。但在政府管制和市场机制双双扩张的治理背景下，许多原本属于公法管制的领域转而依赖私法的自治功能，逐渐放松或解除管制，甚至是以私法作为管制的工具；而原本属于私法自治范畴的事项则附加上越来越多的公法要求，或者私法上的行为还需要以公法管制的结果作为其生效或变更的要件。这样一来，公法的强制和私法的自治在生态环境治理的复杂场景中并不是非此即彼、此优彼劣的规范体系，而是需要彼此借力、相互工具化的交错形态。③

这种交错形态最常见的表现形式是公法与私法的合力。比如，对排污者征收税费既有督促其改善污染状况的管制目标，也发挥着诱导其节约环境资源消耗的经济性功能。在法理上，前者是为了落实污染者付费的公法要求；相反，后者则充分体现了环境资源有偿使用的所有权内涵。这种"同一内容的义务，一面为个人相互间的义务，同时又为个人直接对国家所负义务的场合"④，充分彰显了公法与私法在现代社会中的"结合"或

---

① 参见［德］奥托·冯·基尔克《私法的社会使命》，杨若濛译，商务印书馆 2021 年版。
② 杜辉：《环境司法的公共治理面向——基于"环境司法中国模式"的建构》，《法学评论》2015 年第 4 期。
③ 苏永钦：《从动态法规范体系的角度看公私法的调和——以民法典转介条款和宪法的整合机制为中心》，《月旦民商法杂志》2003 年第 3 期。
④ ［日］美浓部达吉：《公法与私法》，黄冯明译，中国政法大学出版社 2003 年版，第 248 页。

"共通性"。①

　　公法与私法的交错除了体现为彼此结合之外，还可能表现为适用中的相互转换。在某些侵权案件中，私人的利益纷争有可能在国家保障私人权利存在疏忽的前提下被转化为针对国家的权利诉愿，比如在一些国家开展的针对环境权保障的宪法诉讼。这样，公法机制得以有效地将私人利益剥离出来，转化为环境权这类公法权利，并在宪法诉讼中得以适用。相反，将环境权在诉讼中剥离出来并使之与私人利益对接，同样也可以扩大侵权的适用范围。②正如有的学者指出，环境公共利益可以制度化为公民个体的环境权利，③环境利益的公共性和个体性可以并存，④甚至可以相互转化。

　　但值得警惕的是，面对复杂的生态环境治理，公法规范和私法规范的结合则可能导致意思自治、契约自由等私法价值受到挑战和干预，在公法的侧面则可能是依法行政的模糊性增强。如此，处理生态环境问题的法律关系之复杂程度必然陡升，随之而来的则是侵害权利的危险与行政秩序的紊乱低效。所以，如何有效整合公私法不同机制的功能就成为环境法再发展的一个关键焦点。

　　当今环境法律体系的公私法规范交融，绝不是公法规范与私法规范各行其是，彼此独立，而是以整体主义的立场综合运用多种规制工具来管控环境风险、降低环境损害。这表明，环境法的体系化任务将成为适配这一发展趋势和任务要求的首要任务。因此，以内在价值秩序和外在规范体系的适应性改造为总体思路推进环境法的再发展，应当成为环境法治发展的新的重心。正如有学者所言：

---

① 有学者指出，随着公共行政的变迁，"在外包、私有化、公共职能从政府向社会转移的过程中"，在"行政法未做特别规定，且与行政性相容""处理行政法关系所依据的法理与民法法理有共同性"的前提下，为解决行政法上争议则可以援用民法规范。参见余凌云《行政法讲义》，清华大学出版社2019年版，第7—29页。按照这一观点，环境治理作为此种公私法结合的典型领域，其规范发展的方向似乎呈现更高程度的复杂性。
② [英]马克·韦尔德：《环境损害的民事责任——欧洲和美国法律与政策比较》，张一心、吴婧译，商务印书馆2017年版，第201—202页。
③ 王小钢：《以环境公共利益为保护目标的环境权利理论——从"环境损害"到"对环境本身的损害"》，《法制与社会发展》2011年第2期。
④ 吴卫星：《宪法环境权的可诉性研究——基于宪法文本与司法裁判的实证分析》，《华东政法大学学报》2019年第6期。

到了现代社会，随着法的内在价值冲突加剧，规范数量日益增多，体系问题已成为法学研究中的核心问题。一方面必须在逻辑技术层面应对日益增多的规范，防止因法的素材纷繁复杂导致法的外在体系陷入毫无头绪的困境；另一方面，规范背后的利益乃至价值导向也存在冲突，失去了体系化的安排将直接影响到法的内在价值的统一。因此，无论是立法还是司法都需要法本身具有统一的内在体系和完善的外在体系，否则立法矛盾丛生、司法判决混乱，这还将直接影响到行为人在社会交往中的决策。[1]

第三节　公私衔接的程序机制

在现代国家治理进程中，程序是最为重要的处理不同意见、多元利益的机制，它比实质性判断方式更有效，也更能体现现代法律体系的反思理性。正因如此，价值中立的程序性规则和沟通是私主体在环境治理中与其他相关主体达成共识的基础。在这个意义上，现代环境治理体系中的程序机制远不止于传统意义上的公众参与，而是充分彰显实践理性的原则体系、议事规则和整合机制。"程序上的合法性最终导致实质上的赞同规则"[2]，是被规制者主动守法的基础，因为程序基于尊重对待为各方主体提供了中立的、无偏见的表达机会，可以大大提升公共决策的可信度。

此外，环境治理领域公法与私法的汇流必然塑造公私协力的治理体制。在共同治理目标导引下，公法规范与私法规范的协同发展，公权力主体与私主体的合作，都需要一个能够发挥链接、对话、合意、论辩的程序机制，才能跳脱出管制与自治对立的传统格局，才能在公权力主体、社会主体、市场主体之间实现优势互补和协同治理。

共治秩序因为事务的复杂性和差异化特征，往往难以通过实体性规则来塑造，而只能通过程序规则来推进并形成关于共治格局的一般法律原理。但实践中，由于数量巨大、广泛影响权益的治理进程缺乏共同的程序规则，使得共治格局难以形成并有效运行。也就是说，程序规则发挥着面

---

[1] 朱岩：《社会基础变迁与民法双重体系建构》，《中国社会科学》2010年第6期。
[2] ［美］劳伦斯·弗里德曼：《法律制度——从社会科学角度观察》，李琼英、林欣译，中国政法大学出版社2004年版，第134页。

向共治格局法治秩序的总则功能，可以为政府推进环境共治提供标准性的规范根据。同时，环境私主体治理的程序规则还具有辐射实体法的功能：既承担着实现环境法基本原则、制度以及保障环境公共利益的功能，又决定着引入私法规范的限度及其适用方式，还是多元多层的私主体规则的载体，因为只有凭借这一程序机制，私主体规则及其治理权、治理行为才能实现。离开了程序规范，环境私主体治理就会失去轨道。正因为如此，环境私主体治理程序机制的主要功能正是衔接包括环境法、民法、私主体规则等在内的多元规范。此程序机制将明确私主体在环境治理中的程序性权利，增强法律与非正式规范的确定性，提升治理效能，巩固公私合作的合法性和公信力。此外，推进环境私主体治理的程序机制还有治理成本的考量。私主体治理作为国家治理体系改革的重要内容，能为实施改革、提升和强化治理效能提供结构性补充，在此过程中，改革的成本和效率原则尤为关键，而程序则在避免无序、降低成本方面扮演重要角色。

从结构来看，与环境私主体治理适配的程序机制应具有一定的体系化和层次性：既有适用于公私治理领域的一般性的程序规范，也要有链接公私法规范、公私主体的衔接性、合作式程序，还要有适用于具体治理场景的类型化的程序规范。当然，在这一体系中，围绕合作的程序设置应当是核心内容。在公私合作场景下，实施治理权的主体是行政部门还是私主体并不是最重要的，重要的是如何规范治理权，推进治理权沿着正确的轨道展开，既发挥约束行政权的功能，更要有利于私主体行使治理权。随着公私合作的全面渗透，未来的程序立法应当围绕合作治理配置相应的原则性条款，在各具体行政法规范中设置关于合作程序的详细条款，以回应合作治理之程序需求。

通过程序衔接的环境私主体治理是现代环境治理体系的关键环节。私主体治理或者公私合作治理都必须以深思熟虑的共识方式展开，既要照顾到利益相关者的诉求，也要承认这一过程可能会出现的重大改变或者修正。也就是说，环境私主体治理的程序机制要兼顾开放性和容错性的要求，形成开放且可调整的体系。

第四节 国家环境保护义务之私化与担保责任

在法律上，现代环境治理体系导源于宪法环境保护条款所提出的国家环境保护义务，即对与生态环境相关基本权利的消极保护，以及为保障生态环境公共产品或服务供给而应承担的积极义务。但诚如前述，鉴于环境治理中政府失灵长期存在，为弥补行政权（作为国家最典型的运行形式）在环境治理中的僵化、效率不足或者专业度之不足，尤需私主体积极介入这个二元义务结构予以补强。从扩张国家实现其环境保护义务手段的目的出发，这种介入大体上是在两个方向上展开的：一是政府利用私主体的能力资源履行国家环境保护义务（借力模式），二是国家通过法律机制将原本归属于政府的环境保护义务转化为私主体承担的公共任务（转移模式）。

从功能的角度观察，无论是借力模式还是转移模式，都有助于降低国家履行环境保护义务的经济、组织或是技术成本，提升环境治理效能。详言之，一方面，随着国家义务范围的扩展和专业化程度的提升，国家在履行环境保护义务方面难免陷入困境，私主体介入可以最大限度缓解这种困境引发的法律危机。这种危机主要表现为宪法层面国务院建设生态文明之职责以及环境法层面地方人民政府对本行政区域环境质量负责的法定义务的落空。尤其是涉及生态环境福利供给的具体事项时，由于某些供给事项具有一定程度的专业性并需要借助于市场的激励功能（如危险废物的处置），通过政府与市场主体签订特殊契约的方式将原本属于政府自我执行的任务交给私主体执行，就成为迫切的必选项。

另一方面，由于国家在履行环境保护义务时不可避免存在目标和效能之间的落差，比如，立法层面的制度不充分或机制不完善以及执法的力所不逮，因此需要某种新机制来扭转政府的组织及其规制模式与环境问题之特性不匹配的困境。

在组织意义上，环境问题的复杂性、扩大化使得环境治理任务必须借助于专业知识和技术。比如，环境质量、保护优先、环境标准等基本概念都需要借助于专业知识在执法和司法环节中予以恰当解释，而对于治理对象和范围、治理措施与工具、管制标准，甚至是处罚或者许可等，立法者也必须通过不确定性法律概念或者宽泛的法律授权，将其交由生态环境职能机关通过具体行政行为或规范性文件予以具体化。这种具体化工作必须以专业知识基础上的环境质量标准和排放限值标准之限定为前提。再者，环境执法也需要以科学技术标准或准则来判定行为的适法性。由此，为有效达到环境治理目标，无论是在规范建制面向还是执法司法层面，都要求相关权力部门具备较高程度的专业性，但由于环境保护义务涉及专业领域广泛且新型污染和治理技术不断更新，政府有时无法在组织层面建构完备的行政权运行机制，因此如何通过制度设计将具备专业能力的私主体纳入国家义务履行的主体结构之中，就显示出其重要性。

在规制模式意义上，经济激励、协商合作、信息交流、自我规制等新型治理工具的应用在一定程度上补强了政府末端管制的功能缺陷，通过相应法律机制的设定可以将环境保护内化为私主体的行为动力。此外，基于环境问题的类型化特性，结合环境法的基本原则，通过制度设计将环境保护义务在政府和私主体之间予以重新分配，把那些执行成本较高、效率不彰、技术受限的环境保护义务转移给私主体承担，国家仅承担监督执行、义务不履行或履行不足的制裁或者兜底执行等担保责任。基于私主体治理的补充性以及法律上之合作原则和效率原则，这种国家担保责任既可以使政府从诸多具体规制行为中退出，也凭借随之而来的担保责任使环境治理目标得以在更宽泛的谱系结构中展开。这种模式的转变符合当前共治秩序和法治秩序相互渗透、相互支撑的互动进程，也契合公共任务民营化潮流下责任法理的基本要求。

在诸如环境治理等公共事项中，国家从具体履行责任中退出代之以担保责任，这在治理能力维度上意味着对政府调控能力的重视优先于传统行政命令、行政处罚、行政强制措施等直接的权力手段之应用。这是国家权力结构和行使方式的形式变迁之下私主体治理萌发的契机。从法律发展的角度来讲，为了使此种此消彼长的趋势顺利展开，相关法律系统必须更明确地构造出国家与私主体基于任务履行的合作式法律结构。这一结构关系到环境治理中国家角色的变迁以及国家与社会、市场关系的重新界定，其核心则是在私主体分担环境治理法律义务的情境下厘清国家的剩余责任的范围、结构以及实现方式。

按照德国学者 Schupper 的责任分担理论，国家与私主体合作协力中其应承担的责任主要包括"对合作结果的终局责任""私人给付中的担保责任""经济领域与基础设施建设领域的管制、协调责任""自主利益调整的框架责任"。[1] 国家责任范围的限缩并不意味着国家超然于公共事务治理之外，而是借助于公私合作、私主体治理等形式彰显其调控能力。究

---

[1] G. F. Schuppert, "Jenseits von Privatisierung und 'schlankem' Staat", in: Ch. Gusy (Hrsg.), *Pricatisierung von Staatsaufgaben*, 1998, S. 103ff.

其本质，责任分担客观上起到了将国家剩余责任分层化的规范效果，即除了传统意义上的执行责任以外，对私主体治理之效果还应承担担保责任和接续责任。也就是说，无论是政府与私主体合作治理还是国家通过法律秩序引导私主体自主治理，都可以通过责任分层的法律规范样态确保治理任务在合法秩序内顺利履行。并且，虽然公共事项的部分治理任务及其法律责任转移到私主体之上，国家实际履行行为与效果得以缩减，但就私主体关涉公共利益任务之执行效果而言，国家仍应承担担保责任。这种担保责任之实现主要是通过法律来分配治理任务、创设或认可相应的约束机制、配置特别程序、设定监管和制裁手段等方式完成的。由此，无论是在结构层面还是在规范层面，国家担保责任都充分体现了公权力和私主体相互支撑、公法与私法相互交织的互动秩序。而接续责任则表现为私主体治理持续发生不可欲之效果（比如公共利益受到持续威胁）时，国家应当放弃担保责任中的监督和规制工具，转而直接履行治理义务。基于此不难发现，接续责任应当是担保责任的后续手段，是对担保责任的强化，也是对私主体治理在后果意义上的缓冲责任机制。

由此，在倡导国家环境保护义务的前提下，环境私主体治理应有其清晰边界，而判断边界的标准就是国家（更直接的体现是公权力）的角色及其责任类型，也就是国家应当在环境治理中承担何种责任。

在法理上，担保责任构成了国家将环境治理任务私化的基本边界。毋庸置疑，环境治理任务私化之后国家仍应保证此任务能够实现，尤其是防止对与环境保护相关的基本权利保护不足。私主体治理也是国家保护义务的具体表现之一，是国家在治理手段上的选择而非全面退出，国家将治理义务转移给私主体时应同时为其设置相应的法律义务和违法义务的制裁机制。但需要明确的是，为私主体配置义务规范并不是国家担保责任之全部，国家有义务为私主体提供更完善的配套措施以保障任务切实履行并真正提升环境治理实效，即国家必须担保私化之后的环境治理实效不低于由国家直接履行的实效。为此，国家应在规范面向明确私主体可以通过何种程序、凭借何种资格和能力来开展治理任务。

综上，科学的权责结构与系统化问责机制是环境私主体治理的底层逻辑之一。环境私主体治理机制源于责任又面向责任，因此其制度建设的核心目标是保障各种责任的实现。面向责任的私主体治理机制要符合现代环境治理体系的价值定位，治理的复杂化与责任多样化需要不断地相互适应。私主体介入治理过程客观上引发了国家与私主体之间关于责任的再分配。政府的责任转向对私主体治理的引导和控制,而非简单的放权或限权。政府除了直接干预之外,更多的是通过设计规则、创设机制来间接地引导私主体履行公共任务。在承认政府和私主体各自优势和不足的基础上,政府通过法律规范或公共政策对私主体开展环境治理进行规范,提出要求、设置程序、明确组织形式、确定行为类型,此外,政府还要为私主体治理持续进行审查、咨询、监督等,以克服随时发生的私主体失灵。相应地,私主体的责任是在不损害自身的基本利益的前提下遏制利益最大化的冲动,通过私人利益的实现提升社会公共利益。

第五节 多类型工具的叠加与选择

无论是传统政府管制还是私主体治理或者两者之协力,都需要体系化的制度工具来满足技术治理的功能。我们大体上可以将工具体系划分为实体性工具和程序性工具两种类型。

一 实体性工具

实体性工具偏重工具本身的实体功能,由垂直性工具和水平型工具构成。传统政府管制的工具是自上而下行政权的外在形式,散见于环境治理的各个环节。而私主体治理或者公私合作是在回应主体多元化和利益多样性基础上发展起来的,政府和私主体之间具有高度的相互依赖关系,因此,与之相匹配的水平型工具是必要的,也将发挥决定性的作用。

按照性质不同,这类工具可以分为:

权威型工具。强调运用合法权威来掌控治理目标及私主体的行为以达成环境治理目标。这类工具一般由政府通过立法的形式确实,用以保障私主体治理策略执行的顺利进行并获得合法性和认同度。

诱因型工具。着重为私主体提供经济或声誉诱因,激励私主体积极介入环境治理。

能力建设型工具。为私主体的能力建设提供信息、知识、权力等资源。

学习型工具。用以增强政府和私主体之间的彼此学习,以提升环境决策的质量和治理能力。

二 程序性工具

传统环境治理模式比较重视实体型治理工具的运用,忽略了政府和私主体之间的决策程序,对治理网络主体参与决策和工具选择的过程缺乏足够关注。实践中,基于合作治理的考量,必须强化私主体参与决策或独立决策的程序工具的制度建设,以增进整体治理的能力。

这类工具主要应用于政府与私主体互动的准立法领域,借以订定并执行治理规范,将制定标准、指导方针、组织规则、治理目标等事项限定在可预期的范围内。

这类工具可以分为:

交流。交流是以信息为基础的治理工具,旨在于在政府和私主体之间形成共识,发展私主体治理的组织化程度。信息交流是区别于信息披露的工具类型,后者是政府发挥其管制角色的新工具,而交流则意味着共享,拓宽治理政策制定的方法,增强公私主体的互动。

网络关系。信息的交流使政府认识到要达成治理目标需要依赖于其他组织。这意味着治理决策和治理进程不能仅仅依赖一个机构,而且决策的实施必须依靠其他组织的支持。最关键的是,不能将网络关系视为观察私主体行为的方法或视角,而要以参与过程和互动式政策制定的方式予以制度化。

公共论坛。公共论坛是延展信息交流和引导的主要场域,可以协助私主体形成政策偏好,澄清利益冲突,促动不同利益群体在治理方案和规则上逐渐达成共识,缓解与政府管制的张力。公共论坛是协商的平台,在这个场域内不同主体间的冲突关系表现为实质性的利益冲突,利益的冲突、聚合、兼容是促成合意的基础。

引导。引导是指帮助政府和私主体信息交换、推进讨论的过程。引导人作为中立专家协助讨论和发展治理规则、选择治理工具,促成治理合意。引导在美国的《协商制定规则法》中确认为一项核心的程序工具,[1] 在美国的环境保护争议的处置中也发挥着重要功能。

三 治理工具的选择

基于政府管制和私主体治理的互动关系,我们可以从政府能力和私主

---

[1] 5U.S.C.562 (4).

体系的复杂程度两个方面来综合权衡治理工具的选择问题（详见表4-2）。所谓政府能力，就是政府作为合法性输入者、监督者影响私主体的能力。所谓私主体系统的复杂程度，是指私主体介入治理进程的复杂性程度。这两个因素的相互叠加将在一定程度上影响治理工具的选择和实施。从公私互动的视角出发，由于治理规则的形成、执行以及相关法律的要求，政府与私主体之间、私主体内部的治理者与规制对象之间的冲突将长期存在，势必引发治理工具选择的冲突。同时，这种冲突在大多数情境下呈现竞争与合作并存的样态。因此，必须设计面向工具选择冲突的调整性制度予以回应。

表4-2　　　　　　　　公私互动关系下治理工具之选择

		私主体系统的复杂程度	
		较强	较弱
政府能力	较强	市场工具 私主体较多，需要政府高强度的控制，引进市场工具予以整合，实现经济性私人利益和治理的公共性之间的平衡	强制工具 私主体较少，政府需要发挥主体性的治理功能，直接采用管制性工具以确保治理目标之实现
	较弱	自主工具 私主体较多，政府管制能力较弱或者无须介入，则通过自主性工具推进治理	混合工具 私主体较少，政府管制能力较弱或者无须介入，则可采纳混合型工具推进治理

第五章

建制论：环境私主体治理的中国化及其法治进路

市场化改革与社会结构优化使得私主体占有越来越多的经济社会资源，政府支配的资源也随之比例降低。但政府所承担的治理任务和责任并没有随之下降，反而呈现无限扩张趋势，这会不会弱化政府对市场和社会的治理能力，形成有限能力与无限责任的悖论，值得警惕和深思。在此背景下，治理效能已经成为法律体系和治理秩序的核心价值目标，应推动政府创新治理方式，大力发展与市场和社会的公私合作关系，提升公共治理能力，以推进各项治理目标的实现。通过前文对环境私主体治理之法理和体系结构的阐述，在反思当前制度设计和实践样态的基础上，环境私主体治理的发展条件可以通过三个相互关联、层层递进的论证来评估：一是宏观层面的条件塑造，包括环境私主体治理本土化在行政改革、责任机制、公共政策体系、市场嵌入性、社会力量的新作为等变革性要素；二是中观层面的法治进路，包括前文所提及的环境私主体治理悖论的回应及其实体、程序进路；三是微观层面的制度体系之概貌。这三个方面是形成环境私主体治理秩序的整体样态。

第一节 环境私主体治理本土化的条件塑造

一 通过法治政府建设确立私主体治理的制度环境

在环境公共治理新格局中政府应当扮演什么新角色？回答这一问题离不开对现代环境治理体系基本架构的全面审视。政府已不可能回归到传统模式下唯一治理主体的角色，它既需要私主体合法化的履行其治理责任，也要避免将两者之间的关系层级化。所以，政府必须充分发挥稳定器的平衡功能：激活与私主体的合作关系，确保公共价值、公共利益在共治秩序中凸显出来。基于此，结合我国法治政府建设目标和行政改革总体进程，提升政府为私主体治理供给制度的能力成为环境私主体治理本土化的首要任务。

法治政府建设是推进国家治理体系和治理能力现代化的重要支撑，是对与国家治理体系和治理能力现代化相关的各类规划、组织、协调、控制、指导等活动不断优化、不断重整的法治工程，是私主体治理得以有效运行的最根本制度环境。从晚近中国的法治政府建设以及行政改革制度变迁史来看，它的主要目标是厘清政府和市场、政府和社会的关系，推动有效市场、有为政府、有序社会更好结合，这一过程主要关系到四个维度的内容：

一是以法治方式激发市场主体活力、增强社会动能，通过放权让利使社会力量、市场主体在激励机制引导下发挥治理作用。其中最重要的，是随着组织机构的分离将权力配置重新进行调整。

二是以法治方式推动政府职能优化配置，尤其是通过纵向治理权的调整将经济利益和权力责任下放给地方政府、市场主体和社会。从发挥中央和地方两个积极性方面出发，整合行政性分权和经济性分权的方案，突破了行政权在中央和地方之间往复收放的传统思路，更侧重于向市场主体让权、给社会主体赋权，更强调政府的宏观调控和监督职能，进一步弱化了政府在诸多领域的微观管制功能，为市场主体和社会主体参与治理提供了激励机制。不难发现，在法治发展的基础上推动政府职能优化配置，其重心在于：从微观规制转向宏观调控；从直接干预转向以规划、指导、服务为基础的间接治理；从局部治理转向全领域协同治理；从对社会的精细化控制转向组织协调、提供服务和检查监督。

三是以法治方式强化政府公共服务供给能力，推进治理方式创新。随着市场主体、社会主体的主体意识、权利意识、参与意识的勃兴，必须通过行政体制改革深化，进一步明晰政府权责边界，推动政府职能转变，实现经济调节、市场监管、社会管理与公共服务的功能整合、结构重组和系统化发展。尤其是要通过持续深化"放管服"改革牵引法治政府建设，还要通过权责清单制度的全面实施推进政府机构、职能、权限、程序和责任法定化，厘清政府权力的边界，强化服务型政府的角色。其目的是要促进经济社会发展与治理能力的协调。这一改革进程为创新治理结构、引导政府借助私主体完成管理或服务事项提供了契机。

四是进一步提升行政审批制度改革的法治化水平，根据《行政许可法》第25条和第26条的规定，推进行政审批制度改革。从中央到地方贯彻行政审批制度改革目录制和行政许可事项清单制，取消非行政许可审批、重复审许可和不必要许可，下放许可审批层级，严格控制新设许可，为私主体营造更加公平高效的审批环境，使行政改革与让市场在资源配置中发挥决定性作用相互关联，真正向市场放权，发挥社会力量在公共事务中的作用，激发市场和社会活力，让市场、社会和政府步入"桥归桥、路归路"的理想状态。

通过以上四个方面的改革，不仅可以建立适合市场经济和社会力量崛起的行政管理体制，更重要的是通过法治政府建设促动了国家治理结构的深层次变化和治理体系的创新。这在私主体权利享有和自主治理方面体现得尤为明显。法治政府建设的目的，从权力内部来看是优化权力行使的方式、提升权力效能，从外部观察则主要是厘清权力边界，适度调整以行政权为核心的治理体制。尤其是要将传统上由政府承担的公共性价值、公共性理念推广到市场和社会之中，由私主体承担起部分公共职能，共同维护、增进公共利益。由此一来，治理权运转的核心慢慢地从以政府为主体向以人民为中心位移，从强调权力向强调责任转变，而责任的承担者要比权力的享有者范围更广、灵活性更大。最终，治理形态从自上而下的行政权运行转向以政府为元治理单位的共治模式转变，治理手段也从行政手段扩展到了法律手段、经济手段和社会性手段。

但要创造政府与市场相互支撑、相互替代的良性关系，塑造政府与社会相互为用、彼此延伸的有效互动，激发市场和社会主体的活力，这些改革事项仍有很大的深化空间。推进治理结构转型离不开法治秩序和治理秩序的相互塑造，更离不开责任体系的支持。因此，要通过法治政府建设为环境私主体治理机制提供通道，就必须以责任为核心建立更具公共性的制度体系和组织机制。同时要注意的是，私主体介入环境治理也不是随机的，必须与法治政府的有效运行、社会整体的秩序结构关联在一起，服从法律的约束，接受政府的指导。政府要发挥好制度供给者的角色，既要为充分保障私主体的知情权、表达权、参与权和监督权提供保障，也要以公私合作为标准贯彻私主体权利的优先性及其行为的公共性。

二 强化责任机制，保障环境私主体治理的实现

从我国国家治理的责任机制来看，过去几十年的治理是以全能型政府为基本面展开的，政府责任是国家治理责任机制的主要构件。随着治理事项的复杂化和治理结构的调整，总体责任、履行责任的制度以及实现责任的能力作为政府责任的三个面向都在发生深刻的变化。政府作为元治理主体，从回应性要求出发更加强调责任的重要性，责任制度逐渐完善，责任实现能力不断提升，但是仍存在诸多矛盾和痼疾。一方面，建设"职能科学、权责法定、执法严明、公开公正、智能高效、廉洁诚信、人民满意"的现代型政府，成为理论界的主流意识形态，社会复杂性的加剧对政府职能范围和行政能力提出了更多、更高的要求，政府承担的责任和投入的公共资源也急剧增长。这就造成了政府责任要求增强而履责能力有限的悖论，即责任内容扩张与责任能力不足之间的矛盾。在某些情境下，政府甚至由于履责能力不强而陷入公共政策迟缓、局部治理失灵、执行法律不力等困境，由此成为次生问题的来源。另一方面，社会分化和治理的复杂化要求政府以有限资源回应多元化诉求，平衡利益博弈，为公共利益掌舵，但实际中政府治理进程常常存在被俘获的风险。

从总体责任维度切入不难发现，政府责任已经从以经济建设为中心转向以社会整体发展为中心整合政治经济职能的新形态，[①] 达致覆盖改革发展稳定全领域、全链条的体系性治理新阶段。这意味着，发展、开放、治理共同构成了政府的核心责任，既给政府责任的制度体系提出了新要求，也给政府实现这一基本责任提出了新挑战。从发展出发，政府有责任对国家治理和社会发展中的诸事项进行遴选排位，分清主次和轻重缓急；从开放出发，政府有责任对内更主动地回应市场和社会的权利诉求，直面更复杂的利益纠葛，对外则面向全球事务，承担国际责任、参与全球治理；从治理出发，政府责任必须全领域、全过程覆盖，在继承中国传统治理经验的基础上，设计出更先进的全新制度体系。

从责任内容切入也可以观察到，中国改革开放以来40多年发展所呈现的广泛而深刻的转型及其总体样貌。有学者认为，中国的社会转型是中国现代化进程的延续，"总体上表现为社会力量在结构和功能上不断分化

[①] 参见林尚立《民主的成长：从个体自主到社会公平》，载陈明明主编《权利、责任与国家：复旦政治学评论》（第4辑），上海人民出版社2006年版，第375—376页。

的过程",在治理形态和秩序形成维度,改变了"政党不分、国家一统的社会治理模式和社会秩序结构,在内部不断拓展社会自治空间,不断扩大个体自主的范围,在外部不断参与国际经济政治新秩序的建立和全球化进程,不断创新和实践区域性治理的观念"[1]。伴随着这个转型过程,政府责任在对内和对外两个面向上大大拓展,尤其是向公共服务和社会治理领域的延伸更直接地提出了解决政府、市场、社会之间关系的重大命题,其目的是要在政府责任之下激发市场主体和社会主体的活力与创造力。[2]

从实现能力的角度切入,则可以直接观察法律制度建设的重要性。为了使政府更有效地履行治理责任,我们已经建立了一套相对完备的责任制度体系,形成了责任实现机制的法制化。在环境治理领域,这些责任机制包括:

第一,以一票否决制为特点的环境保护目标责任制。这种一票否决不仅适用于考核地方政府及其主要领导的工作,也适用于政府对企事业单位的评价。有些地方就将环保未达标列为各种先进评比的否定性要素。如此一来,这种强硬的督促责任方式成为各级政府及其职能部门完成治理任务最有效的威慑手段。

第二,权力清单制度。权力清单制度就是要将各级政府及其职能部门按照宪法确定权力事项以清单形式公开,接受监督,敦促依法行政。包括权力清单、责任清单、负面清单、服务清单等。责任清单作为明确行政机关履行生态环境保护职能的关键制度,就是要将政府职能部门依法承担的生态环境保护责任予以明确,定位责任主体,为政府机关职责的有效行使加入助力机制,最终便于严格、公正、合理地追究责任。可以说,它是政府职权的职责形态。正如有学者指出的,在行为模式上,"责任清单强调行政主体的服务性,具有一定的回应性;权力清单秉持行政权的管理属性,具有明显的单向度性"[3]。2015年中央办公厅、国务院办公厅《关于推行地方各级政府工作部门权力清单制度的指导意见》规定"在建立权力清单的同时,要按照权责一致的原则,逐一厘清与行政职权相对应的责任事项,建立责任清单,明确责任主体,健全问责机制"。这表明权力清

---

[1] 张志铭、于浩:《转型中国的法治化治理》,法律出版社2018年版,第152页。
[2] 《李克强在国务院机构职能转变动员电视电话会议上的讲话》,人民网,http://politics.people.com.cn/n/2013/0515/c70731-21487259.html。
[3] 刘启川:《责任清单编制规则的法治逻辑》,《中国法学》2018年第5期。

单和责任清单作为明确地方政府职能部门职责权限的两种机制,将推进政府机构、职能、权限、程序和责任法定化,厘清权力的边界。需要注意的是,生态环境保护的责任清单制度规范的主体亦不限定于政府及其职能部门,更扩展到党委。从这一点来看,责任清单是发生生态环境损害时确认责任主体及其责任的依据,也是实现政府良性"行政自制"重要工具。[①] 有人认为,企事业单位也应当根据法律的要求建立环保责任清单制度以便于更好地履行环境治理义务,"明确其职责以及工作标准","重点明确企事业单位必须在环保方面有哪些作为、要达到的工作标准","发挥企业治理污染的主动性和自觉性"[②]。在这个意义上,构建企业生态环境保护责任清单是开展生态环境损害追责的关键。经由政府责任清单和企业责任清单的双重叠加所形成的生态环境清单式治理模式,已成为环境治理规范体系的核心部分。

第三,责任分担机制。责任分担是指将原本属于政府的治理职责和责任通过公法或私法方式转移给企业或社会力量,组织动员更多的社会资源和市场力量解决公共事务,弥补政府治理之不足。经济领域的放权改革促使产权成为重要治理机制,企业得以借助于自主地位及其利益机制参与公共决策的拟定和实施过程,政府责任从直接管制责任向规则制定和维护责任转变。

相较而言,社会力量在治理中的角色和责任之发育则比较缓慢,但在过去几十年间仍然成为政府治理的重要补充。尤其是近年来,为了支持能够承担公共服务或公共产品的社会组织之发展,中央层面陆续出台一系列向社会组织购买服务的指导意见,地方政府也通过 PPP 等模式推行了大量购买社会服务的项目。如此一来,社会组织在促进经济发展、创新治理等方面的积极作用愈发重要。关于这一点,我们将在后文另行论述。

综上,过去几十年的政府改革使政府责任随着高质量发展定位和提高执政能力的新要求不断拓展丰富,责任实现机制及其覆盖范围也随之逐渐完善,国家治理能力和效能明显提升。政府责任的进一步发展也必须在中国高质量发展的轨道上不断优化调整。这是一个不断变动的过

[①] 参见刘启川《责任清单编制规则的法治逻辑》,《中国法学》2018 年第 5 期。
[②] 罗岳平、华权、易理旺:《建立企事业单位环保责任清单》,《中国环境报》2016 年 4 月 8 日第 3 版。

程，也为私主体嵌入治理进程提供了契机。为保证这种嵌入的稳定性和有效性，应当通过法治化手段明确市场主体、社会主体发挥作用的程序机制和实体要件。在实体层面上，只有为政府责任提供可持续的组织、财力和制度保障才能使政府在简政放权的背景下更高效地完成治理任务；只有为市场主体提供充分、完整的权利保障才能充分激发其利用产权机制自主治理的主动性；也只有为社会力量提供合法充裕的资格保障才能使其在治理实践中通过提供服务的方式承接政府责任，赋予政府额外的灵活性和弹性空间。

三 完善生态文明公共政策体系，吸纳私主体的治理创新

生态文明公共政策是国家为了处理经济社会发展与生态文明建设之间的矛盾、缓解生态环境整体性与治理的分割属性之间的张力，经由政治决断以及政府的一系列选择、创新形成的政策系统，覆盖绿色考核、治理机制、公众参与、激励制度、责任体系等方方面面，是生态文明制度体系的重要组成部分。党的十八大以后，以改善环境质量为目标，生态文明公共政策围绕环保督察、体制机制改革、强化地方党委政府责任等核心内容迈向了新的阶段。从2007年生态文明写入党的十七大报告开始，生态环境保护被纳入社会发展目标中统筹考虑，生态环境保护公共政策走向制度化、体系化建设的快车道。这一阶段尤其强调生态文明的价值导向及其制度化。伴随全面深化改革和推动高质量发展的新需求，生态文明制度建设持续发力、多点突破，对当前以及未来工作做出了一系列重大部署和决策安排，取得了非凡成就。

一方面，生态环境保护决策体制更加科学合理，建立了系统化的政策制定机制，政策制定过程向社会开放，鼓励政府与社会合作，强调市场的战略价值，重大决策风险评估机制日渐成熟。另一方面，生态环境保护公共政策体系基本建成。党的十九大报告将生态文明体制改革细化为"推进绿色发展，着力解决突出环境问题，加大生态系统保护力度、改革生态环境监管体制"，明确提出"加快建立绿色生产和消费制度和政策导向，建立健全绿色低碳循环发展的经济体系"，"加强对生态文明建设的总体设计和组织领导……完善生态环境管理制度"等一系列重要政策。这两个方面都紧紧围绕环境治理能力和治理体系现代化的要求，直面中国社会结构和利益格局的巨大变迁，以增强生态环境政策的决策和执行强度、密

度和开放度,提升市场和社会力量的参与度为展开路径。①

需要注意的是,当前生态环境公共政策体系塑造模式仍然是以政府行政为中心,尽管随着治理理念的兴起以及管制型政府向服务型政府的转变,私主体的参与能力和参与度有了较大改善,但这一体系仍有进一步创新的空间。一是要以新型的政经关系为切入点探索市场主体进入环境治理体系的新方式,通过先行先试将可行经验制度化,使市场主体在生态环境产品和服务的供给中发挥决定性作用。二是要开拓政府与社会的新型关系,树立"社会本位"的治理理念,让政府发挥调控、引导、服务和整合功能而非管理或控制功能,推进政府与社会力量的合作治理。一方面要大力培育社会组织,尤其是专业性社会组织,将激发社会活力作为制度创新的另一主线;另一方面是将环境治理重心下移,以基层自治组织等力量为依托,强化基层参与环境治理的动力和能力。唯有如此,才能培育政府、市场和社会共享的公共精神,并在此基础上促使环境治理结构不断完善、功能更加优化,形成环境公共治理的新秩序。

四 增强市场机制的嵌入性

市场作为一种由特定法律制度支持的组织形式,② 其自组织能力是增进社会公共利益配置效率的重要力量。从制度变迁的角度来看,市场与治理的关系以一种相互推动的方式持续互动,即市场失灵是强调治理的重要动力,而治理的进化也越来越依靠市场工具的作用。从理论上讲,公共治理结构表明了受到监督的政府、灵活有效的市场和逐渐成熟的社会之间的通力合作,是应对包括环境问题在内的一切社会性问题的最优方案。但在中国,市场与治理的关系不仅表现在失灵及其矫正,更重要的是要进一步完善市场机制以使得其可以在治理进程中公正运行,发挥市场对资源配置的决定性作用,既约束政府的职能和行为,也对政府治理形成有效补充。所以,从市场为维度推进的治理改革,要完成建立现代化市场制度体系、提升有效治理的制度能力和预防政府过度治理所引发的负面效应三项基础

---

① 有学者也指出,我国的环境政策执行在"职权划分与环境政策执行""官员考核机制与政治激励结构""财政分税制与经济激励结构""地方政府与企业间的利益博弈"和"环保机构政策执行能力"等方面仍存在诸多问题。参见任丙强《生态文明建设视角下的环境治理:问题、挑战与对策》,《政治学研究》2013 年第 5 期。

② [英]安东尼·奥格斯:《规制——法律形式与经济学理论》,骆梅英译、苏苗罕校,中国人民大学出版社 2008 年版,第 23—24 页。

工作。

在这个意义上,私主体治理体系之构建离不开市场原则与公共利益的融合。也就是说,治理体系中的市场原则为市场主体设置了开放性的社会责任要求,市场主体应当围绕治理设置多少议程、何种议程,它们的社会责任标准是什么,在治理中对谁负责,这些问题不仅塑造了市场主体的治理形态,还定义了市场主体与社会、政府以及私人和公共之间更根本的界限。但从制度理论来看,市场主体社会责任并非纯粹的自愿行为,而是与政府监管和社会认同密切关联的领域。虽然市场主体在履行社会责任时必须借助于市场化工具,但制度理论认为,市场本身已经全方位地融入了社会网络、行政规则和政治系统。因此,市场主体社会责任的实现不仅要突出市场工具以及多方利益相关者计划之间的竞争过程,更为重要的是,要通过治理方案的广泛代表性及其与社会机制、行政机制的匹配度来保持市场机制发育的稳定性。

私主体治理语境下市场机制运行的基本逻辑就是发挥关系性①、义务性、合作性契约②的选择与竞争特性,增强政府与市场主体之间的自主性嵌入③,以及两者之间管控式的相互依赖与竞争式协作④。在市场主导的治理情境下,通过合同的治理模式⑤作为一种矫正高度行政化模式失灵的主要方式,正是通过这种"选择与竞争"逐渐取代了传统政府管制的"命令和控制"机制。当然,值得注意的是,运行良好的市场机制依赖于行政机制所确立的制度及其执行程序,政府在产权制度建设和契约履行保障方面的制度能力决定了市场机制的正常运转,市场机制正是借由这些制度规范才得以嵌入政府组织和社会机构之中。因此,这也要求在建构环境私主体治理的市场机制之时,既要留意到市场机制所嵌入的制度结构的权变性,也要重视市场机制嵌入政府治理过程的方式,以相互补充和强化为目标塑造这种嵌入性,以期形成良好的协作治理态势。在此方面,法律系

---

① See Williamson, *The Economic Institutions of Capitalism*, The Free Press, 1985.

② See Campbell, Hollingsworth, Lindberg, *Governance of the American Economy*, Cambridge University Press, 1990, pp. 18, 56-61.

③ See Evans, *State-Society Synergy: Government and Social Capital in Development*, University of California at Berkeley, 1997.

④ See Weiss, Hobson, *States and Economic Development: A Comparative Historical Analysis*, Polity Press, 1995.

⑤ See Collins, *Regulating Contracts*, Oxford University Press, 1999.

统必须对政府与市场关系进行新的制度创设，增强市场机制的绩效。

具体而言，这种制度创新应从三个方面入手：一是基础性制度创新，包括权力界定与配置、契约及其执行、市场标准与实施等方面的规则；二是引导性制度创新，包括与市场负外部性相关的成本规则和与正外部性相关的激励规则；三是协调性制度创新，包括整合市场与政府的组织规则和合作规则。对于环境私主体治理建制来说，法律系统能否从这三个方面提供制度支撑，是市场主体能否以私主体身份参与环境治理的关键。

五 突破治理转型的深层挑战，塑造社会力量的新作为

在确立私主体治理的过程中，我们必须首先树立一种关于私主体治理适用性的观念，即使域外经验以及关于私主体治理的一般理论已经表明，其作为公共治理的分支、作为政府机制的重要补充在诸多社会领域取得了卓越的成效，也获得了理论上的普适性。但是，当其嵌入中国的社会结构之时，难免会由于历史、文化、价值观、利益形态、法权结构的特殊性而遭遇失败。所以，环境私主体治理模式的建构必须立足于当前我国治理模式转型的实践经验。

无论从理论层面还是从公共政策方面来看，我国国家治理机制改革已经拉开了大幕，但在实践维度尚处于摸索起步阶段，面临一系列深层挑战。

第一，在迈向多主体协同共治新格局过程中政府机制与私主体机制之间的互动缺乏衔接机制。尤其是随着社会改革持续深入，政府与社会的衔接比政府与市场的衔接互动更为迟缓和艰难。因为，政府与市场之间的关系在权力维度上并没有排他性，市场自我调节并不涉及权力的再分配，而是凭借市场在宽松环境下的自我调节机制予以链接。而社会力量对治理权具有天然的分配诉求，只是与政府的行政强制力不同，这种需求通过契约和协商机制试图与政府分享部分治理权。如是，行政权的纵向治理秩序与社会力量的横向治理秩序之间必然会产生一些矛盾甚至拒斥力。所以，在多元共治格局中，要整合政府机制和社会机制将面临巨大挑战。因此，要通过强化社会力量塑造环境私主体治理机制，就需要探索一套更具弹性的新型法治框架，使社会力量和政府机制共存共生。

第二，社会领域中公共意识和公共价值建设缺乏有效渠道。治理秩序的塑造需要政府和私主体围绕公共事务达成最低限度的价值共识，共享一

套关于合作的意识形态，共同定位公共利益，如此才能形成共治秩序。所以，构建私主体治理体系必须以塑造公共意识和公共价值为前提。社会力量对环境问题的持续关注和长期稳定地参与，既可以通过私法途径（自主）实现，也可以通过公法手段（赋权）达成，但无论是哪种规范形态都必须以输出公共理性、维护公共价值为取向，由此才能实现私益向公益的转化。如果没有公共理性、公共价值的持续生产和再生产机制，就会诱发私主体自我规制或者合作治理中的不确定性。但是，公共价值和公共理性的产生在短的治理周期内并不会自发生成，更不是随机产生的，需要凭借政府围绕国家治理事项和目标进行适度的引导、赋权、把关、评估。治理创新虽然以公共治理为目标框架，但实践运行应使社会力量保持持续恒定的向心力。鉴于此，通过法治创新来解决不稳定和离心风险，将是构建私主体治理新模式的战略前提之一。

第三，激发社会治理活力的制度功能不强。党的十八届三中全会以来，国家先后提出"激发社会组织活力"的政策目标，强调社会组织在经济发展、社会治理等方面的积极作用，重点培育和优先发展行业协会商会类、科技类、公益慈善类、城乡社区服务类社会组织成立时直接依法申请登记。[①] 在这种宏观制度环境下，地方各级政府高度重视社会组织发展，在风险控制的前提下越来越多地通过购买服务等借力方式创新治理，甚至出现了"通过发展社会组织而重建自身灵活性和弹性的"行政借道现象。[②] 但总体来看，在制度建设（尤其是法律制度）方面，旨在激发社会力量治理活力的制度功能与实际需求之间仍有较大差距，社会力量的发育未能与治理结构及其变迁形成深层次链接，局部性、零星式、依附式的功能发挥不能满足私主体治理体系建构的规模效应，更没有在某些领域形成与政府机制的有效竞争机制。由此，需要在制度建构和组织体系维度为社会力量的发育设置更有效的框架，以此全面激发社会力量作为治理主体的活力。

造成这些挑战的深层原因，一方面在于传统治理体系中政府机制的强势惯性，另一方面则在于法治系统没有及时更新，尤其是在改革深水区遭

---

① 中共中央办公厅、国务院办公厅：《关于改革社会组织管理制度促进社会组织健康有序发展的意见》。

② 参见黄晓春《当代中国社会组织的制度环境与发展》，《中国社会科学》2015年第9期；黄晓春《政府治理机制转型与社会组织发展》，《中国社会科学》2017年第11期。

遇体制性难题时，往往选择迂回式的推进思路。这与治理强调政府与私主体相互依赖的多元治理网络的结构特征并不匹配。随着治理转型的加快，政府与社会之间的关系愈发复杂，面对动态多变的公共事务，无论是政府还是社会力量或者市场主体都无法单方面妥善解决，市场失灵、政府失灵和社会失灵在各个领域都较为明显。通过法治发展将社会力量和市场确立为政府以外的"第三方政府"力量，[1] 发挥私主体治理的协作性，已成为法治发展的一个重要命题。为此，社会组织领域的立法改革就显得尤为重要。目前来看，《民法典》《境外非政府组织境内活动管理法》和《志愿服务条例》对于促进社会力量的规范发展具有重要意义。其中，《民法典》确立了非营利法人制度，将"为公益目的或者其他非营利目的的成立，不向出资人、设立人或者会员分配所取得利润的法人"确立为"非营利法人"。与之相同步，为了理顺政社关系、明确权责，推进依法自治，近年来中央一直在积极推进行业协会商会与行政机关的脱钩改革，在增强社会力量自主性方面取得了成效。这些法律改革大都着力于社会力量的组织资格，对于行为激励和治理协同性仍付之阙如。与经济领域自发的强激励不同，社会力量如果缺乏法律制度的强激励则难免会陷入后继乏力的困局。同样，如果缺少协同性规范，仅凭政府与社会力量的不确定关系维持合作治理或者私主体治理，虽然能保持一定程度的动态性，但也有滑入碎片化陷阱的风险。

因此，通过资格赋权、组织建制、行为激励、治理协同等方面的法律创新突破治理转型的深层挑战，精准设计私主体治理的实现方式与保障机制（评估、财力、意见表达等），保障政府治理与社会自主治理的深度融合与良性互动，是私主体治理体系建立从社会维度破局的主要方向。

一方面，在社会组织发展环境日渐宽松的制度背景下，法律应从总体上规划社会主体参与环境治理的准入条件、行为类型、组织样态，优化政府作为社会力量发展推动者的角色。另一方面，则是在环境治理改革实践中增强政府与社会组织的互动关系，尤其是将政府根据环境治理任务灵活处理与社会组织的合作关系的功能制度化、常规化、丰富化。从环境治理实践来看，治理变迁会引发行政权围绕生态环境保护任务事项和治理资源的周期性调整，进而影响政府与社会组织之间的合作关系：或放松或收

---

[1] 参见［美］莱斯特·萨拉蒙《政府工具：新治理指南》，肖娜等译，北京大学出版社2016年版，第7—11页。

紧。政府治理机制可以通过社会力量在环境治理实践中获得更大的灵活性和弹性，权衡社会力量的环境治理成效或者可能诱发的治理风险，进而因题施策。随着社会组织参与环境治理的成熟度不断增强，政府应更关注其提供环境公共产品和服务的能力，而对其风险的规制适度放宽，并容忍一定程度的剩余风险。也就是说，既要更加清晰地识别出环境私主体治理的各类风险，建立以风险控制为导向的制度体系，也要匹配更丰富的以激励和扶持为导向的制度体系，使社会组织参与环境治理的风险可控、激励多元、绩效突出。

第二节　通过悖论之规制开拓本土化的环境私主体治理

私主体治理正在成为一种事实性的力量改变环境治理的权力格局和整体结构。当下，我们的任务是继续分析、评判它是否能成为一种制度性的力量，并如何将之付诸实施。在中国背景下，无论是作为一种与政府公权相对应的新型治理实验，还是作为一种私主体履行环境义务的道德实践，这种治理样态要获得正当性与制度化，归根结底取决于它与具体法治环境和权力土壤的匹配度。因此，环境私主体治理的本土化全然不是制度移植那么简单，而需要考察公私两类主体在权力配置、范围边界、能力建设等诸多方面的可能性，也就是要检验并强化它与中国法治环境和权力土壤的匹配度。

我们在此以组织、知识和权力三个逻辑为切入点，以宏观的视角提示出如何在中国开拓本土化的环境私主体治理，增强其与中国法治环境和权力土壤的匹配度。

首先，在组织的意义上，寻求"利益契合"是国家法律与政策为私主体开放空间的着力点。在我国，随着市场经济的深入以及社会转型的加剧，为了不断塑造有为政府，政府时紧时松地向社会开放社会空间，以吸纳政府之外的组织参与公共物品供给和公共事务治理的进程。在这个过程中，政府以利益是否契合为唯一判准。因此，从这一准则出发，在私主体利益和公共利益目标契合度较高的场合，政府应在法律范围内通过自由裁量权将环境治理任务整体下放给私主体，通过策略性制度弱化对私主体行动力的限制，激励他们促成私益和公益的提升，甚至可以设定"私主体治理优先于政府规制"的常规路径。在这个意义上,应充分建立软法机制,并发挥其"回应多种利益诉求""不依赖国家强制力"的优势,"运用自愿机制"或"利益诱导下的自愿服从"[①]促使私主体基于制度规章、契约合意或自我权衡展开环境治理。而在私主体的利益和政府规制的公共利益目标契合度较低的场合,政府必须加强对私主体及其治理模式的控制,以确保在决策选择上"政府规制优先于私主体治理"。在这个意义上,应发挥硬法的强制力保证私主体治理不超出国家环境政策法令的目标范围或者低于实定法设定的最低标准。这样,软法与硬法的集合、政府放权与控制的结合,能在很大程度上缩小私主体治理目标与公共利益的偏离。

其次,在知识的意义上,寻求最低限度的治理共识是弥合政府环境规制和私主体环境治理之间隙的必然选择。我们认为,治理共识依赖于关于知识的比较、筛选和承认的常规化程序机制。这种程序机制包含三个方面的内容:其一,致力于将一统性环境法令与第三方标准制度趋同化的比较程序,目的是使私主体中基于制度规章的那些类型更趋于稳定化和公益化;其二,致力于将私主体之间的契约合意标准化的筛选程序,剔除私主体治理中有违环境公益或环境法令最低标准的合意内容;其三,致力于将自我规制中的知识合法化的承认程序,使那些更能提升环境治理效率的方式获得政府认同。这种机制能在一定程度上消除基于成本效益理性权衡的策略变动不居。

再次,在权力的意义上,构筑制约政府权力与社会权力的复合化模式是克服公私责任错置的最优选项。对于这个问题,有学者建议,"将私方当事人视作政府主体以便实施宪法性要求;执行禁止授权学说或适用正当程序条款以宣布私人的授权无效,将程序性的控制扩张到私人主体,向私法注入要求公平与理性决定的公法规范"[②]。这种思路依循对行政权力进行控制的传统思路,尽管可以一逸待劳地解决私主体行使权力时的合法性问题,但是它的弊端亦非常明显:其一,在这个思路之下,私主体不过是政府的延伸或分支,私主体治理与其说是公众参与的新形式,还不如说是

[①] 罗豪才、宋功德:《认真对待软法——公域软法的一般理论及其中国实践》,《中国法学》2006年第2期。

[②] 参见[美]朱迪·弗里曼《合作治理与新行政法》,毕洪海、陈冲标译,商务印书馆2010年版,第356页。

政府的再造，这与有限政府、开放社会等现代法治理念背道而驰；其二，治理效率被再次抑制。①

在制约权力的维度上来讨论公私的"总体性责任"，② 存在两个层次。一方面，对于公私协力的领域，坚持"公法的归于公法"的原则。在这个层次上，那些需要政府设定强制性管制标准或要求的环境治理事项应当依据传统的公法原理来限定责任，包括遵守行政程序、设定事先许可、缔结可强制执行的契约等。另一方面，而那些可以私人治理的事项，坚持"私法的归于私法"的原则。由于主要依赖市场、契约、第三方监督等机制，私主体可以自主决定其交往和利益分配的方式，所以不应容许政府干预，责任限定与纠纷解决以私法（合同法、侵权法）为中心。政府的角色只是监督私主体的标准、行为是否符合实定法设定的最低标准。这个思路是对公私主体法律责任错置难题的有效回应。

最后，在规范的意义上，在实体制度之外建立公私一体遵行的高效透明的程序性机制是私主体治理制度化的可行路径。这种程序性机制的旨趣在于：一是通过内部程序规则使私主体设定的规则能够被利益相关者周知，并设置通畅的信息传递、互动和博弈的固定程序，比如要求私主体将内部规则予以公告，以接受评论。二是通过外部程序规则为政府、公众与私主体之间设定固定的法律要素输入、矫正环节，确保私主体的自主规则符合或高于实定法的要求。在这里，内外结合的程序机制有助于解决奥斯特罗姆意义上的"制度供给"问题，同时也能适度回应私主体内部制度建设与外部法律根据建制的双重需要。

无论如何，环境私主体治理的扩张已不可避免，传统的观念、制度、社会结构和行为都会随之遭遇挑战。在此情况下，就需要对其有整体性观察和宏观的发展思路，以回应政府规制与私主体治理之间的博弈和相互依赖。当然，这个整体式策略之下，仍需要精细化的制度设计，除了我们之前的相关讨论之外，还有更大的理论拓展空间。

---

① 另外，关于对公共治理中的私人"适用传统的约束"是"某种贫困的观念进路的体现"的论断，参见［美］朱迪·弗里曼《合作治理与新行政法》，毕洪海、陈冲标译，商务印书馆2010年版，第357—380页。

② 参见［美］朱迪·弗里曼《合作治理与新行政法》，毕洪海、陈冲标译，商务印书馆2010年版，第476—477页。

第三节 环境私主体治理法治化的三重进路

作为一种治理转型的试验，环境私主体治理能够弥补政府环境治理所欠缺的效率与合作精神。它是公域之治中公私协作的一个必备分支。我们认为，当下中国环境法治的顶层制度设计，应当充分吸纳环境私主体治理的理念，为私主体参与环境治理提供制度空间。其一，从其功能来看，私主体治理的介入在一定意义上重新配置了政府、排污者、第三方和自主性群体实施法律规则的能力和形式，也将提升环境法律的规则效率。公私协作意味着追求更优的治理质量和绩效，减少政府不正当行为、增进环境治理的效率与效能。其二，在规范的意义上，环境私主体治理要获得合法性就必须取得法律的授权。因此，在承认私主体治理必要性和有用性的前提下，下一步的任务就是如何将私主体治理嵌入环境法治的顶层制度设计。

我们认为，环境私主体治理法治化任务的达成必须聚焦在形式合法性、问题导向、程序机制三重进路之上。

一 以法律规则与公共政策为中心的形式合法性建构

必要的私主体治理可以保证环境治理的能动性、高效性，最大限度地改善环境状况，促进公众参与，但私主体治理的形式和运行机制并非完全依凭私主体的主观意志或者环境行政机关的自由裁量，它需要有实体法上的规范渊源。我国现行的法律法规并未对环境私主体治理做出一般性的规定。我们认为，可以通过创设严格型法律规范和推行指导型公共政策的混合模式确立环境私主体治理的形式合法性。

其一，由于私主体的介入在一定程度上将对组织法上行政主体的传统范围带来冲击，并拓展行为法上行政行为方式的类型，所以，通过严格的法律规范明确参与环境治理的私主体在行为程序、权限、责任形式等方面的基本准则，实为必要。在立法形式上，这种规范化路径包含直接规定和总体授权两种形式。直接规定意味着法律对私主体规制的适用范围、环保机关的法定保留事项、公私合作的具体方式等做出严格限定。总体授权则意味着法律授权环保机关在符合环境法律和环保总体规划的前提下，可以自行决定私主体策略参与的范围和公私合作的形式。由于我国各级行政机关都有权制定不同效力层级的制度规范，所以这种制度创建路径能够将政府的环境管制权与私主体的环境参与权统合在一起，既便于将私主体治理制度化，也能够有效地约束私主体。

进言之，环境私主体治理的法律规范构造是个系统任务，涉及组织建制、实体任务分配和程序赋予三个层面。这种规范建构路径与公共事务的私主体化类型相对应。在组织层面，环境立法中"环境品质""环境标准"等不确定法律概念的大量应用、环保机关组织能力和资源的匮乏客观上要求吸纳民间资源与知识到环境治理中来。在法律规范的创制上，这种吸纳包括委托行使公权力、设立专家委员会和雇用环保机构社会助手三种形式。在实体任务分配层面，私主体治理意味着原本属于国家的环境保护义务通过法律重新配置成私主体义务。关于这点，前文所述之德国废弃物回收利用和环境审查人制度均是可资借鉴的优秀立法例。在程序赋予层面，可以通过法律将原本属于国家的环境许可中的审查、鉴定等程序性功能赋予民间专家机构。这些民间机构的活动并非源于法律的直接授权，也非受环保机关的委托，而是一种受申请许可的当事人委托的私法行为。无论是法律直接规定还是总体授权，环境私主体治理相关的法律规范改造所涉及的内容无外乎这三个方面。

其二，指导型公共政策一直以来都是我国在灵活适用法律，克服法律滞后性时所采用的有效方法。在我国的公法实践中，公共政策作为一种软法规范，在公域之治中从来都是不可或缺的。[①] 通过公共政策推进环境私主体治理有诸多优势：一是公共政策创制和制度安排的灵活性、弹性符合私主体治理对民意、利益均衡和公私博弈的期待；二是在公共政策中确立环境私主体治理实际上是通过法律解释的方式论证了私主体策略的合法性，也补充了环境法律体系中相关的制度空白，通过制度试错为私主体治理的法制化积累经验。实际上，我国制度实践中已有了这方面的例证。如原国家计委、建设部、环保总局2002年发布的《关于推进城市污水、垃圾处理产业化发展的意见》就对推进城市污水、垃圾处理项目建设、运营的市场化改革做出了指导性规定。再如，国务院2005年推行的《关于鼓励支持和引导个体私营等非公有制经济发展的若干意见》也大力支持非公资本介入污水垃圾处理等公用事业的发展。

进一步来看，在内容维度，结合公私混合的整体结构，私主体治理的

[①] 罗豪才、宋功德：《认真对待软法——公域软法的一般理论及其中国实践》，《中国法学》2006年第2期。

形式建制还要注重于以下四个方面的塑造：

第一，塑造以服务供给为目标的服务性工具与以秩序保障为目标的管理性工具相叠加的工具箱。

这一制度建制的根本旨趣在于经由民主程序塑造多层次的治理体系，这需要借助多层次制度工具的广泛应用才能实现。在制度工具选择上，传统环境法或公共政策往往侧重于许可、标准、处罚、强制等高权型规制手段的建制，缺少市场化、服务型的制度工具。而在强调公私合作治理的情势下，推进治理权的下放，构建以合作、共担责任、扩权和放权交叉为特征的法律框架成为法治秩序建构的一项重要任务。此种新的法治发展态势为私主体治理的制度创新提供了契机。那些尚未、不应或不宜在法律中确认下来的制度工具可以通过公共政策的方式予以呈现。一方面，诸如自主性绩效标准、可市场化的许可、价格引导、[1]协商、建议、指导、警告等发挥激励诱导作用的柔性规制工具应成为环境公共政策根据具体治理目标做出的选择；另一方面，当公共服务成为现代政府的重要职能之时，在环境公共政策或立法中大量创设服务性工具，平衡好管制与服务两者的关系，[2]有助于以问题为导向计出最佳的治理结构。

第二，通过地方立法为环境私主体治理合法化提供实验通道。

"中央统一领导"导引下的纵向治理体系是以中央正式制度为主线展开的，地方政府的治理行为必须在这个制度结构中展开。相应地，任何治理策略的设定、选择均要接受它的激励或约束。但有时候由于中央正式制度过于宏观或抽象，不得不通过地方变通的方式执行下去。由此，在维持中央正式制度的严肃性、稳定性与追求正式制度的有效性、适用性之间形成了某种悖论关系，往往会导致严重的制度失灵现象。也就是说，制度上的结构和目的与权力的实际运行或治理实践虽属一表一里的关系，但始终存在不可弥合的差距。在这种情形下，以私主体规则或行为等非正式实践的方式缓解正式制度的刚性弊端，通过执行过程来有效弥合正式制度中的缺陷，就成为有效治理的基本逻辑。正如有的学者指出，"中央与地方关系更多地通过前者限制或默许后者的非正式制度运行的范围和程度而不断

---

[1] ［美］基恩·韦哈恩：《行政法的"去法化"》，载罗豪才、毕洪海编《行政法的新视野》，商务印书馆2011年版，第18页。
[2] 姜明安：《法治思维与新行政法》，北京大学出版社2013年版，第234—236页。

调整、演变"①。所以,地方环境立法可以成为私主体治理法治化的一个重要通道,这样,既能使私主体治理不溢出正式制度的边界,也能使其成为落实中央立法所确立的目标或要求的重要驱动力,祛除正式制度中明显无效率、阻碍治理实施的要素。

第三,建立贴近治理实践的政府、市场、社会互动机制是环境私主体治理建制的必要内容。

随着共治理念全面浸入法治秩序,平衡政府、市场和社会三方的治理权、塑造国家治理体系与结构成为法治发展新的动力机制。前已述及,环境保护责任并非政府独享,也不能仅仅依靠市场或社会单方的力量,需要三方给予彼此合力、共同治理。因此,能否强化环境治理中的政府能力、社会力量和市场功能,并正面引导三者在环境治理机构中发挥积极作用,是环境立法或公共政策是否具有延展性和深度的重要标准。从规律上看,所谓环境治理创新无不是纠结在国家、社会和市场之间权力和权利的复杂关系领域,② 因应法律利益多元化和治理复杂性所作的积极调整。以是观之,未来环境立法或公共政策的一个潜在目标就是要塑造环境治理中"政府—社会—市场"三强式的新型关系结构,建立一种基于宪法约束和治理权确认、保障的法治化的良性互动关系,以此覆盖自上而下和自下而上两个维度的治理诉求:既要维持法律的总体控制,强调政府通过管制全面渗透环境问题的方方面面,也要激发私主体的活力,通过资源或利益的合法交换来补强政府管制或法律调处的效果。理性的互动模式可以促使行动者进行理性计算,也能发展出一套相互约束其可能出现的行为的一致意见和制度化的行为约束。③ 具体来说,这种互动机制应当包括形成一致治理观念的共识机制、平衡不同治理主体利益的协调机制、彼此吸纳学习的汲取机制、保障合作的整合机制、约束变通的监管机制、调整责任义务的再分配机制等。

第四,通过法律建制调适公共利益的优先性与私人利益根本性的张力关系,重塑环境治理的利益基础。

---

① 周雪光:《从"黄宗羲定律"到帝国的逻辑:中国国家治理逻辑的历史线索》,《开放时代》2014年第4期。
② 周庆智:《县政治理:权威、资源、秩序》,中国社会科学出版社2014年版,第284页。
③ [美] 盖伊·彼得斯:《政治科学中的制度理论:"新制度主义"》,王向民、段红伟译,上海世纪出版集团2011年版,第126—127页。

一般认为，政府是环境保护事项的具体实施者，能清晰获取各类主体的利益诉求，因此能以较低成本确立表达这些利益诉求的规范形式。在传统进路上，不管是中央立法还是地方立法都倾向于选择以公共利益为基础创制相关规范，强调政府行动的单向性。这种模式认为环境公共利益具有不可逾越的优先性。而随着私主体介入环境治理的范围不断延展、程度不断加强，尤其是政府与污染者之间也存在合作规制的可能性之时，法律制度创新就必须将市场的自发高效、社会的民主透明与政府的权威黏合起来，推进不同主体之间的对话协商，在共识性利益基础导引下通过共同行动谋求问题之解决。这意味着，在合作治理模式下，法律创制不仅不能回避对私人利益的关切，相反，还要承认、回应私人利益的根本性及其与公共利益之间的张力。在立法技术的维度，只有推进公共利益的优先性和私人利益的根本性在规范层面的整合才能做出"将公共部门和私营部门的能力整合起来的精妙的制度设计"[1]。此外，通过法律创制重塑环境治理的利益基础，还能够降低因为中央法的模糊性和环境保护考核政治压力强化引起的环境执法一刀切的概率，防止滑入立法强度递增而执法强度递减的陷阱，真正维护中央法制的统一性和权威性。

二 以问题导向机制为指引的实体制度建构

问题导向指的是不仅要从规范层面约束和审查环境治理权的运行，更要关注环境治理中的实体问题，比如治理策略的选择、适用范围和时机等。这种建构思路是形式建构的延伸，因为它是后者在制度设计层面的具体化。在制度建构意义上，问题导向关切的核心是如何约束私主体和公私合作，即责任的设置与归属。我们认为，应用私法规范和引入聚合责任有助于推动环境私主体治理实体制度的建构。

一方面，应用私法规范并不意味着放松对私主体在环境治理中的行为管制，相反，这将强化对环境治理的私主体行为的司法审查。因为，只要公众认为私主体的行为偏离了环境公共利益或者损害了自身的利益，他们就可以通过提起司法诉讼的方式来监督、矫正私主体的行为。同时，私法中的诚实信用原则也有助于维持私主体的自身利益和公共利益之间的平衡。

另一方面，与私法规范相关的是，通过群体内成员的集体契约、环保

---

[1] [美]约翰·多纳休、理查德·泽克豪泽：《合作：激变时代的合作治理》，徐维译，中国政法大学出版社2015年版，第4—5页。

机构与非政府组织的委托契约、污染者与受害者之间的合作契约等公私协作形式，可以设置一种涵摄环保机构、第三方、污染者的聚合责任机制，以此"替代或补充传统的监督形式"，"增强公私的相互依赖性"。[1]

当然，在实体层面，赋予私主体更大的灵活性和更多的权力，并不意味着否定政府的积极角色，如果没有政府的积极介入，私主体无法像重视私人利益或团体利益那样重视公共利益，政府和私主体的关系无法进行自我调节，需要政府主动管理。不管是政府管制对控制的强调还是私有化理论对绩效/竞争的需求，都特别重视管理者管理技能的发挥。而私主体兴起引发的治理变革则转向了赋权技能的重要性。这要求政府为私主体配置更多的自由裁量权，并让他们具备相应的技术或理念来运用自由裁量权。所以，关于赋权的实体制度和关于自由裁量权行使的规则，也应是制度建构的核心之一。

三 以程序机制为重点的过程建构

行政法对政府环境管制的程序性要求对于私主体治理而言同样重要。私主体治理程序化的前提预设是，私主体权力对公共利益的损害并不弱于政府的公共权力。首先，这种过程建构路径要求环境私主体治理的运行必须符合最低限度的程序公正，即信息公开和听证。比如，凯斯·环境自主治理群体、自我规制的污染者都应当公开他们的内部治理方案、环境标准等，以接受公众和政府的检验，判断其是否符合公众利益和环境法律的最低标准。其次，为了使私主体治理运行更为正当和有效，还应当拓展利益相关者的范围，强化主体间的利益沟通。比如，通过利益相关者的协商对话，使各方对污染现状和环境法律规则的认识得以融合，使处于弱势地位的利益相关者更有效地表达利益诉求，使私主体能够真正地吸纳利益相关者的意志，从而增进对私主体的信任，最终达到利益均衡和利益群的最大化。最后，即使我们一直以来都将公众参与视为环境治理的基本原则，但信息公开、听证、利益沟通等参与方式并不一定能真正实现环境公共利益的最大化，因为最终仍然可能是环保机关或者处于强势地位的私主体主宰治理过程和结果。鉴于此，我们认为，应将协商制定规则视为环境私主体治理制度设计的元方法论，通过搭建政府、污染者、受害者、第三方均可

---

[1] Freeman, "The Private Role in Public Governance", *New York University Law Review*, Vol. 75 (3), 2000.

便捷参与的公共论坛来替代传统的"对抗性的公告与评论式规则制定过程",① 就私主体治理的可选方案、实施细节,甚至形成私主体治理的议事规则、组织结构和协商程序达成合意。唯其如此,才能加强公私主体的责任性,增进私主体执行环境治理策略的积极性。

以环境风险规制为例,诚如前述,技术规范进路无法有效应对环境风险规制,这一挑战要求私主体治理模式必须在此领域发挥足够的补强能力。而私主体如何进入风险规制领域是其发挥作用的关键所在。

以稳定性和可预测性为尺度的法律体系在面对风险规制命题时,它的权威性和可靠性都被大大削弱了,现有规制系统的失灵放大性地凸显了公众对依靠法治因应环境风险的信任危机,导致在环境风险规制法治系统的形式化任务尚未完成的情势下,就陷入了民主(民意)与科学(专家意志、政府意志)的持续拉锯之中。而在这个时候,单纯依靠法律条文、专家知识、行政措施的风险规制已经难以满足实践的需要,这要求我们必须围绕公私主体动态的相互关系建立起开放式的规制结构,以"规制立法+规制决策+规制商谈"为主轴确立新的环境风险规制范式。

围绕这个变革命题,相关学者提出了诸多有益的修正模式。比如,凯斯·桑斯坦提出了"恐惧的规则"以及利用"成本—效益"分析方法制约风险预防的思路。② 但从其属性来看,这种思路依然是一种技术性的修正进路,忽视了风险规制实践已经在一定程度上对权利体系、权力制衡、法律控制进行了新的解读甚至改写。所以,修正现有的环境规制系统的工作必须建立在一种新的立宪主义逻辑之上。对此,英国学者伊丽莎白·费雪教授提出的"商谈—建构范式"是更有价值的尝试。在她的理论脉络中,规制立法并不是一套"严格""冷冰冰"的命令集合,"而是更接近一部宪法",为规制机关行使裁量权提供了系统性的原则和广泛的考虑因素;规制机构也不仅是立法者的代言人,它们是有自由意志的"独立政治机构"。商谈过程则是多方主体合意交流和对抗交流的过程,与过度回应特定政治利益的传统政治过程相隔离,③ 通过公共理性引导冲突利益,

---

① Freeman, "The Private Role in Public Governance", *New York University Law Review*, Vol. 75 (3), 2000.

② 参见 [美] 凯斯·桑斯坦《恐惧的规则——超越预防原则》,王爱民译,北京大学出版社 2011 年版,第 101—138 页。

③ [英] 伊丽莎白·费雪:《风险规制与行政宪政主义》,沈岿译,法律出版社 2012 年版,第 40—42 页。

缓和科学与民主之间的紧张关系。通过商谈过程，风险和知识的不确定性转化为确定性的程序性机制，容纳风险评估中"事实和规范混合的复杂性"，保证规制者高效"行使实质性的、持续解决问题的裁量权"①，最终提升规制实施的灵活性。这种商谈式程序进路是吸纳私主体进入环境风险规制领域的重要通道。

借鉴伊丽莎白·费雪的思路，我们认为，环境规制系统围绕风险概念的未来变革应侧重以下五个主题：其一，融合科层组织和网络化组织在处理风险时的路径和绩效，发挥多部门规制方式、共同体规制方式以及命令控制规制方式的集合效应；其二，建立风险规制的系统和信息交流机制，更多地依赖风险信息披露而不是由政府单方规定"何为适当的风险水准"②；其三，建构标准化的风险决策程序，借由一系列的风险决策程序，确保风险决策的可预见性，也使专家的科学判断和公众的价值判断得以交流；其四，风险认知的多元性和最低限度风险共识的统一；其五，构造风险共同体作为基本的规制单元，并以此重新审视法律、公共行政及其责任性等问题，充分考虑风险规制的非法律模型。③

我们将这种修正方案称为"商谈式程序进路"，其与"技术规范进路"共同构成了环境风险规制的完整系统（详见表5-1）。围绕上述五个主题，商谈式程序进路的宗旨要求政府与私主体之间在互动透明的话语空间中确立科学理性的共识，并塑造与这一共识相适应的统一性的规则体系。它的功能优势在于，"通过'怎样作出决定'的程序共识来实现'共同承认这样作出的决定'的实体共识，并使之具有强制执行的力量"④。它对技术规范进路的补充能使当前环境风险规制中的合作规制、不同知识的对话、规制过程的开放性、利益衡量等问题在一定程度上得以矫正。

---

① ［英］伊丽莎白·费雪：《风险规制与行政宪政主义》，沈岿译，法律出版社2012年版，第39页。

② 关于信息交流作为风险规制工具的功能优势，请参见金自宁《作为风险规制工具的信息交流：以环境行政中TRI为例》，《中外法学》2010年第3期。

③ ［英］伊丽莎白·费舍尔：《风险共同体之兴起及其对行政法的挑战》，马原译，《华东政法大学学报》2012年第4期。

④ 季卫东：《法治重构的新程序主义进路：怎样在价值冲突中实现共和》，http://www.civillaw.com.cn/article/default.asp?id=51404。

表 5-1　　　　技术规范进路与商谈式程序进路之要素比较①

	技术规范进路	商谈式程序进路
框架	规制规范（政策与法律）	规制结构（政策法律、规制过程）
对象	客观的、可计算的风险	复杂的社会政治和价值争议
目标	消除风险	达成可容忍的风险
判准	行政效率	沟通效率
方法	计算风险	过滤风险
角色	专家知识与公众知识对立	风险知识的平等化
组织	科层制	网络化
责任	监督规制者在立法框架内行事	对决策过程进行全过程实质性审查
知识	为规制提供依据的理性专业知识	进入规制过程的所有知识
交流	自上而下的信息与命令输出	商谈

基于此，我们认为，私主体借助这种商谈程序机制可以有效介入风险规制领域。

第一，在总体上，应坚持"技术规范进路"和"商谈式程序进路"并重。技术规范进路的重点在于完善规制立法和政策，以及为商谈确立切实可行的程序、标准和规则。而商谈式程序进路的重点则是建立多元、动态的弹性结构，包括科层制内部的向下放权和外部的向私主体等社会主体放权。就前者而言，就是要疏通科层内部关于环境风险规制的商谈通道，将"法律制度协调统一"和"地方政府根据本行政区域内环境资源的状况因地制宜地行使环境行政权"相结合，防止环境立法在向下运行过程中被悬置、异化。② 在我国环境保护职能配置"条块分割"的格局下，这一策略显得尤为必要。而就后者而言，是要打破独断的风险规制活动，强调私主体的"在场"，以各种方式就环境风险的性质、可容忍程度、规制措施以及环境风险规制的绩效与规制机关之间进行对话论辩，以公众理性竞争性地表达对上述问题的观点，从而不断在实践中保持风险规制的合法性、合理性。在我国环境公众参与严重不足的现实情境下，这一路径也值得重视。

---

① 表 5-1 中的部分变量借鉴了费雪教授的研究成果，同时也是对其所分析变量的补充和完善。
② 杜辉：《论制度逻辑框架下环境治理模式之转》，《法商研究》2013 年第 1 期。

第二，应关注环境风险规制过程，尤其是规制过程中处理环境风险问题的不同主张，通过风险沟通达成风险认知多元性和最低限度共识的统一。基于我国的现实国情，我们处理环境风险问题主要有两种主张：一是以经济发展和权利优先为尺度的弱规制论，主张环境风险规制必须基于科学上的确定知识；二是以公众健康权益和环境权益优先为尺度的强规制论，主张环境风险规制应建立在公众价值判断和心理恐惧之上。这两种主张实质上代表了环境风险规制中的事实认定（科学议程）和政策选择（民主议程）的冲突与平衡问题。为此，需要通过设计风险沟通规则和程序予以化解：首先是借助于专家知识、私主体的行业知识构建关于环境风险的科学模型（科学议程）；其次将之公告于公众，收集公众的反馈信息，以此建立环境风险的公众反应模型（民主议程初阶）；再次是在科学模型与公众反应模型匹配基础上拟议关于环境风险概率、程度范围、损害后果、成本效益等要素的风险沟通文件（民主议程进阶）；最后是规制机构在最低限度共识基础上进行规制策略选择。[①]

第三，从组织和程序两个方面强化风险决策之适度中立性，以防止利益集团俘获和规制机关滥权。在组织层面，可以建立独立性、客观性、透明度较强的风险评估委员会，将风险评估与风险决策适度分离。这种独立的风险评估委员会的优势在于它能吸纳多元利益主体，将垂直分权和水平分权相结合，并提供利益享有者和权力享有者客观论辩的平台。在程序层面，可以设定标准化的风险决策程序，包括科学群体共同认可的评估程序和多学科（科学与社会科学）的分析方法。尤为关键的是，这个决策程序应具有阶段性和开放性，以便于吸纳新的科学知识，全面考量与科学评估相关的政治、社会、经济、伦理价值等因素；并借助于风险评估和风险决策适度分离，使风险评估的结果和公众价值判断在决策程序中得以重新检视。通过这种程序机制，可以在风险规制过程中设定双重风险评估，有利于风险决策的客观化、中立化。当然，这种决策还应当具备公开性，某项环境风险规制决策背后的价值选择、各方意见、科学证据等必须公之于众。

当然，毋庸置疑，环境私主体治理发展的方向与思路必须与中国的法

---

① 关于风险沟通的模型与步骤的理论建构，参见 M. Granger Morgan, Baruch Fischhoff, Ann Bosrtom, Cynthia J. Atman, *Risk Communication: A Mental Models Approach*, Cambridge University Press, 2001, pp. 20-21。

治建设保持同步。在这个前提下，中国环境治理改革的核心任务是探索如何将私主体治理和政府规制的关系嵌入法治进程，形成公私互动的治理秩序。

第四节 环境私主体治理制度体系的片段

进言之，环境私主体治理从其本质上看，既有独立于政府环境管制的样态，亦有附属于政府管制的混合形态。为了避免私主体治理对政府管制的破坏，真正发挥补强功能，制度建设方面应侧重于通过组织、程序、权限和工具四个维度的规范建制来促成私主体的自我组织、自我规制以及塑造合作关系。这个制度体系既要覆盖私主体治理的内部控制结构，也要有外在的制度干涉。如此一来，在推进私主体助力环境治理的同时，也不会对原有的政府责任、法律价值和社会意识造成破坏。从制度的层面来看，这种制度建构的方向无疑是对私主体自主治理、公私合作治理和政府规制的多重推进。

需要说明的是，环境私主体治理是一个开放性系统，所涉及的实践方式和制度样态正在随着环境法、行政法的发展而不断拓展。因此，我们在这里仅仅是提示了环境私主体治理制度体系的某些片段。

一 自我规制的制度体系

其一，环境法应建立相应激励、程序机制支持排污企业、企业联盟、行业协会自行设计和自愿实施比政府规制更严格的环境标准、规则，作为政府规制的补充。随着环境风险的不确定性和扩大化，政府已经无法对其实施全面规制，排污者的自我规制既可以降低政府的执法成本、排污者的守法成本，提升排污者的社会声望，还可以提高环境规制的效率，消除政府规制标准、规则固化和陈旧的顽疾，以及由此带来的"规制延迟"。[1] 这类规则、标准包括适用于排污者自己创制的适用于内部的专有标准、行业协会创制的适用于行业内部的标准、达成合意的企业基于遵守契约创制的合意标准，[2] 以及第三方提供的公认标准规范（如

---

[1] 高秦伟：《私主体主体与食品安全标准制定》，《中外法学》2012 年第 4 期。

[2] Michael Baram, *Alternatives to Regulation: Managing Risks to Health, Safety and the Environment*, Lexington Books, 1982, p.54.

EMAS、ISO)。为了提升自我规制的标准、规则的强制力和执行力,这些标准、规则要么在创设时得到行政机关的授权、批准,① 要么在创制后得到行政机关或法院明确的援引适用,要么辅之以明显的经济激励,要么明确要求企业间的书面协议必须设置最低限度的法律责任。

当然,自我规制的规则、标准的创制并不是随意的,必须在制度上予以适当的约束:一方面要明确自我规制的标准、规则必须严于国家、地方的环境标准、规则,符合公共利益的要求;另一方面是要符合正当法律程序。①私主体必须将标准规则的制定过程公开,使任何人都有权参与制定过程;②平衡标准规则涉及的各方利益,充分听取利益相关者的意见和建议,并为其提供申诉救济途径;③协调和整合各种标准、规则之间的差异;④通过听证的现场形式或"公告—评论"的书面(网络)形式将标准、规则公之于众,接受公众监督和行政机关的审查。

其二,以美国法为蓝本引入协商制定规制程序制度。美国在 1990 年通过了《协商制定规则法》(Negotiated Rule-making Act),要求行政机关在公布拟议规章之前,设立一个由受管制的企业、商业行会、公民团体及其他受影响的组织的代表和行政机关组成的协商委员会,对拟议规则进行公开协商,在委员会达成合意之后方能将规则推向"通告—评论"阶段。② 允许排污者、利益相关者与行政机关共同制定环境规制规则,旨在强化行政机关与被规制方的合作关系,向排污者展示环境治理的"国家立场",进而提升规制质量。此外,协商制定规则程序还能引导各方参与者"避虚就实",围绕各自利益深入理性磋商,进而提升环境规制规则的合法性和可接受性。

二 自主治理的制度体系

环境治理作为集体行动,必须采取利他主义的制度取向。自主治理就是一种典型的利他式的运行模式,它普遍适用于较小规模的资源开发和环境保护领域。我国的环境法应当重视并发展以村为单位的农村环境治理、以社区为单位的城市环境治理、以民族地区为单位的区域环境治理、以管理委员会为单位的流域环境治理等自主治理模式,为这些环境自治治理创

---

① Julia Black, "Constitutionalism self-regulation", *The Modern Law Review*, Vol. 59 (1), 1996.

② 沈岿:《关于美国协商制定规章程序的分析》,《法商研究》1999 年第 2 期。

造条件。具体而言，环境法应：①赋予私主体组织化的权利，并赋予他们一定的环境管理权，这种管理权既包括对内部违规者监督检测的权力，也包括自主设定规章制度的权力；②为自主治理设定公正透明的议事规则和决策程序，以规范自主治理的组织结构和运行方式；③明确政府在自主治理中的相关责任，包括协调冲突、支持自主治理组织的能力建设、提供通畅的信息渠道和信息交流机制、持续地补充外部制度、评估自主治理组织的内部制度等；④构建自主治理组织代表组织利益参与国家和地方政府相关法律政策制定的程序机制；⑤创建关于自治治理的进入/退出规则、适用范围规则、责任规则、信息交流规则、与政府规制的协调规则等系统性、原则性规范。

三 公私协作的制度体系

建构以契约为工具的公私协作旨在增加私主体执行行政任务的规模，实现政府的"组织瘦身""行政成本削减""规制缓和"，将私主体的"实验性""多样态""竞争性"等因素导入公益的实现过程公共事务，以更好地实现公益。①

其一，以德国法为蓝本引入环境审查人制度。德国《水资源法》《废弃物清理法》《联邦污染防治法》所设立的环境审查人独立于企业和行政机关，② 环境审查人与排污企业之间仅具有私法上的契约关系，而不是行政机关的隶属专员。③ 环境审查人制度作为一种契约式工具，除了包含审查人与企业之间的委托关系，还包含企业与政府之间的契约关系，通过这种契约政府与企业之间达成了一种合意：如果企业委托环境审查人进行自我规制，那么就可以免除定期或不定期接受行政检查的义务。当然，法律还应当设定环境审查人的任职条件，明确只有那些通过道德上的可信赖性检测和专业能力的考核并由国家颁发职业证照的人才具备资格。

其二，以美国卓越领导者计划为蓝本设立企业和政府间的环境履行契

---

① 刘宗德：《公私协力与自主规制之公法学理论》，《月旦法学杂志》2013年第6期。
② 德国《水资源法》第21a-g条规定"排放废污水在750公升以上的事业者必须设立一个或数个水体保护委托人"，《废弃物清理法》第11a-f条规定"固定设置废弃物处理设施的所有人，必须设置废弃处理委托人"，《联邦污染防治法》第53—58条规定"对需要经过许可方可设立的设施，在污染物的排放部分，需设置委托人"。
③ 参见陈慈阳《环境法总论》，中国政法大学出版社2003年版，第288页；詹镇荣《民营化法与管制革新》，元照出版公司2005年版，第155页。

约，鼓励排污企业灵活地适用法律，主动采取能够更有效控制污染的方案，甚至允许企业可以不执行与双方达成的环境契约内容相冲突的现行法律。但是，环境法必须明确这种契约的适用条件：①比现行法律的管制要求更优；②符合"成本—效益"原则；③得到环境风险承担者的支持，并且充分参与其中；④技术和管理上具有可行性；⑤可以被量化评估；⑥限制了环境风险转移；等等。[①]

其三，除了污染者参与的契约之外，发展第三方参与的环境治理契约。这些契约机制主要体现在环境公用事业设施的民营化（特许经营）、环境治理事务外包、环境义务第三方代履行等方面。

总体而言，环境治理不能仅仅依赖政府机构单纯的制度输出和强制制裁，还需要不同利益持续性的输入、衡量，以及社会主体资源、政策工具和程序创新的持续追加。私主体治理作为政府治理的对称性要素，从某种意义上讲，它既提示了中国环境治理从权威管制模式走向公共治理模式的一个必选项，同时也为我们提出了"私主体治理的法治化"这一制度难题。为了促使环保机关和私主体在政策法律制定、实施和施行方面形成公私协作的共治模式，环境法学理应对环境治理范式的转变、环境私主体治理的类型化、制度设计及其运行过程，以及私主体治理中的责任机制、程序机制等问题展开深入研究。这不仅符合共同体法治所要求的"外部规范+内部规范"的制度逻辑，也符合环境法转型发展对多元性、民主性、程序性的现实要求。

[①] See Eric Orts, *Environmental Contracts: Comparative Approaches to Regulatory Innovation in Europe and the United States*, Kluwer Law International, 2002.

参考文献

一　中文文献

（一）中文著作

毕洪海：《行政法的新视野》，商务印书馆2011年版。

陈春生：《行政法之学理与体系》，三民书局1996年版。

陈慈阳：《环境法总论》，元照出版公司2011年版。

陈慈阳：《合作原则之具体化：环境受托组织法制化之研究》，元照出版公司2006年版。

程明修：《行政法之行为与法律关系理论》，新学林出版有限公司2005年版。

董保城：《法治与权利救济》，元照出版公司2006年版。

杜辉：《环境公共治理与环境法的更新》，中国社会科学出版社2018年版。

胡建淼：《行政法教程》，法律出版社1996年版。

黄宗智：《实践与理论：中国社会、经济与法律的历史与现实研究》，法律出版社2015年版。

姜明安：《法治思维与新行政法》，北京大学出版社2013年版。

季卫东：《通往法治的道路：社会的多元化和权威体系》，法律出版社2014年版。

季卫东：《法治秩序的建构》，商务印书馆2014年版。

李震山：《行政法导论》，三民书局2012年版。

李洪雷：《行政法释义学：行政法学理的更新》，中国人民大学出版社 2014 年版。

刘刚：《风险规制：德国的理论与实践》，法律出版社 2012 年版。

罗豪才：《行政法学》，北京大学出版社 2000 年版。

沈岿：《风险规制与行政法新发展》，法律出版社 2013 年版。

盛洪：《现代制度经济学》，北京大学出版社 2003 年版。

王万华：《行政程序法研究》，中国法制出版社 2000 年版。

许宗力：《法与国家权力》（二），元照出版公司 2007 年版。

叶俊荣：《环境政策与法律》，中国政法大学出版社 2003 年版。

叶俊荣：《环境行政的正当法律程序》，翰芦图书出版公司 2001 年版。

俞可平等：《中国的治理变迁（1978—2018）》，社会科学文献出版社 2018 年版。

朱力新：《外国行政强制法律制度》，法律出版社 2003 年版。

郑永年：《中国模式：经验与挑战》，中信出版集团 2016 年版。

周庆智：《县政治理：权威、资源、秩序》，中国社会科学出版社 2014 年版。

詹镇荣：《民营化法与管制革新》，元照出版公司 2005 年版。

詹振荣：《德国法中社会自我管制机制初探》，元照出版公司 2005 年版。

章剑生：《现代行政法基本理论》，法律出版社 2008 年版。

中共中央宣传部组织编著：《习近平总书记系列重要讲话读本（2016 年版）》，学习出版社、人民出版社 2016 年版。

张静：《法团主义》，中国社会科学出版社 2005 年版。

张文显：《法哲学范畴研究》（修订版），中国政法大学出版社 2001 年版。

张维迎：《博弈论与信息经济学》，上海三联书店、上海人民出版社 1996 年版。

（二）译著

[法] 埃米尔·涂尔干：《社会分工论》，渠东译，生活·读书·新知三联书店 2000 年版。

[美] 埃莉诺·奥斯特罗姆：《公共事务的治理之道——集体行动制度的演进》，余逊达、陈旭东译，上海译文出版社 2012 年版。

[英] 安东尼·奥格斯：《规制——法律形式与经济学理论》，骆梅英

译，苏苗罕 校，中国人民大学出版社 2008 年版。

［美］保罗·波特尼，罗伯特·史蒂文森：《环境保护的公共政策》，穆贤清、方志伟译，上海三联书店、上海人民出版社 2003 年版。

［德］贝克：《风险社会》，何博闻译，译林出版社 2004 年版。

［美］E. S. 萨瓦斯：《民营化与公私部门的伙伴关系》，周志忍等译，中国人民大学出版社 2002 年版。

［美］G. 沙布尔·吉玛，丹尼斯·荣迪内利：《分权化治理：新概念与新实践》，唐贤兴、张进军等译，格致出版社 2013 年版。

［美］盖伊·彼得斯：《政治科学中的制度理论："新制度主义"》，王向民、段红伟译，上海世纪出版集团 2011 年版。

［英］哈耶克：《法律、立法与自由》，邓正来等译，中国大百科全书出版社 2000 年版。

［德］哈特穆特·毛雷尔：《行政法学总论》，高家伟译，法律出版社 2000 年版。

［德］哈贝马斯：《在事实与规范之间：关于法律和民主法治国的商谈理论》，童世骏译，生活·读书·新知三联书店 2003 年版。

［德］汉斯·沃尔夫、奥托·巴霍夫、罗尔夫·施托贝尔：《行政法》，高家伟译，商务印书馆 2002 年版。

［德］汉斯·沃尔夫、奥托·巴霍夫、罗尔夫·施托贝尔：《行政法》（第三卷），高家伟译，商务印书馆 2007 年版。

［美］凯斯·桑斯坦：《权利革命之后：重塑规制国》，钟瑞华译，中国人民大学出版社 2008 年版。

［美］凯斯·桑斯坦：《恐惧的规则——超越预防原则》，王爱民译，北京大学出版社 2011 年版。

［美］科尼利厄斯·克温：《规则制定——政府部门如何制定法规与政策》，刘璟等译，复旦大学出版社 2007 年版。

［英］罗伯特·鲍德温、马丁·凯夫、马丁·洛奇：《牛津规制手册》，宋华琳等译，上海三联书店 2017 年版。

［美］罗伯特·埃里克森：《无需法律的秩序——邻人如何解决纠纷》，苏力译，中国政法大学出版社 2003 年版。

［英］拉兹：《公共领域的伦理学》，葛四友译，江苏人民出版社 2013 年版。

[英] L. 勒维乐·布朗、约翰·贝尔：《法国行政法》（第五版），高秦伟、王锴译，中国人民大学出版社 2006 年版。

[美] 莱斯特·萨拉蒙：《政府工具：新治理指南》，肖娜等译，北京大学出版社 2016 年版。

[美] 理查德·斯图尔特：《美国行政法的重构》，沈岿译，商务印书馆 2011 年版。

[英] 马丁·洛克林：《公法与政治理论》，郑戈译，商务印书馆 2002 年版。

[德] 马克斯·韦伯：《经济与社会》（第一卷），阎克文译，上海世纪出版集团 2010 年版。

[德] 马克思·韦伯：《社会学的基本概念》，康乐、简惠美译，广西师范大学出版社 2011 年版。

[日] 米丸恒治：《私主体行政——法的统制的比较研究》，洪英等译，中国人民大学出版社 2010 年版。

[德] 尼克拉斯·卢曼：《权力》，瞿铁鹏译，上海人民出版社 2005 年版。

[美] 诺内特、塞尔兹尼克：《转变社会中的法律与社会》，张志铭译，中国政法大学出版社 1994 年版。

[法] 皮埃尔·卡蓝默：《破碎的民主：试论治理的革命》，高凌瀚译，生活·读书·新知三联出版社 2005 年版。

[美] 史蒂芬·布雷耶：《打破恶性循环：政府如何有效规制风险》，宋华琳译，法律出版社 2009 年版。

[美] 史蒂芬·布雷耶：《规制及其改革》，李洪雷等译，北京大学出版社 2008 年版。

[美] 希拉里·普特南：《理性、真理与历史》，童世骏、李光程译，上海译文出版社 1997 年版。

[英] 伊丽莎白·费雪：《风险规制与行政宪政主义》，沈岿译，法律出版社 2012 年版。

[日] 盐野宏：《行政法总论》，杨建顺译，北京大学出版社 2008 年版。

[美] 约翰·多纳休、理查德·泽克豪泽：《合作——激变时代的合作治理》，徐维译，中国政法大学出版社 2015 年版。

［奥］尤根·埃利希：《法律社会学基本原理》，叶名怡、袁震译，九州出版社2009年版。

［美］朱迪·弗里曼：《合作治理与新行政法》，毕洪海、陈冲标译，商务印书馆2010年版。

（三）论文

Alfred Aman：《由上而下的全球化：一个国内的观点》，林荣光译，载政治大学法学院公法中心编《全球化下之管制行政法》，元照出版公司2011年版。

［美］奥利·洛贝尔：《新新政：当代法律思想中管制的衰落与治理》，成协中译，载罗豪才、毕洪海编《行政法的新视野》，商务印书馆2011年版。

［英］保罗·克雷格：《形式法治与实质法治的分析框架》，王东楠译，载姜明安主编《行政法论丛》（第13卷），法律出版社2011年版。

蔡秀卿：《从行政之公共性检讨行政组织和行政活动之变迁》，《月旦法学杂志》2005年第5期。

杜辉：《论制度逻辑框架下环境治理模式之转换》，《法商研究》2013年第1期。

杜辉、陈德敏：《环境公共伦理与环境法的进步——以共识性环境伦理的法律化为主线》，《中国地质大学学报》（社会科学版）2012年第5期。

范如国：《复杂网络结构范型下的社会治理协同创新》，《中国社会科学》2014年第4期。

关保英：《给付行政的精神解读》，《社会科学辑刊》2017年第4期。

高秦伟：《社会自我规制与行政法的任务》，《中国法学》2015年第5期。

高秦伟：《私主体的行政法义务》，《中国法学》2011年第1期。

高秦伟：《私主体主体与食品安全标准制定》，《中外法学》2012年第4期。

郭济：《中国行政改革的现状和趋势》，《中国行政管理》2000年第9期。

韩大元：《宪法实施与中国社会治理模式转型》，《中国法学》2012年第4期。

韩大元：《中国宪法学的学术使命与功能的演变——中国宪法学30年发展的反思》，《北方法学》2009年第2期。

何艳玲、汪广龙：《中国转型秩序及其制度逻辑》，《中国社会科学》2016年第10期。

黄晓春、周黎安：《政府治理机制转型与社会组织发展》，《中国社会科学》2017年第11期。

黄晓春：《当代中国社会组织的制度环境与发展》，《中国社会科学》2015年第9期。

黄晓春、嵇欣：《技术治理的极限及其超越》，《社会科学》2016年第11期。

季卫东：《法治中国路线图》，《财经》2013年第32期。

季卫东：《论中国的法治方式——社会多元化与权威体系的重构》，《交大法学》2013年第4期。

季卫东：《依法风险管理论》，《山东社会科学》2011年第1期。

贾谦：《美国对濒危动植物物种的保护》，《中国药业》2002年第6期。

江必新：《推进国家治理体系和治理能力的现代化》，《光明日报》2013年11月15日。

江必新：《严格依法办事：经由形式正义的实质法治观》，《法学研究》2013年第6期。

江必新、王红霞：《社会治理的法治依赖及法治的回应》，《法制与社会发展》2014年第4期。

金耀基：《关系和网络的建构——一个社会学的诠释》，《中国社会与文化》，牛津大学出版社1992年版。

金福海：《论环境利益"双轨"保护制度》，《法制与社会发展》2002年第4期。

金自宁：《作为风险规制工具的信息交流：以环境行政中TRI为例》，《中外法学》2010年第3期。

康晓光、韩恒：《分类控制：当前中国大陆国家与社会关系研究》，《社会学研究》2005年第6期。

康晓光、韩恒：《行政吸纳社会——当前中国大陆国家与社会关系再研究》，*Social Sciences in China* 2007年第2期。

［德］克劳斯·F. 勒尔:《程序正义: 导论与纲要》, 陈林林译, 载郑永流编《法哲学与法社会学论丛》(四), 中国政法大学出版社 2001 年版。

［德］克里斯蒂安·斯塔克:《基本权利之保护义务》, 李建良译,《政大法学评论》1997 年第 58 期。

雷洪:《社会转型与社会管理观念的转变》,《社会》2018 年第 6 期。

李建华:《公共政策程序正义及其价值》,《中国社会科学》2009 年第 1 期。

李致远、许正松:《发达国家绿色金融实践及其对我国的启示》,《鄱阳湖学刊》2016 年第 1 期。

［美］理查德·斯图尔特:《走入 21 世纪的美国行政法》, 田雷译,《南京大学法律评论》2003 年秋季号。

林金钗、祝静、代应:《低碳供应链内涵解析及其研究现状》, 载《重庆理工大学学报》(社会科学版) 2015 年第 9 期。

林尚立:《民主的成长: 从个体自主到社会公平》, 载陈明明主编《权利、责任与国家: 复旦政治学评论》(第 4 辑), 上海人民出版社 2006 年版。

刘启川:《责任清单编制规则的法治逻辑》,《中国法学》2018 年第 5 期。

刘茜:《全球报告倡议组织》,《世界环境》2013 年第 4 期。

刘宗德:《行政上法执行制度之合法性论议》,《月旦法学杂志》2014 年第 2 期。

罗豪才、宋功德:《行政法的治理逻辑》,《中国法学》2011 年第 2 期。

罗岳平、华权、易理旺:《建立企事业单位环保责任清单》,《中国环境报》2016 年 4 月 8 日。

马长山:《"互联网+时代"法治秩序的解组与重建》,《探索与争鸣》2016 年第 10 期。

马长山:《法治的平衡取向与渐进主义法治道路》,《法学研究》2008 年第 4 期。

马长山:《法治中国建设的"共建共享"路径与策略》,《法学研究》2016 年第 6 期。

戚建刚：《我国食品安全风险规制模式之转型》，《法学研究》2011年第1期。

秦鹏：《环境公民身份：形成逻辑、理论意蕴与法治价值》，《法学评论》2012年第3期。

任丙强：《生态文明建设视角下的环境治理：问题、挑战与对策》，《政治学研究》2013年第5期。

任剑涛：《国家治理的简约主义》，《开放时代》2010年第7期。

任维彤、王一：《日本环境污染第三方治理的经验与启示》，《环境保护》2014年第20期。

［日］山本隆司：《日本公私协力之动向与课题》，刘宗德译，《月旦法学杂志》2009年第9期。

沈岿：《关于美国协商制定规章程序的分析》，《法商研究》1999年第2期。

宋亚辉：《环境管制标准在侵权法上的效力解释》，《法学研究》2013年第3期。

陶传进：《社会组织发展的四阶段与中国社会演变》，《文化纵横》2018年第2期。

王成栋：《论行政法的效率原则》，《行政法学研究》2006年第2期。

王汉生、王一鸽：《目标管理责任制：农村基层政权的实践逻》，《社会学研究》2009年第2期。

王建学：《授权地方改革试点决定应遵循比例原则》，《法学》2017年第5期。

王清军：《自我规制与环境法的实施》，《西南政法大学学报》2017年第1期。

王锡锌：《规则、合意与治理：行政过程中ADR适用的可能性与妥当性研究》，《法商研究》2003年第3期。

王曦：《环保主体互动法制保障论》，《上海交通大学学报》（人文社科版）2012年第1期。

王旭：《"法治中国"命题的理论逻辑及其展开》，《中国法学》2016年第1期。

王岩、魏崇辉：《协商治理的中国逻辑》，《中国社会科学》2016年第7期。

王雨桐、王瑞华：《国际碳信息披露发展综述》，《贵州社会科学》2014年第5期。

王昱、李媛辉：《美国野生动物保护法律制度探析》，《环境保护》2015年第2期。

王毓正：《论环境法于科技关联下之立法困境与管制手段变迁》，《成大法学》2006年第6期。

谢世宪：《由全球化之观点论国家任务》，《21世纪共法学的新课题：城仲模教授古稀祝寿论文集》，新学林出版有限公司2008年版。

徐湘林：《社会转型与国家治理——中国政治体制改革取向及其政策选择》，《政治学研究》2015年第1期。

杨磊：《地方政府治理技术的实践过程及其制度逻辑》，《中国行政管理》2018年第11期。

叶俊荣：《论环境政策上的经济诱因：理论依据》，《台大法学论丛》1991年第1期。

［英］伊丽莎白·费舍尔：《风险共同体之兴起及其对行政法的挑战》，马原译，《华东政法大学学报》2012年第4期。

于玲：《森林认证综述》，《林业资源管理》2005年第6期。

詹镇荣：《民营化后国家影响与管制义务之理论与实践》，《东吴大学法律学报》2003年第1期。

张力：《走向共识：美国行政协商立法的兴起与发展》，《行政法学研究》2012年第4期。

张文显：《法治与国家治理现代化》，《中国法学》2014年第4期。

张文显、郑成良、徐显明：《中国法理学：从何处来？到何处去？》，《清华法学》2017年第3期。

张翔：《基本权利的双重性质》，《法学研究》2005年第3期。

赵晓峰、张红：《从"嵌入式控制"到"脱嵌化治理"——迈向"服务型政府"的乡镇政权运作逻辑》，《学习与实践》2012年第11期。

赵宇峰、林尚立：《国家制度与国家治理：中国的逻辑》，《中国行政管理》2015年第5期。

周晨虹：《英国城市复兴中社区赋权的"政策悖论"及其借鉴》，《城市发展研究》2014年第10期。

周黎安：《"官场+市场"与中国增长故事》，《社会》2018年第2期。

周雪光：《从"黄宗羲定律"到帝国的逻辑：中国国家治理逻辑的历史线索》，《开放时代》2014年第4期。

周雪光：《社会建设之我见：趋势、挑战与契机》，《社会》2013年第3期。

朱新力、宋华琳：《现代行政法学的建构与政府规制研究的兴起》，《法律科学》2005年第5期。

竺效、丁霖：《论环境行政代履行制度入〈环境保护法〉——以环境私权对环境公权的制衡为视角》，《中国地质大学学报》（社会科学版）2014年第3期。

二 英文文献

Adrienne Héritier, Dirk Lehmkuhl, "New Modes of Governance and Democratic Accountability", *Government and Opposition*, Vol. 46 (1), 2011.

Alan Murdie, *Environmental Law and Citizen Action*, Earthscan Publications Ltd., 1993.

Alphonse Iannuzzi, JR, *Industry Self-regulation of Environmental Compliance*, Bell & Howell Information and Learning Company, 2000.

A. King, "Overload: Problems of Governing in the 1970s", *Political Studies*, Vol. 23, 1975.

Andrian Lozinski, "The Equator Principles: Evaluating the Exposure of Commercial Lenders to Socio-environmental Risk", *German Law Journal*, Vol. 13 (12), 2012.

Arie Trouwborst, *Evolution and Status of the Precautionary Principle in the International Law*, Kluwer Law International, 2002.

Benjamin Cashore, Michael Stone, "Can Legality Verification Rescue Global Forest Governance?: Analyzing the Potential of Public and Private Policy Intersection to Ameliorate Forest Challenges in Southeast Asia", *Forest Policy & Economic*, Vol. 18 (5), 2012.

Bingham, Lisa Blomgren, "Collaborative Governance: Emerging Practices and the Incomplete Legal Framework for Citizen and Stakeholder Voice", *Journal of Dispute Resolution*, Vol. 2, 2009.

Campbell, *Hollingsworth, Lindberg, Governance of the American Economy*,

Cambridge University Press, 1990.

Clapp Jennifer, "The Privatization of Global Environmental Governance: ISO14000 and the Developing World", *Environmental Governance*, Vol. 4 (3), 1998.

Collins, *Regulating Contracts*, Oxford University Press, 1999.

Daniel Bodansky, "The Precautionary Principle in US Environmental Law", in Timothy O'Riordan, James Cameron (eds.), *Interpreting the Precautionary Principle*, Earthscan Publications Ltd., 1994.

Dan Kahan, Pail Slovic, Donald Braman and John Gastil, "Fear of Democracy: A Cultural Evaluation of Sunstein on Risk", *Harvard Law Review*, Vol. 119, 2006.

David A. Dana, "The New 'Contractarian' Paradigm in Environmental Regulation", *University of Illinois Law Review*, Vol. 2000 (1), 2000.

David Freestone, Ellen Hey, "Origins and Development of the Precautionary Principle", in David Freestone, Ellen Hey, *The Precautionary Principle and International Law: The Challenge of Implementation*, Kluwer Law International, 1996.

David. Lawrence, "Private Exercise of Governmental Power", *Indiana Law Journal*, Vol. 61 (4), 1986.

Dennis D. Hirsch, "Green Business and The Importance of Reflexive Law: What Michael Porter Didn't Say", *Administrative Law Review*, Vol. 62, 2010.

E. Elliott, "Toward Ecological Law and Policy", in Marian R. Chertow, Daniel C. Esty (eds.), *Thinking Ecologically: The Next Generation of Environmental Policy*, Yale University Press, 1997.

Eric Orts, *Environmental Contracts: Comparative Approaches to Regulatory Innovation in Europe and the United States*, Kluwer Law International, 2002.

Errol Meidinger, "Look Who's Making the Rules: International Environmental Standard Setting by Non-governmental Organizations", *Human Ecology Review*, Vol. 4 (1), 1997.

Evans, *State-Society Synergy: Government and Social Capital in Development*, International and Area Studies, University of California at Berkeley, 1997.

Frank Cross, "Paradoxical Perils of the Precautionary Principle", *Washington and Lee Law Review*, Vol. 53 (3), 1996.

Freeman, "The Private Role in Public Governance", *New York University Law Review*, Vol. 75 (3), 2000.

Fiorino David, "Towards a New System of Environmental Regulation: the Case for an Industry Sector Approach", *Environmental Law*, 1996.

Futrell, William, *The Economy of Commerce*, Harper Business, 1994.

Giandomenico Majone, "What Price Safety? The Precautionary Principle and Its Policy Implications", *Journal of Common Market Studies*, Vol. 40 (1), 2002.

Gibson, *Voluntary Initiatives: The New Politics of Corporate Greening*, Broadview Press Ltd., 1999.

Goklany, *The Precautionary Principle: a Critical Appraisal of Environment Risk Assessment*, Cato Institute, 2001.

Gunther Teubner, "Substantive and Reflexive Elements in Modern Law", *Law & Society Review*, Vol. 17 (2), 1983.

Hale, Rhea, *The National Expansion of StarTrack*, US Environmental Protection Agency, 1998.

Henry Richardson, *Democratic Autonomy: Public Reasoning About the Ends of Policy*, Oxford University Press, 2002.

ICCA, *ICCA Responsible Care Status Report 1998*, Responsible Care Status Report, 1999.

John Graham, Jonathan Wiener, *Risk VS. Risk: Tradeoffs in Protecting Health and the Environment*, Harvard University Press, 1995.

Jody Freeman, "Extending Public Law Norms through Privatization", *Harvard Law Review*, Vol. 116 (5), 2003.

John McMillan, Christopher Woodruff, "Private Order under Dysfunctional Public Order", *Michigan Law Review*, Vol. 98 (8), 2000.

Julia Black, "Constitutionalism Self-regulation", *The Modern Law Review*, Vol. 59 (1), 1996.

Julian Morris, *Rethinhing Risk and the Precautionary Principle*, Butterworth-Heinemann, 2000.

Karl Hausker, "Reinventing Environmental Regulation: The Only Path to a Sustainable Future", *ELR*, Vol. 29, 1999.

Laffont & Tirole, "The Politics of Government Decision - making: A Theory of Regulatory Capture", *The Quarterly Journal of Economics*, Vol. 106 (4), 1991.

Marjolein B. A. van Asselt, Ellen Vos, "The Precautionary Principle and the Uncertainty Paradox", *Journal of Risk Research*, Vol. 9 (4), 2006.

Marius Aalders, Ton Wilthagen, "Moving Beyond Command - and - Control: Reflexivity in the Regulation of Occupational Safety and Health and the Environment", *Law & Policy*, Vol. 19 (4), 1997.

M. Granger Morgan, Baruch Fischhoff, Ann Bosrtom, Cynthia J. Atman, *Risk Communication: A Mental Models Approach*, Cambridge University Press, 2001.

Michael Baram, *Alternatives to Regulation: Managing Risks to Health, Safety and the Environment*, Lexington Books, 1982.

Michael Vandenbergh, "The Private Life of Public Law", *Columbia Law Review*, Vol. 105 (7), 2005.

Mintz Benjamin, *OSHA: History, Law and Policy*, The Bureau of National Affairs, 1984.

Naomi Roht-Arriaza, "Precation, Praticipation, and the 'Greening' of International Trade Law", *Journal of Environmental Law & Litigation*, Vol. 7, 1992.

National Research Council, *Fostering Industry Initiated Environmental Protection Efforts*, National Academy Press, 1997.

Nick Bernards, *Multi-level Governance in the European Unions*, Kluwer Law International, 2002.

E. Innes, D. E. Booher, *Planning with Complexity: An Introduction to Collaborative Rationality for Public Policy*, Routledge, 2010.

Nicolas de Sadeleer, *Environmental Principles: From Political Slogans to Legal Rules*, Oxford University Press, 2002.

Patrycja Hobek, Radoslaw Wolniak, "Assessing the Quality of Corporate Social Responsibility Reports: The Case of Reporting Practices in Selected European Union Member States", *Quality & Quantity*, Vol. 50 (1), 2016.

Peter Menell, "The Limitations of Legal Institutions for Addressing Environmental Risks", *Journal of Economic Perspectives*, Vol. 5 (3), 1991.

P. Schmitter, "Neo-functionalism", in A. Wiener and T. Diez (eds.), *European Integration Theory*, Oxford University Press, 2004.

Richard Lazarus, *The Making of Environmental Law*, University of Chicago Press, 2007.

Richard Ponser, "Theories of Economic Regulation", *The Bell Journal of Economic and Management Science*, Vol. 5 (2), 1974.

Richard Stewart, "United States Environmental Regulation: A Failing Paradigm", *Journal of Law and Commerce*, Vol. 15, 1996.

Richard Stewart, "Environmental Regulatory Decision Making Under Uncertainty", in Timothy Swanson (ed.), *An Introduction to the Law and Economics of Environmental Policy: Issues in Institutional Design*, Emerald Group Publishing Limited, 2002.

Robert Raucher, Michelle Fery and Peter Cook, "Benefit-cost Analysis and Decision-making under Risk Uncertainty: Issues and Illustrations", in Eric Richard, Fred Hauchman (eds.), *Interdisciplinary Perspectives on Drinking Water Risk Assessment and Management*, IAHS Publ., 2000.

Ronnie Harding, Liz. Fisher, "The Precautionary Principle in Australia", in Timothy Riordan, James Cameron (eds.), *Interpreting the Precautionary Principle*, Earthscan, 1994.

Sanford Lewis, Diane Henke, "Good Neighbor Agreements: A Tool for Environmental and Social Justice", *Social Justice*, Vol. 23 (4), 1996.

Steven Bernstein, Benjamin Cashore, "Can Non-state Global Governance Be Legitimate?: An Analytical Framework", *Regulation & Governance*, Vol. 1, 2007.

Steven Bernstein, *The Compromise of Liberal Environmentalism*, Columbia University Press, 2001.

Abelson, Philip. H., "Major Changes in the Chemical Industry", *Science*, Vol. 255 (5051), 1992.

Adrienne Héritier, Dirk Lehmkuhl, "New Modes of Governance and

Democratic Accountability", *Government and Opposition*, Vol. 46 (1), 2011.

Alphonse Iannuzzi, *Industry Self-regulation of Environmental Compliance*, Bell & Howell Information and Learning Company, 2000.

Beth Ginsberg, Cynthia Cummis, "EPA's Project XL: A Paradigm for Promising Regulatory Reform", Environmental Law Reporter, 1996.

Benjamin Cashore, "Legitimacy and the Privatization of Environmental Governance: How Non-State Market-Driven (NSMD) Governance Systems Gain Rule-Making Authority", *Governance*, Vol. 15 (4), 2002.

Cary Coglianese, Evan Mendelson, "Meta-regulation and Self-regulation", in Robert Baldwin, Martin Cave (eds.), *The Oxford Handbook of Regulation*, Oxford University Press, 2010.

Cairncross, *Costing the Earth: The Challenge For Government, the Opportunities for Business*, Harvard Business School Press, 1993.

Carmichael, Helen, "Care in the Community", *European Chemical News*, April 1999 (Supplement).

Daniel Farber, "Triangulating the Future of Reinvention: Three Emerging Models of Environmental Protection", *University of Illinois Law Review*, Vol. 2000 (1), 2000.

Daniel Fiorino, "Rethingking Environmental Regulation: perspectives on Law and Governanace", *Harvard Environmental Law Review*, Vol. 23, 1999.

Dan Beardsley, Terry Davies, Robert Hersh, "Improving Environmental Management: What Works, What Doesn't", *Environment Science and Policy for Sustainable Development*, Vol. 39 (7), 1997.

Druckrey, Frauke, "How to Make Business Ethics Operational: Responsible Care—An Example of Successful Self-Regulation?", *Journal of Business Ethics*, Vol. 17 (9/10), 1998.

Erhard Blankenburg, "The Poverty of Evolutionism: A Critique of Teubner's Case for Reflexive Law", *Law & Society Review*, 1984.

Florian Sairwein, "Regulatory Choice for Alternative Modes of Regulation: How Context Matters", *Law & Policy*, Vol. 33 (3), 2011.

Gary E. Marchant, Kenneth L. Mossman, *Arbitratary and Capricious: The Precautionary Principle in the European Union Courts*, American Enterprise Institute, 2004.

Gibson, *Voluntary Initiatives: The New Politics of Corporate Greening*, Broadview Press Ltd., 1999.

Greeno, Ladd J., *Environmental Strategy*, Arthur D. Little, 1996.

Gunningham, Neil, "Environment, Self-regulation, and the Chemical Industry: Assessing Responsible Care", *Law & Policy*, Vol. 17 (1), 1995.

Gunther Teubner, "Substantive and Reflexive Elements in Modern Law", *Law and Soiety Reiew*, Vol. 17, 1983.

Hawken, Paul, *The Ecology of Commerce*, Harper Collins, 1993.

Howard, Jennifer, Nash, J., Ehrenfeld, J., "Standard or Smokescreen? Implementation of a Non-regulatory Environmental Code", Massachusetts Institute of Technology (Unpublished Paper), 1999.

Jody Freeman, "The Private Role in Public Governance", *New York University Law Review*, Vol. 73 (3), 2000.

Jo Haberman, *Citizens for a Better Environment*, interviewed on October 10, 1995.

Kuhn, Lauren, Langer, Jenn, Amy, *Designing a Provisional System for StarTrack: An Environmental Management Strategy for the US Environmental Protection Agency*, Massachusetts Institute of Technology, 1998.

Lawrence Rosen, "A Consumer's Guide to Law and the Social Sciences", *Yale Law Journal*, Vol. 100 (2), 1990.

Martin Janicke, Helmut Weidne, "Summary: Global Environmental Policy Learning", in Martin Janicke, Helmut Weidner, *National Environmental Policies: A Comparative Study of Capacity-Building*, Springer, 1997.

Michael Vandenbergh, "The New Wal-Mart Effect: The Role of Private Contracting in Global Governance", *UCLA Law Review*, Vol. 54 (4), 2007.

Michael Vandenbergh, "The Private Life of Public Law", *Columbia Law Review*, Vol. 105 (7), 2005.

Mullin, Rick, "CAER: Jump-Starting Community Outreach", *Chemical Week*, Vol. 25 (160), 1998.

National Research Council, *Fostering Industry Initiated Environmental Protection Efforts*, National Academy Press, 1997.

Nash, Jennifer, Ehrenfeld, "Business Adopts Voluntary Environmental Standards", *Environment*, Vol. 38 (1), 1996.

Rees, Joseph, "The Development of Communitarian Regulation in the Chemical Industry", Unpublished Paper, 1997.

Richard Ponser, "Theories of Economic Regulation", *The Bell Journal of Economic and Management Science*, Vol. 5 (2), 1974.

Patrick Durst, Plilip McKenzie, *Challenges Facing Certification and Eco-labeling of Forest Products in Developing Countries*, Special Paper presented at the IUFRO Congress, 2005.

Roger Cramton, "The Why and How of Boardened Public Participation in the Administrative Process", *Georgetown Law Journal*, Vol. 60, 1972.

Richard Stewart, "Reconstitutive Law", *Maryland Law Review*, Vol. 46, 1986.

Schmitt, Bill, "Public Outreach Seeks the Right Chemistry", *Chemical Week*, Vol. 26 (161), 1999.

Schmelzer, *Voluntary Agreement in Environmental Policy: Negotiating Emission Reductions*, Kluwer Academic Publishers, 1999.

Shana Starobin, Erika Weinthal, "The Search for Credible Information in Social and Environmental Global Governance: The Kosher Label", *Business and Politics*, Vol. 12 (3), 2010.

Sweetman William, *Star Track Environmental Performance Report for 1996*, Spalding Sports Worldwide, 1997.

Tim Bartley, "Transnational Governance as the Layering of Rules: Intersections of Public and Private Standards", *Theoretical Inquiries in Law*, Vol. 12 (2), 2011.

Steinzor, Rena, "Reinventing Environmental Regulation: The Dangerous Journey from Command to Self-control", *The Harvard Environmental Law Review*, Vol. 1, 1998.

Wagner, Louis, *StarTrack Program*, Massachusetts Audubon Society, 1996.

Thomas, Lee M., "The Business Community and the Environment: an Important Partnership", *Business Horizons*, Vol. 35, 1992.

Turner, Hartzell, "The lack of clarity in the precautionary principle", *Environmental Values*, Vol. 13 (4), 2004.

Weiss, Hobson, *States and Econ omic Development: A Comparative Historical Analysis*, Polity Press, 1995.

W. E. Walker, P. Harremoes, J. Rotmans, J. P. van der Sluijs, M. B. A. van Asselt, P. Jansen and M. P. Krayer von Kraus, "Defining Uncertainty: A Conceptual Basis for Uncertainty Management in Model-based Decision-support", *Integrated Assessment*, Vol. 4 (1), 2003.